◎ 山西大学出版基金资助
◎ 山西省高等学校哲学社会科学研究项目成果（2013208）

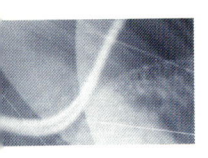

An Analysis of
Letters and Visits Work from Information Management Perspective

基于信息管理视角的信访工作分析

任晓春 ◎著

社会科学文献出版社

摘 要

信息沟通是政府的神经，信息管理是政府的重要行为。信访机构只有信息接收和信息分流的权能而没有信息处理的权能。信访信息的管理不当很可能引发其他针对政治体系的政治压力，因而信访信息畅通的研究显得尤为重要。本书基于信息管理的视角，对信访渠道不畅的表现及原因进行了分析，指出了信访信息渠道畅通的方向。

第一章提出了全书的总论点，即信访从本质上是一种信息渠道。信访信息渠道的畅通要求信访事项所承载的社会信息在政府系统内的有效沟通与处理。然而，现实中却是信访渠道不畅的景象：宏观层面表现为"倒金字塔"形的信访景象、反复循环的信访怪圈、不断激化的信访过程；微观层面表现为入口处的不透明与无序、渠道内的信访存量增加、出口处的结果差异与决而不行。

第二章到第五章从体制、流程、技术、机制四个方面论述了导致信访渠道不畅的情境与原因。第二章从信访工作组织体制和信访事项处理体制两个方面分析了信访信息渠道不畅的原因。党委信访、行政信访、人大信访、司法信访各大系统自身组织设置不合理，系统间的权责关系不明确，都可能对信访信息的输入、提取、分配和反应产生影响。信访事项处理体制的原则性规定也可能使信访信息不畅。"属地管理"可能使基层政府的责任无限扩大和司法机关的独立性和权威性受到影响;"分级负责"可能导致一些信访事项被合法地下推或合法地上呈,摆脱不了信息纵向沟通的困难;"谁主导、谁负责"可能导致信访事项互相推诿,也可能由于信息处理主体的双重身份、"领导"变更、级别关系等导致信访信息不能公正地处理;"依法、及时、就地解决问题与疏导教育相结合"在现实的运用中却受到组织存在的社会环境的影响。

第三章按照信访事项处理的流程——受理、办理、救济三个业务分析了信访信息渠道不畅的原因。在受理流程中,当信访部门(信访局)受理信访事项适用不同的程序时,信息不畅的原因有所差异。当适用报请程序时,信访部门和上级领导都可能对信访信息进行过滤;当适用转送程序时,信访部门可能出现信息分流误差,上下级信访部门、信访部门与有权处理部门之间都有可能出现信息交流中"编码"与"解码"的困难。当职能部门受理信访事项时,上下级职能部门之间的信息识别和信息交流也存在一定困难。在办理流程中,当职能部门直接办理或代为办理时,需要受理主体、办理主体、有权处理机关和信访人之间的信息传递与协调,需要信访处理后的信息反馈;当信访部门直接办理或代为办理时,虽在一定程度上降低了信访信息在政府间的管理难度,但也为政府与社会的信息交流带来新的难点。在救济受理时,常常由于"不予受理"而把信访信息阻止在入口处;救济办理时,由于委托代理而采用交办的形式使复查、复核机关与原办理机关掌握的信息不对称,可能产生信息博弈。

第四章按照信访信息技术的两大平台——信访信息接收平台和信访信息处理平台分析了信访渠道不畅的情境与原因。信访信息接收平台中,信息输入设备的民众使用程度、系统流程和管理体制都影响着信访信息的输入与接收。信访信息处理的个案平台中，信息办理主体权限、信息即时交互与整合、督办与督查的系统功能，以及电子政务网与信访信息系统的管理体制都影响着信访信息的及时处理。在综合分析平台中，信息采集、存储、分析和共享等的系统功能，以及舆情搜集与分析、政府信息公开等的管理制度都影响着信息的利用与共享。

第五章分析了信访运行机制——权利、权力、资源三大机制不健全所导致的信访渠道不畅。信访权利机制主要分为权利接受机制、权利行为机制和权利限度机制；信访权力机制体现为权力压力机制、权力协同机制和权力约束机制；信访资源机制主要体现为人力资源配备机制和财力资源配置机制。信访机制的完善，不仅需要各种机制的细化，而且要将权力、权利、资源机制咬合，进行系统化的"顶层设计"，只有这样才能从机制上保障信访渠道的畅通。

结论部分对信访渠道畅通提出对策性建议，包括理顺体制与细化机制、升级技术与强化管理、转变观念与内化品质三个方面。信访体制要从信访处理主体的权责和信访事项的范围方面来理顺；工作机制不仅要在程序正义的理念下规范操作程序来细化，而且要在实质正义的理念下完善个性化处理来细化。信访技术的升级要提高系统间的兼容性与整体性，信访技术管理创新要增强制度的一致性与持续性。信访工作者和信访群众应转变观念，强化公共精神，学会合法地参与政治。

序 一

改革开放将中国带入一个大变革的时代。进入21世纪之后，中国面临着更为复杂多变的发展形势。社会变革不仅带来社会发展的巨大活力，而且也必然带来各种社会问题；社会变革不仅改变着社会的结构和价值，而且也改变着政府的治理结构和内容，迫切要求提高政府治理能力和水平。现阶段涌现出来的社会问题，使得社会和谐与社会稳定成为政府治理的题中之义；市场化条件下政府组织的公共性与自利性相交织，使得不同层级政府的自主性在政府社会管理中不断凸显。

现阶段，政府社会治理主要体现在社会组织管理、社区治理、信访管理等领域。就信访来说，它不仅体现着社会权利行使的利益博弈与社会保障，而且也体现着政府权力运作的技术特征与内在逻辑。目前关于信访的研究，基本都是在"维稳与维权"的话语体系下、采用"国家-社会"的分析框架来分析信访问题的治理。本书作者于2009~2012年间在吉林大学行政学院攻读公共治理与公共政策专业博士学位，在确定博士学位论文选题的过程中，我们曾多次交流探讨，逐渐聚焦在信访问题上，对研究思路和研究方法也越来越清晰。经过近两年的实地调研和潜心研究，作者最终高质量地完成了博士学位论文的写作工作，为自己在吉林大学的三年求学生涯画上了一个圆满的句号。

目前呈现在读者面前的这本书，就是作者在其博士学位论文的基础上修改形成的。在我看来，本书的最大价值也许在于为信访工作研究提供了一个新的理论视角和基本的分析框架。第一章便提出一个基本观点，即信访在本质上是一个信息渠道。基于这样的观点，作者从信息管理的视角对信访工作进行了分析。第二章到第五章，作者基于行政学中层研究的目的——寻找理论与现实的中介，采用"体制-流程-技术-机制"的分析框架透视了政府行为的维度，不仅描述了信访渠道不畅的现实，而且解释了信访渠道不畅的原因，提出了信访渠道畅通的方向。从全书的结构安排到具体内容，无不反映出作者的方法论和理论观。

我相信，作者的这本著作，对于拓展行政学的研究领域，以及理解政府与社会的关系都有一定意义；书中的一些观点和研究视角对于政治学、行政学、社会学的学者与学生，乃至对于公共管理实务工作者都会有独特的价值。我也祝愿，作者能够以此为新的起点，在未来的学术生涯中取得更多更卓著的成果，为我国国家治理体系现代化建设和公共管理学科发展做出更大贡献。

麻宝斌

2014年9月于吉林大学

序 二

本书的作者任晓春博士曾是我的硕士研究生，现在是我的同事和学术知己。晓春是行政管理科班出身，从本科到博士一直潜心学习和钻研行政管理专业。在本科期间，他学习刻苦，打下了扎实的理论功底，以优异的成绩被推荐为免试硕士研究生；在硕士研究生期间，我们曾一起学习、合作，他敏锐的学术直觉和认真执着的钻研精神得到了老师们的一致肯定和赞赏；博士毕业参加工作以后，他对学术问题的敏锐性和驾驭力进一步提高。看到学生的成长和进步，作为老师有一种由衷的喜悦。

就本专著而言，尝试用一种新的分析框架和分析方法去研究一个多学科交叉的问题，其艰巨性不言而喻。读罢全书，不仅可以感受他攻读博士学位时的潜心钻研，更令我欣慰的是发现他视角的独特性和论证的创新性。著名史学家邓拓认为，科学研究主要是尝试解释自己关心的事物的"始、中、终"。本书作者选择具有中国特色政治制度设计的信访为研究主题，聚焦于"信访信息"在政府与社会之间的流通与管理，分析了信访信息流入、流出政府机构全过程，回答了"在什么情况下会出现什么问题、为什么会出现"等问题。可以看出，作者尝试从个别到一般，通过透视政府信息流通中的逻辑，力求剖析现存的解释和完善现有的理论。在我看来，分类分析方法的运用是本书的一大亮点。

分类思想是自然科学乃至社会科学研究中的基本逻辑方法。就政府工作而言，问题处理的路径往往不是一条，有时是相并行的几条。不同的情境下表现为不同的行为逻辑与行为困境。信访信息在社会与政府之间、政府内部机构之间不再是单一的点对点的线性传送，而表现为一种网络的"拓扑"结构。分情境的路线分析，对于理解政府工作及行为有着重要的意义。当然，本书还存在许多令人遗憾的地方，如一手资料和现实案例还比较欠缺等。然而瑕不掩瑜，本书对于分析政府信息、维稳政治的研究等都具有重要的参考价值。

值此《基于信息管理视角的信访工作分析》一书即将出版之际，我感到非常高兴，颇有长江后浪推前浪之感。同时，真诚地希望晓春能够继续保持对学术的激情，勤于思考，潜心研究，在学术上百尺竿头更进一步，为公共管理学的发展尽一份力。

王臻荣
2014 年 9 月于山西大学

目 录
CONTENTS

导　论 …………………………………………………………… 001

第一章　作为信息渠道的信访：释义与表现 ……………… 046
　　第一节　信访信息渠道释义 ………………………………… 046
　　第二节　信访信息渠道畅通的理想与现实 ………………… 057

第二章　信访工作体制分析 ………………………………… 071
　　第一节　信访工作组织体制 ………………………………… 071
　　第二节　信访事项处理体制 ………………………………… 095

第三章　信访业务流程分析 ………………………………… 111
　　第一节　信访事项的受理 …………………………………… 111
　　第二节　信访事项的办理 …………………………………… 127
　　第三节　信访事项的救济 …………………………………… 137

第四章　信访技术平台分析 ………………………………… 145
　　第一节　信访信息接收平台 ………………………………… 146
　　第二节　信访信息处理平台 ………………………………… 163

第五章　信访工作机制分析……………………………………… 185
第一节　信访工作权利机制……………………………… 185
第二节　信访工作权力机制……………………………… 198
第三节　信访工作资源机制……………………………… 210

结论　关于信访渠道畅通的展望…………………………………… 223

附　录……………………………………………………………… 230

参考文献…………………………………………………………… 271

索　引……………………………………………………………… 286

后　记……………………………………………………………… 292

导　论

一　研究缘起

（一）研究背景

1951年6月政务院颁布的《关于处理人民来信和接见人民工作的决定》正式把处理人民来信和接待人民来访列为各级人民政府的一项专门工作，标志着信访制度的初步形成。信访制度在其实行的过程中，体现出独具中国特色的政治发展景观，在疏通群众利益诉求渠道、维护社会稳定等方面发挥着积极的作用。

改革开放以来，随着经济转轨和社会转型，信访现象不断地涌现。21世纪以来，从中央到地方，采取了一系列旨在密切联系群众、加强信访工作的措施。新时期，中央对信访工作做出一系列重要指示。2002年，党的十六大提出要"深入了解民情，充分反映民意，广泛集中民智，切实珍惜民力"。2004年，党的十六届四中全会通过的《关于加强党的执政能力建设的决定》从加强党的执政能力的高度指出要"健全正确处理人民内部矛盾的工作机制，完善信访工作责任机制"和"建立社会舆情汇集和分析机制，畅通社情民意反映渠道"。2005年实施的新修订的《信访条例》将信访工作推向了法制化建设的新阶段。2006年8月，胡锦涛明确指出："信访工作是为人民排忧解难的工作，也是构建社会主义和谐社会的基础性工作。在当前社会矛盾多发的情况下，信访问题是回避不了的。信访工作必须坚持不懈地抓下去。构建社会主义和谐社会需要不断增加和谐因素，最大限度地化解不和谐因素。信访工作要承担起这项任务，力求把一些问题解决在初始状态，把绝大多数矛盾和问题化解在基层，以减轻政府和社会的压力。"同年10月，党的十六届六中全会通过的《关于建设社会主义和谐社会若干重大问题的决定》又进一步指出："拓宽社情民意表达渠道，推行领导干部接待群众制度，完善党政领导干部和党代表、人大代表、政协委员联系群众制度，健全信访工作责任制，建立全国信访信息系统，搭建多种形式的沟通平台……健全社会舆情汇集和分析机制。"它从构建社会主义和谐社会的高度对信访工作提出了要求。2007年3月，为贯彻党的十六届六中全会精神，中共中央、国务院下发的《关于进一步加强新时期信访工作的意见》①在更高层面上对信访工作做出了总体部署，成为新时期加强信访工作的纲领性文件和信访工作发展史上具有里程碑意义的重要文献。它明确了新时期信访工作的指导思想、总体要求、目标任务、工作重点和组织领导等，提出了建立信访工作"新格局、新秩序、新机制"和推进信访工作"制度化、规范化、法制化"的目标要求，形成"畅通、有序、务实、高效"的信访工作新秩序，建立健全的问题排查化解机制、工作综合协调机制、工作督查机制、信息汇集分析机制，强调信访问题要在基层特别是县级解决等。2007年10月，党的十七大报告强调"完善信访制度，健全党和政府主

---

① 简称2007年中央5号文件。

导的维护群众权益机制"。2008年中纪委等部门又颁布实施《关于违反信访工作纪律适用〈中国共产党纪律处分条例〉若干问题的解释》和《关于违反信访工作纪律处分暂行规定》;2009年1月,中共中央办公厅、国务院办公厅转发了《关于领导干部定期接待群众来访的意见》《中央和国家机关干部下访的意见》《把矛盾纠纷排查化解工作制度化的意见》。2009年9月,党的十七届四中全会通过的《关于加强和改进新形势下党的建设若干重大问题的决定》又进一步提出"加强和改进信访工作"。这些文件共同形成了较为完善的信访工作法规制度体系。2008年全国组织开展了"全国县(市、区)委书记大接访活动",2009年中央进一步推进了联合接访机制,2010年中央又提出用群众工作统揽信访工作机制。这些机制的探索,不断地创新了信访工作机制。2012年信访工作被纳入加强和创新社会管理的整体部署之中,按照党委领导、政府负责、社会协同、公众参与的要求,调动社会各方面的力量参与化解矛盾纠纷,形成了和谐社会人人共建共享的良好局面。

与此同时,地方各省、自治区、直辖市纷纷开展领导带案下访、公开接访、领导包案等联系群众活动,形成各具特色的信访工作新机制,"贵阳模式""沈河模式""义马经验""绿色邮政""网上信访"等新思路层出不穷。"贵阳模式"(2003年首创)是人大的"大信访"格局[①]:一方面,在人大常委会机关内部由人大信访办、常委会组成人员、机关科级以上干部出面接待群众来访;另一方面,在人大常委会机关外部,约请"一府两院"有关负责同志、人大代表和法律工作者共同参与接待群众来访。"沈河模式"(2004年首创)将与信访稳定有关的行政

---

① 王金瑛:《人大信访"贵阳模式"及启示》,《人大研究》2004年第11期。

权、司法权、部分干部考察权等权力汇集于信访大厅，有关部门派出干部进驻信访大厅，实行"主要领导挂帅、分管领导负责、大厅主任协调、驻厅单位领导参与和全区各个方面承办"的管理体制，直接处理信访案件。"义马经验"（2005年首创）是具有信访事项直接办理权的行政信访模式：河南省义马市在原信访局的基础上，将与公民利益密切相关、涉访量较大的职能部门工作力量进行整合，组建了群众工作局。此外，北京、山东、湖南等地开通了群众写信反映问题一律免贴邮票的"绿色邮政"，吉林、杭州等开通了群众与政府虚拟沟通的"网络信访"，构建反映民意、缓解民困的便捷通道。

与积极的实践形成鲜明对比的是关于信访工作的理论研究相对滞后。在理论上，进入这个领域就会发现信访工作面临着许多急需做出回答的问题：信访工作如何与法治的现代化相适应，信访工作如何与服务的社会化相适应，信访工作如何与管理的信息化相适应，信访工作如何与管理的民主化相适应……信访工作中存在的诸多问题，需要学者们在普世的价值中清醒地认识中国文化的特殊性，实现公共管理理论的本土化；信访工作中存在的诸多问题，也需要学者们创造性地运用公共行政理论，实现对公共管理实践的随时跟进，开拓信访研究的广大空间。

"科学必须发掘隐秘。"本书所要发掘的"隐秘"是当前信访工作所透视出来的信息管理的困境。信访渠道不是社会矛盾纠纷产生的源头，但担负着化解冲突和解决问题的重任。大量的信访事项进入信访渠道，却得不到及时有效的解决。就目前的信访情况来看，涌现出一些奇特的现象："倒金字塔"形的信访景象、反复循环的信访怪圈、不断激化的信访过程。这些现象从一个侧面说明信访渠道不够畅通已成为新形势下信访工作中的一个突出问题。这些现象的存在，使信访渠道显得格外拥挤，变得严重堵塞。信访渠道的格外拥挤与严重堵塞，要求领导人从国家制度建设的深层意义上推进收集民意的社会与政治管道的重塑。促使信访渠道畅通，有利于反映社情民意和化解社会矛盾，符合党的优良传统和中央的政策要求；促使信访渠道畅通，有利于保障和落实公民或法人的民主权利，是维护公民、法人合法权益的重要前提。这个问题的研究无疑对中国公共管理具有重要的理论价值和实践意义。"信访渠道的畅通"成为本书的基本问题。对这一问题的解答，我们首先需要明确信访渠道是一个什么样的渠道。对信访渠道的识别成为解答这一问题的基本前提。

从信访制度的功能来看，它发挥着政治沟通、行政监督、安全阀、权利表达和权利救济等的功能。就信访制度设立的初衷来看，它主要是发挥政府与社会进行信息传达的作用，其他功能都是随着社会现实的变化才不断赋予的。不管信访制度功能发生何种变化，它始终没有摆脱"信息沟通"这样一个基本功能。所以，信访渠道是一个信息通道。通过信访渠道，"几乎所有的公民都可以向国家反映几乎所有的社会问题和政治问题，可以是对国家政策的批评和建议，可以是对某种社会风气或现象的评析和对策，可以是对具体国家机构及其官员的批评、投诉和控告，也可以是对自己的私人困难提出求助的请求，等等"[①]。

从信访机构的功能来看，它经历了从开始设置的秘书型向秘书型与职能型并存功能的转变。就信访工作机构设置的初衷来看，它主要是秘书型的定位，它是领导了解社会的参谋和助手，发挥着信息收集和信息分析的功能。随着社会的转型和社会矛盾的凸显，有的地方的信访工作机构被赋予了职能型的功能。就职能型的定位而

---

① 李宏勃：《法制现代化进程中的人民信访》，清华大学出版社，2007，第222页。

言，信访工作是群众解决社会纠纷的方法和权利救济的路径，发挥着信息处理的功能。然而，不管什么样的职能定位，信访工作都没有摆脱对信息的管理。信访渠道涵盖了信息在政府系统内通信的全过程。通过信息的收集，信访工作可以为国家治理传递信息，承接了政府系统内部沟通的功能；通过信息的处理信访工作可能造成信息传递的政治化定式，造成法制事务的政治化解决。

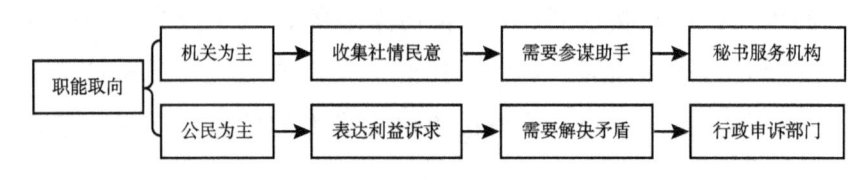

职能取向 —— 机关为主 → 收集社情民意 → 需要参谋助手 → 秘书服务机构

职能取向 —— 公民为主 → 表达利益诉求 → 需要解决矛盾 → 行政申诉部门

图1　两种职能定位下的信访部门

（二）研究对象

"信访制度"的功能是有限的，"信访工作"却是复杂的。"信访制度"的研究是广泛的，"信访工作"的研究却是"政府工作"的一个方面。"信访工作"是本书研究的基本对象。之所以以"信访工作"为研究对象是基于两方面的考虑：一是当下的研究背景，二是政府工作研究的重要意义。

政府工作分析不同于人力资源中的工作分析（Job Analysis）。人力资源管理中的工作分析，主要是岗位分析，通过一系列的工作信息收集、分析和综合的过程，为特定岗位配备特定的人。而政府工作分析不是以"岗位"为分析对象，而是以某一特定的工作为分析对象，突破政府运行"黑箱"的束缚，对政府某一工作的运作过程和动力进行具体分析，看看究竟如何实现从"输入点"到"输出点"的转化，进而实现公共行政研究的目标，即"一是研究政府应如何适当而成功地运作；二是政府如何能在花费最少的金钱与资源的条件下，以最有效率的方式来从事各项活动"①。政府工作，即所有政府工作部门的工作总和，如纠风工作、信访工作、维稳工作、综治工作、法制工作、社会保障工作、信息工作等。理解政府工作，需要从以下几个方面理解：（1）政府工作常常被分为几个大类，如经济、文化、社会、劳动等。每年的《政府工作报告》都会按照这些类别分别详细阐述将要施行的工作举措和工作计划。（2）某一特定政府工作，可能按照职能或流程被分解成几个政府工作部门去完成，也可能由一个政府工作部门去完成。因而，政府工作分析不等同于政府部门分析。（3）当涉及多个部门时，某一特定的政府工作常常组成工作领导小组。如县政府的工作领导小组常常有工业经济工作领导小组、农业农村工作领导小组、城乡规划建设管理工作领导小组、招商引资工作领导小组、百里文明走廊创建工作领导小组，"领导小组办公室"常常设在某项工作任务的主要责任部门，并由该部门"一把手"兼任办公室主任。②此外，各级政府还常常有政府信息公开工作领导小组、纠风工作领导小组等。（4）某一特定的政府工作也常常需要各个层级政府的通力合作。不管是"条管"的工作，还是"块管"的工作，还是"条块双重管理"的工作，都离不开各个层级政府的协同治理。

政府工作分析是行政学研究特别是行政学中层研究的一种途径。行政学中层研究"要重视对中国现实问题的研究……要更加重视实证研究，尤其是重视对材料的诠释分析"③。政府工作

---

① Woodrow Wilson, "The Study of Adminstration," *Political Science Quarterly* 12 (1941): 481.
② 李伟南：《当代中国县政府行为逻辑研究》，博士学位论文，华中师范大学，2009，第154~167页。原文中为城县规划建设管理工作领导小组，本书认为城乡规划建设管理工作领导小组更为合适。
③ 麻宝斌、李广辉：《行政学中层研究：寻找理论与现实的中介》，《北京科技大学学报》（社会科学版）2005年第2期。

分析符合这样的要求。(1) 政府工作分析是行政学中层研究的一大内容。"组织管理、决策过程和专业行政这些中观层面的问题，都是目前急需加强研究的内容。"① 政府工作分析便涉及组织管理和专业行政这样一些中观层面的问题。某一类政府工作，便是专业行政的范畴。(2) 政府工作分析常常涉及治理的分析框架。治理是20世纪伟大的社会发明。罗茨曾指出："治理标志着政府管理含义的变化，指的是一种新的管理过程，或者一种改变了有序统治状态，或者一种新的管理社会的方式。"② 当一项政府工作涉及多个部门时，便需要组织间的协同治理。这种协同治理，可能是层级间的协同治理，也可能是部门间的协同治理。(3) 政府工作分析体现着行政学中层研究的作用——"既让抽象的理论更具有现实基础，又使经验研究有理论指导"③。行政管理离不开履行其职能的行政组织——政府及其各部门。而政府工作部门是按照一定标准对政府工作进行分解和分类，并以此为依据建立的负责政府某一方面事务的机构。理解各个工作部门的工作，有利于对我国公共行政的现实有个清醒的认识和详细的描述。通过对公共行政现实的描述，透视政府工作存在的问题，进而找出解决的对策。同时，政府工作分析能够深入分析政府各工作部门间的关系及各部门对某一公共事务治理所拥有的权力和责任，进而对政府治理实现有意义的知识积累和理论认识的提升。

信访工作作为政府工作的一个方面，可以通过"信访工作"去透视政府工作。"信访制度的研究要避免三个误区。一是设想

---

① 麻宝斌、李广辉：《行政学中层研究：寻找理论与现实的中介》，《北京科技大学学报》（社会科学版）2005年第2期。
② 〔美〕罗伯特·罗茨：《新的治理》，载俞可平主编《治理与善治》，社会科学文献出版社，2000，第86页。
③ 麻宝斌、李广辉：《行政学中层研究：寻找理论与现实的中介》，《北京科技大学学报》（社会科学版）2005年第2期。

信访制度解决所有的问题，将政治、经济、社会、法律所有的问题全部推给信访解决；二是让信访成为一种十分专业化的法律制度，规定严格的法律程序，清清楚楚地将政策等处于边界的问题剔除出去；三是让信访仅仅成为信息通道，而将信访的救济和监督功能分别交给法院和检察院以及行政监察部门。"① 然而，信息问题却是信访的一个基本问题，是信访制度与信访工作固有的问题，信息传达和信息分析的功能是不可替代的。在短期内，信访工作虽然不可能解决转型社会带来的一系列问题，但不能不紧抓其以"信息"为核心的工作内容。

本书基于信访工作从本质上是一种信息渠道的基本认识，将这一问题缩小为"信访信息渠道的畅通"。进而又解析出三个层面的问题：什么样的信访信息渠道才是畅通的，影响信访信息渠道不畅的原因是什么，使其畅通的方向性策略是什么。

(三) 研究视角

施莱弗 (Shleifer) 和维什尼 (Vishny) 指出："一个人看待某个问题所采取的角度，将深刻影响到他所接受、倡导和执行的解决方案。如果视角选择不当，那么，从一个漂亮的理论所推导出来的最符合逻辑的政策建议，反而会给身边的某个问题提供完全错误的答案。"② 因而，基于对信访渠道本质的理解，笔者倾向于从信息管理的视角探索信访渠道不畅的真实逻辑脉络，对信访信息渠道不畅的情境加以理解和诠释。

根据《牛津词典》的解释，信息是指"被传输的关于某特殊事实、主题或事件的知识"。从信息的本体论和认识论的角度

---

① 田文利：《信访制度改革的理论分析和模式选择》，http://www.66wen.com/03fx/zhengzhi/xingzheng/20061104/25795.html，最后访问时间：2014年8月30日。
② 〔美〕安德烈·施莱弗、罗伯特·维什尼：《掠夺之手》，赵红军译，中信出版社，2004，第5页。

而言，信息实际上就是一种被知晓或传达的东西，是理性代理人在博弈中定量的信息交流或交换。在这种意义上，信息管理是人类感知和知晓的行动。然而，在社会生活中，"信息不仅包含被告知这个狭窄的意义，而且还包括娱乐、习俗或礼仪以及履行职责或义务等意义"①。用这种方式定义的信息便使其遍布在人类活动中。信息的转移或交换可称为通信。不同形式的通信会以不同方式传达不同的信息。从原则上说，整个人类活动的范围均可利用通信来传达。

政府行政行为的方方面面也不可避免地与"有关事实、主题或事件的知识"的信息发生关联。信息管理的视角对理解政府行为有着重要的意义。

从管理内容来看，信息是管理者与被管理者之间建立联系的纽带，信息成为继人、财、物之后的第四大管理要素。(1) 管理通过信息才得以实现。无论管理者制定的目标，还是发出的指令，或者被管理者的状态以及被管理者对管理指令的效果反馈，以及干扰管理者的各种因素，都是以信息的形式存在的。正是这些信息构成管理者与被管理者之间的所有关系。(2) 信息资源已成为社会发展的三大支柱之一。现代社会是不同于工业社会的网络社会，信息化成为社会发展的主导趋势和基本动力。然而，信息管理起来颇为困难，信息的组织方式是层级的，信息的获取需要付出代价，信息分布是不对称的。法国社会学家 P. 列维（Pierre Levy）把这些性质称为"通信生态学"（Communication Ecology），人类制度和组织必须与信息和通信的这些基本特性相适应。②

---

① Inguun Hagen, "Communicating to an Ideal Audience: News and the Notion of an 'Informed Citizen'", *Political Communication* 14 (1997): 405 – 419. 转引自〔美〕布鲁斯·宾伯《信息与美国民主》，刘钢等译，复旦大学出版社，2011，第 11 页。

② 〔美〕布鲁斯·宾伯《信息与美国民主》，刘钢等译，复旦大学出版社，2011，第 13~14 页。

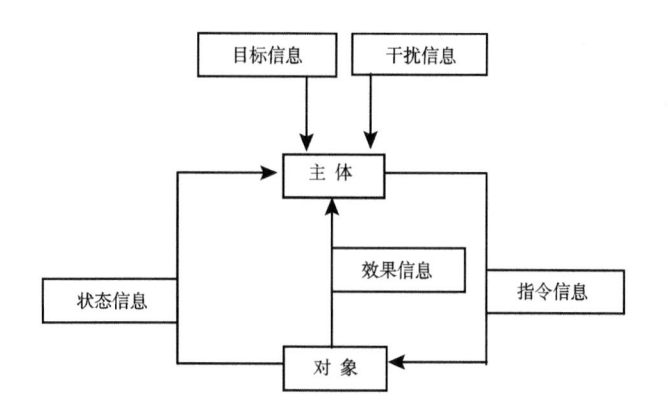

图 2　管理中的各类信息分布

从政治沟通来看，政治系统的运动离不开政治沟通。通过沟通，政治系统才能收集或接收与政治系统的目标相关的信息，在对信息进行适当处理的基础上，做出正确的决策，从而适应环境的要求。政治系统的环境所发生的事件和其所产生的影响，构成了信息的内容。社会学家、信息理论家卡兹（D. Katz）和卡恩（R. Kahn）认为各种社会系统或组织是"有一定限度的信息沟通网"，"信息沟通，即交流信息情况和传达意图"。① "组织和机构倾向于随时间作出机会和限制条件变化的响应，而那些机会和限制条件强有力地使组织和机构被信息和通信的本质重塑。"② 多伊奇在《政府的神经：政治沟通与控制的模式》一书中将信息沟通系统称为政府的神经，"所有的政治系统，无论其规模大小，其良好的运作都有赖于持续不断的信息流动，及时告知系统内外所发生的事情"③。政府信息沟通对于政府管理与服务活动

---

① 〔美〕哈罗德·孔茨：《管理学》，黄砥石等译，中国社会科学出版社，1987，第768页。
② 〔美〕布鲁斯·宾伯《信息与美国民主》，刘钢等译，复旦大学出版社，2011，第14页。
③ 〔美〕多丽斯·格拉伯：《沟通的力量》，张熹珂译，复旦大学出版社，2007，第19页。

有着非常重要的作用，可以组织起全部政府管理的活动，形成一个有效控制的整体，是保证政府决策科学化和提高行政效率的前提。

总之，信息在政府行政过程中无处不在：在政府或行政首长了解群众意愿的过程中，在政府及部门之间相互协同的过程中，在政府决策的制定过程中，在政府决策的执行过程中，以及在政府考核和问责的过程中。从信息管理视角的研究，本书将基于这样的一种假设，即信息是政府行政行为的重要贡献因素，是政府行政过程中一种普遍存在的关键成分；政府行为的许多特征都是从信息的发生期间衍生出来的。对于公共管理而言，任何一项政府活动或工作几乎都可以理解为执行某一制度。信访工作是政府部门对信访制度的执行过程。信息管理的视角对理解信访工作同样有着重要的意义。

需要指出的是，本书所指的信息管理是指以信访部门为主的政府，通过信息收集、处理与综合，获取社会与官僚信息，实现国家（政府）与社会的良好沟通，具体而言，包括了信息收集、信息存储、信息认知、信息分流、信息交流等几个方面。

二　研究综述

20世纪的大部分时期，关于信访的研究都处于理论研究的边缘地带。1980年以来，信访问题不断涌现，上访老户、上访村、上访文学等一系列信访现象引起了社会各界的广泛关注。1981年群众出版社出版的《春风化雨集》（上、下集），便是由信访工作人员组成的《上访通讯》编辑部撰写的，是以反映"文化大革命"冤假错案为背景和十一届三中全会以后冤假错案平反为典型信访案例的报告文学。此后，学者们也逐渐进入这个领域。社会转型带来的突出信访问题使信访制度与信访工作从政治生活的边缘进入了中心地带。

(一) 研究内容

就信访工作的研究来看,一开始几乎是行政实务人员对信访工作实践的摸索。早在1985年信访实务人员便编写出版了《信访工作基本知识》读本。中共中央办公厅信访局、国务院办公厅信访局通过创办信访刊物《人民信访》[①]、编写教材《信访学概论》(1991)、举办首届全国信访工作理论研讨会(1991)和第二届全国信访工作理论研讨会(1999)等各种形式去推动信访工作与信访理论研究的深入。学者们对信访的研究比较晚,王显堂和陈鸿滨在《信访学概论》(1987)一书中最早提出了"信访学"的学科范畴。随后,任振凯的《信访学知识》(1988)、李慕洁的《应用信访学》(1991)进一步完善了信访学的内容。在早期的信访问题研究中,主要是侧重于信访工作制度或工作程序的研究,所做的研究基本局限在"秘书型"的范畴之内,具有明显的知识普及性,学科视野不明显,缺乏分析框架和理论指导,所确定的信访学只是一门新兴的边缘且交叉性的社会科学。近年来,从研究内容来看,信访研究主要集中在以下几个方面。

1. 信访史研究

就"信访史"的研究来看,20世纪90年代才开始有所研究。对信访史的研究可分为当代信访史和古代信访史两部分。对古代信访史的研究最早应该是孙宝珩发表的《先秦时期信访活动初探》[②](1990)一文。之后,胡中才的《古代"信访"史

[①] 改革开放后,中共中央办公厅信访局、国务院办公厅信访局等机构相继开始出版信访刊物。1986年两局合并以后,所属刊物改为《人民信访》。
[②] 孙宝珩:《先秦时期信访活动初探》,《信访》1990第1期。

话》（2000）① 以时间序列对中国古代信访制度的运转与发展做了详细的叙述。李秋学的《中国古代信访制度的法律文化分析》（2004）从法律文化的角度对古代信访制度做了分析。② 对当代信访史的研究，刁杰成的《人民信访史略》（1996）从制度发展阶段全面地梳理了新中国成立至1995年的信访制度的发展及实践，将信访制度分为初创阶段、初步完善阶段、形成制度阶段、发展阶段、活跃阶段、"文化大革命"时期、拨乱反正时期以及改革开放时期八个历史时期。《人民信访史略》成为信访史研究的开山之作，后人的研究几乎都会引用这本著作。之后关于当代信访史的研究多散见于一些著作和论文中。浦兴祖按全国信访工作会议③的召开时间将信访制度划分为四个阶段。④ 应星从信访制度功能的角度将其分为大众动员型、拨乱反正型和安定团结型三个时期。⑤ 许志永等从对信访有重大影响的政治运动或制度的角度将其分为四个时间段。⑥ 林喆从信访制度发展的角度将其分为形成、曲折发展和异化、新发展三个阶段。⑦ 吴超结合政治经济形势的变化和国家中心工作的调整将信访制度发展史划分为六个阶段。⑧ 综观这些研究，它们主要集中在从制度变迁角度对信访制度的发展阶段进行划分，而没有侧重对历史上的信访活动进行分析，提出对现代信访工作的借鉴意义等。

---

① 胡中才：《古代"信访"史话》，湖北人民出版社，2000。
② 李秋学：《中国古代信访制度的法律文化分析》，博士学位论文，中国社会科学院，2004。
③ 全国信访工作会议召开的时间分别为：1957年5月、1978年9月、1982年2月、1995年10月、2001年9月、2007年3月、2012年7月。
④ 浦兴祖：《中华人民共和国政治制度》，上海人民出版社，1999，第731~734页。
⑤ 应星：《新中国信访制度的历史演变》，《山东人大工作》2004年第1期。
⑥ 许志永、郭玉闪、李英强：《宪政视野中的信访治理》，《甘肃理论学刊》2005年第3期。
⑦ 林喆：《公民基本人权法律制度研究》，北京大学出版社，2006，第177~188页。
⑧ 吴超：《新中国六十年信访制度的历史考察》，《中共党史研究》2009年第11期。

2. 信访行为研究

关于信访行为，早在 20 世纪 80 年代末便有研究。但这一时期主要集中于信访心理的研究。较早的著作有杨永明等的《信访心理学》（1988）和蔡燕著的《信访心理学》（1989）。

在 20 世纪 90 年代末，信访行为的个案研究活跃起来。应星的《大河移民上访的故事》（2001）"通过对平山县山阳乡长达 20 多年的移民上访及政府摆平过程的细致展现"[①]，将上访事件纳入农村社区生活的权力关系中，展现了群众的上访技术和权力技术的演变。作家陈桂棣、春桃的《中国农民调查》（2004）以报告文学的形式详尽地披露了安徽省四大信访血案，引起了人们对信访事件所揭示的社会问题的思考。郑欣博士的《乡村政治中的博弈生存》（2005）以博弈论的思维，重点研究了国家、乡村干部与农民三者之间的博弈生存。总的来说，这些都是对信访个案行为的微观的叙事场面。

21 世纪初，信访行为的研究逐步抽象化。于建嵘在《岳村政治：转型期中国乡村政治结构的变迁》（2001）中将集体上访行为纳入群体性事件的范畴，分析了群体性事件发生的原因；在《当代中国农民的维权抗争——湖南衡阳考察》（2004）中将信访行为视为"以法抗争"；在《抗争性政治：中国政治社会学的基本问题》（2010）中又把抗争性政治从农民的"以法抗争"扩大到工人的"以理维权"。肖唐镖的《二十余年来大陆农村的政治稳定状况》[②]（2003）一文借鉴"依法抗争"来分析农村信访行为，并认为农民行动经过了"沟通式""迫逼式""敌视式"

---

① 应星：《大河移民上访的故事》，三联书店，2001，第 314 页。
② 肖唐镖：《二十余年来大陆农村的政治稳定状况（2003）》，《二十一世纪》（香港）2003 年第 2 期。

的"三部曲";高武平的《中国农民的政治参与问题研究》①(2005)一文从"政治参与"的角度来研究中国农民的"上访"活动,并认为问题得不到解决的农民会自发组织起来发生暴力性对抗行为。谢岳的《抗议政治学》(2010)从抗议政治理论变迁的角度论述了集体抗议与国家—政治之间的互动关系。应星的《"气"与抗争政治》(2011)则从"气"的视角分析了农民群体抗争与政府的互动关系。

国外学者对信访的研究也主要集中在信访行为,特别是集体行为的研究。影响较大的如:Li Lianjiang 和 O'Brien(1996)对农民"依法抗争"行为进行了分析,认为信访是农民以政策为依据积极抵抗的一种维权活动。② Bernstein 和 Xiaobo Lü(2003)分析了抗税行为中的农民维权活动。③ 麦克亚当(McAdam)、塔罗(Tarrow)、蒂利(Tilly)等从政治过程理论的框架下解释抗议事件的缘起和变迁方向,蒂利在 2008 年又使用"地方性报复"分析群体性抗争行为。④

综观当前对信访行为的研究,主要有民主权利与民主政治发展的路径、社会冲突的路径两种研究路径。民主权利与民主政治发展的研究路径对信访行为的研究有泛政治化的误区,而社会冲突的研究路径对信访行为的研究又只是把国家作为冲突的一种背景。显然,两种路径的分析,都不能全面解释所有信访行为。从目前的研究来看,这两种路径主要是以维权为视角,包括个体维权和集体维权行动来反映国家与社会的关系。"国家 –

---

① 高武平:《中国农民的政治参与问题研究》,《中国农村研究》2005 年第 5 期。
② Li Lianjiang, Kevin O'Brien, "Villagers and Popular Resistance in Contemporary China," *Modern China* 22(1996).
③ Thomas P. Bernstein, Xiaobo Lü, *Taxation without Representation in Contemporary Rural China* (Cambridge University Press, 2003).
④ C. Tilly, *Contentious Performance* (Cambridge: Cambridge University Press, 2008).

社会"的分析框架为理解信访行为提供了一个分析视角,但它只具有部分的解释力。需要引入多元交叉分析框架来拓展信访行为的研究。

3. 信访权利研究

法治时代的到来,必然唤起对权利意识的思考。在信访领域,便唤起了对信访权利的研究。从某种意义上说,信访权成为信访法治化的逻辑起点。[1] 2002 年,李秋学的博士学位论文《建国初期信访及信访权利问题分析》是国内较早对信访权利进行论述的著作。该著作主要是对新中国成立初期信访权利的内涵、产生及其约束性条件进行了论述。之后,学者主要从宪法和行政法的视角对信访权利进行了研究。从权利性质上看,主要认为信访权是一种表达自由权[2]、请愿权[3]、救济权[4]等观点;从权利形式上看,有学者认为信访权可分为政治性的"监督权"和非政治性的"获得权利救济的权利",监督权含批评权、建议权和检举权,获得权利救济的权利包括取得赔偿权[5];有学者认为,可分为软性的"批评建议权"和硬性的"申诉、控告与检举权"[6]。

对信访权的研究,有一种研究倾向即研究群众为什么选择信访权,而不选择诉讼权。国内学者谷桂林(2002)认为,诉讼

---

[1] 吴深:《信访权——信访法治化的逻辑起点》,《人民信访》2002 年第 12 期。
[2] 刘保泰:《论宪政视野中的上访权——兼析〈信访条例〉第十八条之规定》,《太原师范学院学报》(社会科学版)2006 年第 6 期。
[3] 参见杨海坤《宪法基本权利新论》,北京大学出版社,2004,第 213 页;杨福忠《论法治视野下信访功能的定位》,《云南行政学院学报》2011 年第 6 期。
[4] 郭国松:《审视信访》,《南方周末》2003 年 11 月 13 日第 A6 版。
[5] 参见林来梵《从宪法规范到规范宪法——规范宪法学的一种前言》,法律出版社,2001;林来梵、余净植《论信访权利与信访制度——从比较法视角的一种考察》,《浙江大学学报》(人文社会科学版)2008 年第 3 期。
[6] 参见刘永华《信访制度的法治思考》,《浙江人大》2004 年第 2 期;周作翰、张英洪《当代中国农民的信访权》,《当代世界与社会主义》2006 年第 1 期。

成本昂贵是选择信访权的最重要原因。① 应星（2004）认为，除成本昂贵之外，初审后上诉权只有一次，而信访权没有限制是另一原因。② 还有一种观点认为，信访在处理中也不太强调信访人的举证责任，不完全拘泥于程序，工作方法、步骤等均立足于使信访人的合理诉求得到充分表达和合理解决，甚至在一定情形下先行给予信访人一定的困难补助。③ 还有一些学者认为，"清代的法律文化及 1978 年以前的新中国历史，使当代中国人具有'厌讼'或'信人治不信法治'的历史传统，或是对于上访'路径依赖'，如李文玲、于慎鸿、张清、于建嵘、左卫民、何永军等"④。张泰苏认为中国民众不选择行政诉讼是因为对这种诉讼的程序感到陌生与排斥。⑤

国外学者也分析中国人在遇到纠纷时倾向不选择诉讼权的原因。归纳起来主要有两个方面的原因：一方面是诉讼本身的问题。如，O'Brien 和 Li（2004）认为诉讼经常会受到地方官吏的不正当影响⑥；Cai（2004）认为行政官员不理会法院判决，而只

---

① 谷桂林：《农民为何信"访"不信"法"》，人民代表报，http://www.wtolaw.gov.cn/display/displayInfo.asp? IID = 2002120115124701 20，最后访问日期：2014 年 9 月 5 日。
② 应星：《作为特殊行政救济的信访救济》，《法学研究》2004 年第 3 期。
③ 陈宇：《信访事项复查复核制度研究》，硕士学位论文，上海交通大学，2008，第 34 ~ 35 页。
④ 参见张泰苏《中国人在行政纠纷中为何偏好信访？》，《社会学研究》2009 年第 3 期；李文玲《中国古代的"无讼"理念与现代"和谐"社会》，《甘肃社会科学》2006 年第 5 期；于慎鸿《影响司法公信力的因素分析》，《河南师范大学学报》2006 年第 4 期；张清《农民阶层的宪政分析》，《中国法学》2005 年第 2 期；左卫民、何永军《政法传统与司法理性》，《四川大学学报》（哲学社会科学版）2005 年第 1 期；于建嵘《中国信访制度批判》，《中国改革》（综合版）2005 年第 2 期；于建嵘《信访的制度性缺失及其政治后果》，《凤凰周刊》2004 年第 32 期。
⑤ 张泰苏：《中国人在行政纠纷中为何偏好信访？》，《社会学研究》2009 年第 3 期。
⑥ Kevin J. O'Brien, Lianjiang Li, "Suing the Local State: Administrative Litigation in Rural China," *The China Journal* 51 (2004).

服从行政系统内部指示①；Pils（2005）认为不仅法院的管辖范围有限，常常不能受理，而且法院判决不易执行②；Palmer（2006）认为某些地方官吏会对行政诉讼打击报复，行政诉讼与行政信访管辖范围重叠③。另一方面是国民的"厌诉"传统。如Thireau 和 Hua（2003）分析了信人治不信法治是中国工人维权的普遍的合乎情理的选择。④ Minzner（2006）综合认为"厌诉"传统及行政诉讼与行政信访的"非常可观的重叠"都是群众偏好信访权的原因。⑤

4. 信访功能研究

理论界关于信访功能的研究，归纳起来主要有两大类：一类是政治参与功能，即人民群众向国家机关提出意见和要求，对国家机关和工作人员提出批评和建议，包括民意表达、民主监督；另一类是权利救济功能，即保障和维护公民权利和自由，实现救济的要求，同时包括调解、解决纠纷等功能。以于建嵘为代表的主张废除信访制度的学者认为，应还原信访的第一类功能，即民意表达，取消第二类功能。周永坤认为，目前正确的选择应是强化法院的功能，将信访机构还原为一个下情上传的信息传递机构。⑥ 柴琳、黄泽勇也认为淡化信访机构解决社会矛盾的作用，

---

① Yongshun Cai, "Managed Participation in China," *Political Science Quarterly* 119 (2004).
② Eva Pils, "Land Disputes, Rights Assertion and Social Unrest in China," *Columbia Journal of Asian Law* 19 (2005).
③ Michael Palmer, "Controlling the State? Mediation in Administrative Litigation in the People's Republic of China," *Transnational Law and Contemporary Problems* 16 (2006).
④ Isabelle Thireau, Linshan Hua, "The Moral Universe of Aggrieved Chinese Workers: Workers' Appeals to Arbitration Committees and Letters and Visits Offices," *The China Journal* 50 (2003).
⑤ Carl F. Minzner, "Xinfang, An Alternative to Formal Chinese Legal Institutions," *Stanford Journal of International Law*, 42 (2006).
⑥ 周永坤：《信访潮与中国纠纷解决机制的路径选择》，《暨南学报》（哲学社会科学版）2006年第1期。

加强法治机构解决信访提出的社会问题的功能。① 南昌大学立法研究中心肖萍认为，第一类功能是信访制度的应然功能，第二类功能是信访制度的实然功能，信访制度应发挥包括监督功能、沟通功能、安全阀功能在内的应然功能。② 武汉大学唐皇凤认为，回归以信息传递与权力监督为主的政治缓冲功能将是信访制度功能定位的理性选择。③ 中共中央党校政法教研部教授林喆也认为信访制度的救济功能将逐步弱化，而其举报或监督的功能则很可能得到强化。④ 杨福忠认为，"通过完善司法救济制度逐步把权利救济功能从信访中剥离出来，使信访回到原初的政治参与和权力监督的功能上来"⑤。以杜钢建、康晓光为代表的主张强化信访制度的人认为，应强化第二类功能，赋予信访部门更多如调查、督办甚至弹劾、提议罢免等权力，他们建议将行政问责制与信访结合起来，在信访制度内解决信访反映的问题，以达到削平信访洪峰的效果。⑥ 林莉红认为，应借鉴国外的申诉专员制度，建议我国信访工作应转向救济不当行政的纠纷解决。⑦ 总之，目前关于信访功能的定位也就是集中在上述两大功能之间的一个权重的选择问题。北京大学湛中乐等指出，信访制度兼顾信息汇集、政策决策参与和政治整合的政治属性功能和纠纷解决机制的法律属性功能。⑧ 北京大学王浦劬对信访制度的政治属性进行了

---

① 柴琳、黄泽勇：《反思信访困境、分解信访功能、建设法治国家》，《理论与改革》2006 年第 4 期。
② 肖萍：《信访制度的功能定位研究》，《政法论丛》2006 年第 6 期。
③ 唐皇凤：《回归政治缓冲：当代中国信访制度功能变迁的理性审视》，《武汉大学学报》（哲学社会科学版）2008 年第 4 期。
④ 林喆：《信访制度的功能、属性及其发展趋势》，《中共中央党校学报》2009 年第 1 期。
⑤ 杨福忠：《论法治视野下信访功能的定位》，《云南行政学院学报》2011 年第 6 期。
⑥ 赵凌：《新信访条例是否带来新一轮信访洪峰》，《南方周末》2005 年 1 月 20 日。
⑦ 林莉红：《论信访的制度定位——从纠纷解决机制系统化角度的思考》，《学习与探索》2006 年第 1 期。
⑧ 湛中乐、苏宇：《论我国信访制度的功能定位》，《国家行政学院学报》2009 年第 3 期。

详细的解读，认为信访本质上是一项以治理民主实现社会民生的政治制度。①

国外一些学者也从政治参与和政治沟通的角度理解了信访的功能。Luehrmann（2003）认为信访从两个方面增强了政府管理：一是政府通过信访了解、解决群众诉求，二是中央政府通过信访控制地方政府。② Cai（2004）把民众对信访的热衷归为对政治参与的渴求。③ Minzner（2006）认为"民众可以借信访表达他们对政府政策的意见，从而满足某种'当家作主'的心理需求；信访在政府与民众之间建立了一个'执政链接'，有助于维护政府的政治合理性"④。

5. 信访制度改革研究

关于信访制度的研究，离不开信访的权利属性和功能定位。不同的权利属性和功能定位，信访制度有不同的运行机制和改革方向。2003年年底，胡奎、姜抒撰写的《2003年中国遭遇信访洪峰，新领导人面临非常考验》，拉开了关于中国现行信访制度改革大辩论的帷幕。2004年于建嵘的《信访的制度性缺失及其政治后果——关于信访制度改革的调查》一文点燃了信访研究热的"一把火"。2003～2005年，学术界围绕信访制度的"存废之争"展开了一系列的研究。

（1）废除信访制度。由于存在着诸多问题，我国的信访制度应当废除。中国社会科学院于建嵘认为，机构庞杂和体制不顺

---

① 王浦劬：《以治理民主实现社会民生——我国行政信访制度政治属性解读》，《北京大学学报》（哲学社会科学版）2011年第6期。
② Laura M. Luehrmann, "Facing Citizen Complaints in China," *Asian Survey* 43 (2003).
③ Yongshun Cai, "Managed Participation in China," *Political Science Quarterly* 119 (2004).
④ Carl F. Minzner, "Xinfang, An Alternative to Formal Chinese Legal Institutions," *Stanford Journal of International Law* 42 (2006): 120.

导致了各种问题和矛盾焦点向中央聚集，功能错位和浓厚的人治色彩消解了国家司法机关的权威，程序缺失和机制的不完善不断诱发较严重的冲突事件。① 上海市人大常委会培训工委办公室周梅燕认为，"信访人"和"信访机构"中的潜在规则影响着信访活动，信访不能被当成人民正当参与和权利保障的唯一道路，应减轻信访制度的存在价值。② 北京理工大学的胡星斗认为，信访制度由于与我国宪法相悖、信访功能错位、"双向规范"形同虚设、信访接待窗口的黑暗等原因应当废除，民主与法治是解决信访问题的根本出路。③ 中国艺术研究院的张耀杰指出，信访制度是诱导本国公民跪着请愿甚至跪着造反的永无出头之日的制度陷阱。④ 黄钟认为，信访制度与宪法或法律相抵触，行政权超越立法权或者司法权，与法治相悖。⑤ 2005年之后，废除信访制度逐步演变为"消化"信访制度，可归结为以下四种方案：方案之一，撤销各级信访机构，代之以公共法律援助机构。将原来的信访局、信访办成建制地改为"公共法律援助中心"，聘请具备律师资格的人员担任"公职律师"，为上访群众服务；方案之二，撤销信访机构，由各级人民法院的立案庭派出机构或司法人员，在各级党委、人大、政府原信访机构的办公地点办公，直接受理各类案件并为群众提供免费法律服务；方案之三，撤并信访机构，将其原有职能并入各级政府法制工作机构；方案之四，彻底

---

① 于建嵘：《中国信访制度批判》，《中国改革》2005年第2期。
② 周梅燕：《中国信访的制度困境及出路》，http：//www.publaw.org/xzfyj/xzfyj_xzfwg/200710/t20071007_15372.htm，最后访问日期：2014年9月5日。
③ 胡星斗、任华：《就废除信访制度致全国人大国务院的建议书》，http：//www.caogen.com/blog/Infor_detail.aspx?articleId=2591，最后访问日期：2014年9月5日。
④ 张耀杰：《〈信访条例〉可以休矣》，http：//www.cssm.org.cn/view.php?id=4823，最后访问日期：2014年9月5日。
⑤ 黄钟：《信访制度应该废除》，http：//www.aisixiang.com/data/4802.html，最后访问日期：2014年9月5日。

裁撤各级信访机构，将各级工会、妇联、共青团等群众组织现有的"维权"机构，以及律师协会、街道、社区"法律援助中心"的法律服务力量组织起来，成立民间性质的法律援助志愿者服务机构，进驻各级信访局原来的办公地点，义务援助上访户。①

（2）强化信访制度。由于信访工作涉及社会生活的各个领域，各种社会问题都聚集到信访部门，然而信访部门的权责却不相匹配，应赋予信访部门较大的权力。国家信访局的张彭发认为，信访部门权力有限是现行信访制度存在的大问题之一；康晓光认为，应该强化信访功能并改革信访部门，使其成为一个独立的系统，拥有调查权与决定权；国家行政学院的杜钢建认为，没有权威性是信访部门工作的最大限制。② 赵树凯认为，应该"增加信访部门的机构和人力、强化信访考核、搞一票否决等等，绝不可以轻言撤销信访局"③。

在此期间，还有一种折中的观点认为信访的存在有其合理性依据，应当改革信访制度。陈柏峰从历史角度出发阐述了信访制度的首要功能在于深化政权的合法性。④ 王学军（2003）提出从大力发展生产力、建立责任机制、重新配置职能、加强队伍和电子建设、基层信访建设五个方面改进信访制度。⑤ 一些学位论文

---

① 陈宇：《信访事项复查复核制度研究》，硕士学位论文，上海交通大学，2008，第9~10页。
② 参考（1）《探索信访工作新局面，形成标本兼治大信访格局》，《瞭望东方周刊》2004年11月16日；（2）《聚焦中国信访：行世50多年，走到制度变迁关口》，《南方周末》2004年11月4日；（3）《信访改革引发争议》，《南方周末》2004年11月18日。
③ 赵树凯：《从信访制度看农村社会稳定机制》，载《第二届湖湘三农论坛论文集》，常德，2009，第13~17页。
④ 陈柏峰：《缠讼、信访与新中国法律传统——法律转型时期的缠讼问题》，《中外法学》2004年第2期。
⑤ 王学军：《中国信访体制的功能、问题和改革思路》，《湖北社会科学》2003年第1期。

对信访制度的改革也进行了论述。① 随着2005年新《信访条例》的出台，关于信访制度存废的讨论也告一段落，信访制度改革对策性研究兴盛起来。高武平（2005）认为应当从完善的社会主义民主和切实发挥作用的人民代表制度、公众监督下的司法独立、维护表达权和抗议权等基本公民权利等三个角度对信访制度进行改革②；陈丹、唐茂华（2006）借鉴日本苦情制度提出信访制度的改革的对策。③ 此外，还有许多硕士、博士学位论文和期刊论文也对信访制度改革进行了论述。④ 张炜博士的《公民的权利表达及其机制建构——陕西省西安市临潼区信访状况研究报告》（2008）⑤ 以公民权利表达为目标，将信访制度改革纳入程序正义的视角下，提出信访职业主义的改革对策。金国平等人的《信访制度改革研究》（2007）解析和破解了信访难题，剖析了信访机构和信访人之间的法律关系，提出了将公民维权与政府维稳统一于科学发展的政策思路，设计了我国信访制度改革的原则、路径和措施。任剑涛认为，"解决信访制度缺陷的根本出路，在于建构健全的宪政民主制度，由此保证国家治理信息的通

---

① 参见任礼光《行政信访制度研究》，硕士学位论文，苏州大学，2003，第1~38页；杨燕伟《信访制度的法学透视》，博士学位论文，中国政法大学，2004，第1~45页；郝建臻《我国信访制度的宪法思考》，博士学位论文，中国政法大学，2004，第1~46页。
② 高武平：《信访制度存废辨——兼谈中国信访制度的变革之道》，http://www.148com.com/html/2235/373390.html，最后访问日期：2014年9月5日。
③ 陈丹、唐茂华：《试论我国信访制度的困境与"脱困"——日本苦情制度对我国信访制度的启示》，《国家行政学院学报》2006年第1期。
④ 参见刘晖《公共治理模式下我国信访制度完善途径探究》，博士学位论文，首都经济贸易大学，2008；汤啸天《信访制度的改革与社会稳定》，《探索与争鸣》2005年第2期；陈广胜《将信访纳入法治的轨道——转型期信访制度改革的路径选择》，《浙江社会科学》2005年第4期；陈继清《我国信访制度存在的问题及其完善措施》，《中国行政管理》2006年第6期；周定财、白现军《善治目标下的我国信访制度改革》，《中共南昌市委党校学报》2007年第4期。
⑤ 张炜：《公民的权利表达及其机制建构——陕西省西安市临潼区信访状况研究报告》，博士学位论文，西南政法大学，2008。

畅传递，为国家的善政—良治提供真实起点"。① 此外，在法学界，对于涉法涉诉信访的成因与处理、行政信访与司法信访的比较一直都是研究的热点。如李微（2008）对涉诉信访制度进行了详细的研究。②

"总体来看，目前我国对于信访制度的研究存在着如下几个方面的误区：实然性的描述代替应然性的分析；单一的分析模式取代了综合的分析模式；碎片式的分析遮蔽了本质的分析。"③

6. 信访工作管理研究

随着2005年新《信访条例》对信访工作机构的职能的明确规定，对信访工作的理论与实践问题的研究不断涌现，对完善行政信访实践提供政策建议的逐渐增多。中国行政管理学会信访分会编著的《信访学概论》（2005）④ 对管理过程的关注便成为理论研究的开端。随后，朱应平的《行政信访若干问题研究》（2007）针对我国行政信访实践中面临的许多具体的立法、执法和司法的现实问题进行了学理上的阐述和法律规范上的论证，进而根据相关规定、理论和实践的需要设计对策性的主张和建议。邹守卫的《信访工作概论》（2007）全面系统地梳理了信访工作业务及活动，分析了信访机制中的盲点和工作中的问题及原因。张宇和董鹏祥编著的《信访工作理论与实务》（2008）在阐述信访工作基本理论的基础上，纵向阐述了信访工作具体流程，横向汇集了信访工作各个环节的工作制度，点评了信访先进经验和典型案例，拓展研究视野与理论高度。杨德爽编著的《信访工作实践与理论研究》（2009）则全面地凸显了"平民百姓要维权、

---

① 任剑涛：《信访制度是否适应时代潮流》，《探索与争鸣》2012年第1期。
② 李微：《涉诉信访制度研究》，博士学位论文，中南大学，2008。
③ 田文利：《信访制度的性质、功能、结构及原则的承接性研究》，《行政法学研究》2011年第1期。
④ 中国行政管理学会信访分会：《信访学概论》，中国方正出版社，2005。

国家职能部门要维稳"的利益博弈，深层次地剖析了民主法制、改革发展、社会和谐等党和政府的号令。王浦劬等的《以治理的民主实现社会民生：对于行政信访的再审视》（2012）从社会治理的角度对信访制度进行全方位审视，将信访制度定位为我国社会主义民主治理的政治制度，提出合理化改进措施，进而探求治理民主与社会民生的相互关系：通过民主实现民生，是通过公共权力实现公民私人权利的一种方式，而通过治理民主实现社会民生，则是这种方式中的特定路径，我国的行政信访制度就是这种路径的制度安排。

还有一些论文对信访工作管理提出了对策。童之伟认为，"消解信访困扰的根本出路，在于通过改革提升核心政制的正义推进效能；消除信访体制运行造成核心政制地位、权威和效能减损的现象和倾向"①。陈柏峰认为，"真正化解上访潮，需要在政府治权（权威性资源）与民众权利之间寻求合理的平衡，并引导权利话语健康发展"②。尹利民从治理技术的角度，将国家的信访治理分为"柔性治理""刚性治理""刚柔并济"治理三种类型，并认为"分类治理"在某种程度上忽略了政治原则，使信访治理结果带有很大的不确定性，从长远看，应该实现对信访治理的制度化吸纳，即"政治吸纳治理"。③ 田先红的博士学位论文《息访之道》（2010）通过农村基层信访治理过程中的利益博弈关系和权力技术运作窥探国家基础权力发展的特征及其内在逻辑。④

---

① 童之伟：《信访体制在中国宪法框架中的合理定位》，《现代法学》2011年第1期。
② 陈柏峰：《无理上访与基层法治》，《中外法学》2011年第2期。
③ 尹利民：《"分类治理"：国家信访治理中的偏好及其限度》，《湖北行政学院学报》2011年第3期。
④ 田先红：《息访之道——国家转型期的信访治理研究》，博士学位论文，华中科技大学，2010。

综观目前的研究，基本是采用"维稳与维权"的话语体系或"国家－社会"的分析框架来分析信访问题的治理。从其他视角进行分析的比较少，如吴毅从"权力－利益的结构之网"的角度描述了农民上访所遭遇的体制困境；① 陈柏峰从"治理－资源"的角度理解基层法治实践；② 王浦劬从"民主－民生"的角度理解了信访实践。③

（二）研究学科

综观学界信访研究成果，其来源主要有两大领域：一是属于信访系统内部的各级领导层和研究人员的成果，如刁杰成、周梅燕、邹守卫等；二是社会科学院及高校的学者。不同领域的学者对信访的研究各有所长，但理论与实践的有机结合体现得不够。不同的学者又从不同的学科视角对其进行了侧重点不同的研究。目前主要集中在社会学、法学、政治学领域。这些领域的研究为信访的研究提供了较强的力量和较浓的学术色彩。

《大河移民的上访故事》（2001）、《"气"与抗争性政治》（2011）等从社会学的学科视角对"上访"事件进行研究。社会学是"对人类社会和社会行为的科学研究"④，社会学独特的研究方法，在于"它的研究依赖于对可以考证的事实进行系统的观察"⑤。社会学者对信访问题的研究一般是从人类社会学的视角切入，叙述性分析和个案分析，运用讲故事的"深描法"或

---

① 吴毅：《"权力－利益的结构之网"与农民群体性利益表达的困境》，《社会学研究》2007年第5期。
② 陈柏峰：《无理上访与基层法治》，《中外法学》2011年第2期。
③ 王浦劬：《以治理民主实现社会民生——我国行政信访制度政治属性解读》，《北京大学学报》（哲学社会科学版）2011年第6期。
④ 〔美〕伊恩·罗伯逊：《社会学》，黄育馥译，商务印书馆，1990，第2页。
⑤ 毛寿龙：《政治社会学》，中国社会科学出版社，2001，第18页。

"过程/事件"①的分析方法，集中研究群众上访个案的过程。叙述性分析和个案分析，有助于对制度的发生机制和运作过程的动态把握。如《大河移民上访的故事》（2001）"通过对平山县山阳乡长达20多年的移民上访及政府摆平过程的细致展现，来揭示当代国家与农民在土地下放、人民公社制度瓦解后的新时期发生集体上访这样的正面遭遇时，权力是如何在自上而下和自下而上的双向实践中运作的"②。吴毅在《"权力-利益的结构之网"与农民群体性利益表达的困境》一文对一起有关上访最终陷于失败的石场纠纷案例进行了深描。③

李宏勃的《法制现代化进程中的人民信访》（2007）、郝凯广的《信访制度的法社会学分析》（2005）、张炜的《公民的权利表达及其机制建构——陕西省西安市临潼区信访状况研究报告》（2008）等从法社会学的视角、以个案为例研究信访制度的运作及缺失。法社会学，即法律社会学，"是要解决大众在承认特定的秩序并依此行动的时候，社会将会发生什么情形的问题"④。法社会学对信访问题的研究一般采用"制度/结构"⑤的分析策略，"不仅要关注信访运作过程中官方制定的'文本上的

---

① "过程/事件"的分析方法重视丰富的、具体的、过程的描述，它是社会学学者孙立平提出的一种做口述史的分析方法。他主张社会事实应当被一分为二地看待，既有静态的也有动态的、流动的过程。将动态的过程中比较带有事件的过程，特别是那些有开头、有结尾、有情节的事件的过程详细地予以记录和分析，从而揭示出这种关系中的种种隐秘，以期更为准确地认识和把握社会生活。参见孙立平《过程—事件分析与当代中国国家农民关系的实践形态》，载《清华社会学评论》，鹭江人民出版社，2000，第17页。
② 应星：《大河移民上访的故事》，三联书店，2001，第314页。
③ 吴毅：《"权力-利益的结构之网"与农民群体性利益表达的困境》，《社会学研究》2007年第5期。
④ 〔日〕青井和夫：《社会学原理》，刘振英译，华夏出版社，2002，第21页。
⑤ "制度/结构"的分析方法强调客观地描述制度本身及其运作过程。不同的制度，会刺激出不同的行为（发生不同的事件），社会行为反映社会（结构）关系。发生的"事件/过程"在反映制度和结构的同时，也对之产生影响作用并改变制度和结构。

法'（law in book），而且要尤其关注潜伏在文本规则之下和浮现在制度运行过程中的'行动中的法'（law in action）"①。如《法制现代化进程中的人民信访》通过法文化与法社会学的解释，对信访行为做了规范性和经验性分析，揭示了信访制度在政法传统的社会背景与法制现代化进程的两难选择。除此之外，信访的权利属性和涉法涉诉信访的处理问题的研究也集中在法学领域。法学"本质上应当是基于对法的具体场景运用的实践活动的回应"②。法学领域对信访的研究侧重于研究国家与公民之间基于权力和权利的关系协议或规则系统而建构的"共识"的可行性制度。

《抗争性政治：中国政治社会学的基本问题》（2010）、《乡村政治中的博弈生存》（2008）、《平衡视阈下的当代中国信访制度研究》（2008）等从政治社会学的角度对信访行为进行了研究。政治社会学是"把政治现象放到社会环境中加以考察，从社会的角度来理解政治，考察政治与社会之间的关系，考察政治的社会基础，考察社会稳定和发展所需要的政治条件"③。政治社会学在国家与社会关系的分析框架下，以个案为例研究信访活动的政治行为及其政治影响。如《乡村政治中的博弈生存》分析了村民上访的结果以及对乡村政治产生的影响，提出了"治访循环"中国家与社会关系的良性互动与重新建构，促使农村回应性制度的变迁与乡村民主社会的生成。《平衡视阈下的当代中国信访制度研究》指出了信访制度在政府与民众之间的运动式的平衡。政治社会学的视角，不断地将信访行为上升到理论的

---

① 李宏勃：《法制现代化进程中的人民信访》，清华大学出版社，2007，第141页。
② 范进学：《"法学"是什么？——比较法视域中的"法学"含义诠释》，《法学论坛》2006年第4期。
③ 毛寿龙：《政治社会学》，中国社会科学出版社，2001，第21页。

高度，进而信访行为也不断地被纳入政治学研究的范畴。政治学，主要"研究政治活动，尤其是政治集团的活动"①。在政治学领域从政治参与和政治沟通的角度分析集体上访，从政治系统论的角度分析信访资源的配置等。

邹守卫的《信访工作概论》（2007）从公共管理学的视角全面系统地梳理了信访工作业务及活动，分析了信访工作中存在的问题及原因。公共管理学，是对公共组织尤其是政府组织的管理活动及其规律的研究。公共管理学对信访问题的研究主要采用自上而下的视角，即政府如何去对待信访人。就目前来说，许多科研院校与机关都成立了以"信访与社会管理"为主题的研究机构，但关于这方面的研究成果还不多见。如2010年3月18日北京市信访办成立了中国第一家官方信访研究机构——信访矛盾分析研究中心。之后，信访矛盾分析研究中心又与一些高校或社科院联合成立了分中心，有"中国信访与政府治理研究中心""中国信访与社会稳定研究中心""当代中国信访与社会治理研究中心""中国信访与城市发展研究中心""首都信访规律研究中心""中国信访与法治建设研究中心"等。

综观法学、政治学、社会学的研究，它们对信访的研究主要以维权行动开始。但不同的学科有其独特的视角和关注点。

首先，不同学科对信访行为观察的角度不一样。特别是社会学与政治学的研究在这方面有很大的不同。社会学倾向于自下而上地看问题。就信访来看，社会学对信访的研究主要是站在农民和市民的角度，观察他们是如何看待和判断国家的。社会学这种观察视角，使其缺乏对制度本身演进的历史分析，也缺乏对基本

---

① Arthur Bentley, *The Process of Government* (Evanston: Principia Press of Illinois, 1949), p.1908. 转引自毛寿龙《政治社会学》，中国社会科学出版社，2001，第17页。

政治观念的把握，因而，对信访行为的认识便不可避免地产生偏差。正如清华大学孙立平教授所说的，"我们对于上访的研究也好，对于参与反抗的研究也好，我觉得始终有一个问题，就是我们更多的资料都是来自于上访的一面，而来自于政府这一面的相对要少，也就是说在一些重要的上访的案例研究中，很少直接看到接待上访的人对同一个案例的说法是什么，这样使得我们对信访过程的理解可能只是一面之辞，而且对整个上访制度的安排以及整个制度运作的逻辑和机制可能会缺少一些东西"①。政治学倾向于自上而下地看问题。就信访来看，政治学对信访的研究主要是站在政府或国家的角度，理解政府对上访者的认识及信访行为的处理。政治学补充了社会学研究视角的局限性，但还有待于理论上的提升。

其次，不同学科有不同的侧重点。（1）对权力的关注度。社会学的研究由于站在下面看上层所拥有的权力，因而也会突出权力运行的双向性，而政治社会学强调权力运行的单向性，将上访治理看作一个权力治理的运作过程。（2）对"事件"的关注度。社会学、法社会学、政治社会学的研究，都有一个共同点就是关注"事件"的过程，即侧重于"经验性解释"；而法学、政治学、公共管理学更应侧重于"事件"的"共性"，即制度、结构、治理等，侧重于"结构性解释"。目前，"这些研究基本上还属于'经验解释性'研究，其特点在于强调'过程'的元素，过去突出'事件'的经验，从而在不经意间忽略了学术积累、传承和对话，其研究成果很难上升为有价值的理论"②。特别是

---

① 李连江：《中国农民的政治参与》，http://rdi.cass.cn/show_news.asp?id=11370，最后访问日期：2014年9月5日。
② 尹利民、黄成华：《当前我国信访研究的演进与转向》，《南昌大学学报》（人文社会科学版）2008年第1期。

需要将这三个学科的微观个案与宏观理论结合起来，使"过程－事件"与结构、制度实现很好的补充；通过多元的分析框架，将这种经验性研究转向规范性的分析，拓宽研究视野，提升信访研究的水平。

总的来说，目前关于信访的研究主要是以"社会为中心"的，社会学领域的研究已相对成熟。政治学对信访研究的理论还有待加强，即使是政治社会学的学科视角，也对以"国家为中心"的视角还不够凸显。从公共管理领域的研究更需要加强，既要以"公共部门"的视角自上而下看待信访现象，又要关注政府自主性和社会现实，更好地实现"社会管理"的职能。

三 研究思路

（一）分析框架与方法

1. 分析框架

（1）"体制－流程－技术－机制"分析要素

就主体部分来说，本书采用了"体制－流程－技术－机制"的分析框架。体制是公共事务管理的制度规范，流程是公共事务管理的微观过程，技术是公共事务管理的控制工具，机制是公共事务管理的内在动力。可见，"体制－流程－技术"的分析框架体现了公共组织对公共事务进行管理的从宏观到微观、从外在到内在的过程。就"体制－流程－技术"的关系来看，体制是流程设计的起点，流程是技术设计的依据；反向看，技术是流程执行的保障，流程是体制规范的体现。如果体制不顺，组织设置重叠，权责关系不一，隶属关系模糊，那么流程的运行一定是不畅的。然而，合理的流程不一定带来不偏不倚的执行。流程顺利执行，需要运用现代技术实现有效的沟通与监督。与机制分析相比较，"体制－流程－技术"分析更加具体，不管是体制，还是流程或技术，都能表现为能看得见的组织机构或制度，看得见的步骤或软件系统。但是作为具体的"体制－流程－技术"分析不可能完全脱离抽象的"机制"分析的影子。"机制"本身是抽象的，机制分析主要是分析事物运行中所依据的看不到的"机理"，既隐藏于行政工作的系统背后，又渗透于行政工作本身，是体制得到建构、流程得以实现、技术得以维系的动力和约束。在公共管理的过程中机制分析离不开权力、权利、责任等的统一。

体制（System）是制度的一个层面①，它是指对权责分配关系和组织隶属关系在不同的管理机构之间进行分配的制度性规范。简单地说，体制是管理机构和管理规范的统一体，它体现的是一种权力运作体系。具体而言，体制包括不同的管理机构、权责分配关系、隶属关系等。就公共管理而言，体制规范着不同的政府层级、政府部门之间的隶属关系和权责分配关系。体制分析是基于公共管理的权限展开，是对政府行为进行结构性的划分和规范式的约束。通过体制分析，不断地规范政府间的权力分配关系，建设法治型政府；通过体制分析，不断地强化政府间的责任担当程度，建设责任型政府。

流程（Process）是指以确定的方式执行某一个或一系列连续而有规律的操作，进而输出一个或一系列特定结果的活动。通俗地讲，流程就是一系列连续的行为步骤，第一步什么行为，紧接着下一步什么行为。政府在具体事务的运作上，不可避免地要涉及不同部门、不同岗位之间的协同配合。因此，在公共管理的流程中，就会出现不同部门和不同岗位之间工作的承接与流转。

---

① 制度是人们社会关系和行为规范的体系，是模式化的社会行为。就制度的层次而言，它有根本制度、体制制度和具体制度三个层次。一般而言，体制制度对应为"system"，具体制度对应为"institution"。

通过这样的"跨部门、跨岗位工作流转"之后，再向外部提供输出。可见，流程是资源输入系统后转化为输出的一系列活动。公共事务管理流程包括输入、活动、输出和结果等。其中，输入是社会信息进入政府系统的过程；输出是政府行为的产出；结果是公众对政府行为的满意度；输入情况会影响活动过程、输出情况，输出又会影响结果。流程分析基于公共管理现实展开，是对政府行政行为进行全景式扫描和慢镜头式的检阅。通过流程分析，发掘每一个细节中的漏洞，将政府行为的各个过程记录下来，实现政府的精细化管理；通过流程分析，发现部门之间的推诿现象，将政府各个部门密切地串联起来，实现政府的协同治理。

技术（Technology）是"为某一目的共同协作组成的各种工具和规则体系"。[①] 技术作为第一生产力，能够方便人们的工作和生活，不断地给人类带来福祉。技术是随着时代的进步而不断发展延伸的。信息技术革命使人类进入了信息社会，也带来了政府公共管理的革新。信息技术（Information Technology，简称IT）即利用电子计算机、遥感技术、现代通信技术、智能控制技术等获取、传递、存储、显示和应用信息的技术。信息技术主要是应用计算机科学和通信技术来设计、开发、安装和实施信息系统及应用软件。信息技术的推广应用，带动了全球公共管理的变革，促进了政府管理信息化建设。就公共管理而言，信息技术本质上体现为一种控制能力。信息技术分析基于公共管理过程展开，是政府行政行为的自动化运用和技术性保障。通过信息技术分析，引进先进的系统与软件，推进电子政府的建设；通过信息技术分析，推进电子式的民主与服务，实现电子治理的憧憬。

---

① 18世纪末法国科学家狄德罗（1713~1784）的定义。

机制（Mechanism）原指机器的构造和动作原理。被引入社会科学领域之后，它指事物内部各部分的机理，即抽象的相互关系，"是目标和结果之间的中介变量，是两个事物可能存在的因果关系"①。机制分析主要是分析事物运行中所依据的看不到的"机理"。通过这种相互关系（约束或限制），保证事物在其临界范围内运转。当外部条件发生不确定变化时，内部的某部分发生变化，进而带动其他部分发生变化，通过各部分之间的"连动"作用，应对外部环境的变化。在理想的状态下，良好的机制可以使一个系统形成自适应系统。就公共管理而言，机制是使制度有效运转起来的一种保障，"实施机制是指有一种社会组织或机构对违反制度（规则）的人作出相应惩罚或奖励，从而使这些约束或激励得以实施的条件和手段的总称。"② 机制分析基于公共管理的动力（支持力）和约束力（限制力）展开，通过公民权利的行使和政府权力的约束实现公共事务的有效治理。

（2）"体制－流程－技术－机制"分析的缘由

构建行政学中层理论，必须注意借鉴其他学科理论成果和保持本学科独立性之间的平衡。③ 行政学分析方法，也必须借鉴其他学科的分析方法。"公共行政学者亨利曾经认为，公共行政的发展经历了政治与行政二分、行政原则、公共行政作为政治学、公共行政作为管理学和公共行政作为公共行政等不同的发展典范。"④ 因而，行政学的分析方法应当依赖各个不同发展阶段所

---

① 周雪光：《组织社会学十讲》，社会科学文献出版社，2003，第16页。
② 柳新元：《制度安排的实施机制与制度安排的绩效》，《经济评论》2002年第4期。
③ 麻宝斌、李广辉：《行政学中层研究：寻找理论与现实的中介》，《北京科技大学学报》（社会科学版）2005年第2期。
④ 〔美〕戴维·H. 罗森布鲁姆、罗伯特·S. 克拉夫丘克：《公共行政学：管理、政治和法律的途径》（第五版），张成福等译，中国人民大学出版社，2002，译者前言。

附属的学科分析方法，进而形成其独特的分析方法。

①对政治学研究方法的借鉴。众所周知，行政学脱胎于政治学。政治学在长期的发展中形成了制度主义分析、行为主义分析、结构功能主义分析等惯用的分析方法。作为政治的行政，强调行政是一政治过程，"政府改革的许多措施的目标一直在于最大化地实现代表性、回应性和责任的价值"①。

首先，体制分析与机制分析是对制度主义分析方法的借鉴。旧制度主义以组织为分析单位，以制度独立运作为基本假设，通过分析组织内部正式的运作程序与规则，进而找出一个好的制度；新制度主义以规则为分析单位，以制度间相互依存为基本假设，关注正式和非正式规则对政策及其他政治选择的影响，把制度同政治行为整合起来。体制的一个重要方面就是体制制度，即规定各部门或主体之间的权责分配关系的制度；机制常常由一些具体的工作制度所规定，督促或监督行政事务的实现。

其次，体制分析是对结构功能主义分析方法的借鉴。结构功能主义最早运用于社会学研究，阿尔蒙德于1960年首次将这种研究方法运用于政治学。此方法集中研究政治系统履行的功能以及实行功能的结构，认为政治特定功能的发挥需要有特定的有机的结构安排。阿尔蒙德和鲍威尔在1966年的《比较政治学：发展研究途径》中，提出政治结构可分为系统、过程和政策三个层次。张立荣在《论有中国特色的国家行政制度》中曾从宪政结构和党政结构的角度对我国的行政制度，特别是决策与执行制度进行了结构性的解读。在政府工作分析中，体制分析本身体现

---

① 〔美〕戴维·H. 罗森布鲁姆、罗伯特·S. 克拉夫丘克：《公共行政学：管理、政治和法律的途径》（第五版），张成福等译，中国人民大学出版社，2002，第32页。

着一种组织安排与组织架构，特定的组织结构影响组织职能的发挥和组织效能的提升。

②对管理学研究方法的借鉴。作为管理的行政，"追求效能、效率及经济的最大化"，"以期待改善公共部门绩效"[①]。传统管理途径中 3E（Economy、Efficiency、Effectiveness）的追求，离不开技术的推动；新公共管理途径中绩效的改善，离不开公共部门的再造。

首先，技术分析是对管理学研究方法的借鉴。管理学的产生和发展离不开信息技术的发展。科学技术的发展使"专门知识"成为企业和经济发展的决定性因素，管理专家在经济管理中也日益拥有更多的发言权。新制度经济学派的凡勃伦、加尔布雷思、贝尔等强调科学技术进步在社会进步中的决定性作用，技术发展对生产要素更迭的决定性作用。信息技术支撑下的权力运行系统具有集成性、多通道、互动性和公开、透明、资源共享……推动政府管理模式从集权管理向集散管理型转变，促进政府组织扁平化，提高工作效率。[②] 近些年，电子政务（E-government）在各国发展方兴未艾，在我国势头强劲。1999 年常被称为"政府上网年"，2002 年被称为"电子政务年"。电子政务的发展"有效提高了权力运行过程的透明度，增强了社会监督的实效"[③]。

其次，流程分析是对管理学研究方法的借鉴。管理学比较注重研究分析业务流程的流程设计。流程分析是一项影响广泛的管理变革浪潮。政府流程再造是将企业业务流程再造的理论和方法应用于政府改革中，是以公众需求为核心，以顾客为导向，以技

---

① 〔美〕戴维·H. 罗森布鲁姆、罗伯特·S. 克拉夫丘克：《公共行政学：管理、政治和法律的途径》（第五版），张成福等译，中国人民大学出版社，2002，第 18～22 页。
② 叶常林：《非政府组织前沿问题研究》，中国科学技术大学出版社，2009，第 374 页。
③ 叶常林：《信息技术在权力监督中的作用》，《中国行政管理》2004 年第 11 期。

术创新为手段，通过对原有政府机构的组织机构和流程进行全面、彻底的重组，以适应全球化时代快速变化的外部环境、提升公众满意度和提高政府组织的工作绩效，最终实现无缝隙组织和构建无缝隙政府的变革过程。①在公共管理领域，西方国家早在20世纪70年代末的"新公共管理运动"中便提出"重塑政府"；我国自2000年之后各地相继建立"行政服务中心"或"行政超市"实现"一站式"服务。行政服务中心的建立表明我国政府流程再造进入了新阶段。通过流程分析，各部门之间做到无缝隙对接，从而防止碎片化的出现。基于流程分析的特点，行政学上提出了无缝隙政府（Seamless Government）、整体型政府等理论。

③对社会学、经济学研究方法的借鉴。行政学的本土化研究离不开中国的特色。我国现阶段政府部门重点负责经济社会发展的重任日益明显，"经济调节、市场监管、社会管理、公共服务"成为政府现阶段的职能定位，因而行政学研究与社会学、经济学出现了某种程度的学科交叉。经济学很早便特别注重"机制"分析，确立了供求、竞争、价格三大市场机制；"中国当代社会学在三十多年的发展历程中确立起来较为突出的分析传统——机制分析"②。通过机制分析，可以对事实或行为进行系统的观察和解释。行政学同样应关注"政府工作"这一实践命题，对政府工作的运作过程和行动机制进行动态把握，在进行"经验性解释"的同时，要关注事件的"结构性解释"，透过机制发现"执行的制度"，进而透视其中的行政权力治理的权力责任关系与民主权利行使的权利义务关系。

---

① 麻宝斌、季英伟：《政府流程再造的基本策略》，《经济纵横》2009年第12期。
② 应星：《政府与社会管理：新的研究尝试及其问题》，载周雪光等主编《国家建设与政府行为》，中国社会科学出版社，2012，第393页。

总之，政府工作分析是体制、流程、技术和机制四个要素的有机统合。然而，"一个健全的社会或政治理论必须是经验的、诠释的及批判的，三者保持互相辩证的关系，才能将所要说明的对象解释清楚（伯恩斯坦，Bernstein）"①。政府工作分析不仅要对体制、流程、技术和机制的现实进行描述，而且要从中发现存在的问题、原因及改进的对策，或者从中透视政府行为的逻辑，进而更好地理解政府管理改革。

2. 分析方法

对社会现象隐秘的发掘需要借助于一定的工具。分析方法便是研究问题的基本工具。本书所采用的分析方法主要有三种。

（1）分类分析。分类思想是自然科学乃至社会科学研究中的基本逻辑方法。分类分析就是根据所研究对象的性质差异，在研究问题的总区域内，正确划分若干个子区域，对问题进行分析并予以分别解决。本书将信访渠道的畅通作为一个总的研究问题，将其分体制、流程、信息技术等不同层面讨论，在不同的层面又分不同的情境，分析信息管理的难点。

（2）规范分析。即将各种经验理解与解释置于理性审视和理论探讨之下。在规范分析中，首先从认知规范事实的内容出发，并在此基础上对规范事实加工、归纳、整理、提升，发现规范事实中的普遍性因素，总结、提升为有关规范的法理。本书试图从理论上提出信访渠道不畅的不同层面和情境，用现有的经验性材料去说明。

（3）定性分析。其主要目标是对研究对象建构"解释性理解"。正如布鲁斯·伯格（Bruce L. Berg）所言，"定性研究是研究关于社会现象是什么、怎么样、何时发生以及在哪里发生等

---

① 转引自江明修《公共行政学研究方法论》，台湾政大书城，1997，第126页。

相关问题的研究"①。本书旨在说明信息管理中哪些方面的难点或情况会带来信访渠道的不畅。

(二) 结构安排

1. 本书结构

基于信息管理的研究视角，本书的分析框架主要围绕这样一个主题展开，即信访信息渠道的畅通。本书先分析信访渠道畅通的内涵与意义，然后分析信访渠道畅通的理论维度与不畅的现实表现。之后，从信访工作体制、信访业务流程、信访信息技术、信访工作机制四个层面分析了信访渠道不畅的原因。最后，提出了使信访渠道畅通的对策。

第一章分析了作为信息的信访渠道的要求与表现。作为信息渠道的信访，从本质上要求畅通，信访信息渠道的畅通又要求信访事项所承载的社会信息在政府系统内的有效沟通与有效处理。信访信息渠道的畅通不仅有助于政府获取行政信息和国家获取社会信息，而且有助于公民的政治参与。信访事项的分布状态和信访行为的运动状态体现了信访渠道畅通的宏观层面，然而，现实却是"倒金字塔"形的信访景象、反复循环的信访怪圈、不断激化的信访过程。某一信访事项在信访渠道中各个阶段的畅通状态则体现了信访渠道畅通的微观层面，具体而言，包括入口处的便捷度和有序度、渠道内的流通度、出口处的信度与效果。然而，在现实中却是入口处的不透明与无序、渠道内的信访存量增加、出口处的结果差异与决而不行。

第二章分析了信访工作体制导致信访渠道不畅的情境与原因。本章从信访工作组织体制和信访事项处理体制两个方面分析

---

① Bruce L. Berg, *Qualitative Research Methods: For the Social Sciences* (Massachusetts: Allyn and Bacon Press, 2001), p. 3.

了信访信息渠道不畅的原因。在目前的信访工作中,主要有党委、政府、人大、司法、政协、军队等组织系统。信访系统内组织体制是各信访系统内部的权责关系。在现实中,各大系统组织设置不合理和权属关系的不明确,可能对信访信息的输入、提取、分配和反应产生影响,导致信访案件的堆积与互相推诿,从而阻碍了信息在各系统中的迅速流通。公共管理需要各大系统协同治理。在信访工作中,各大系统负责收集来自各领域的社会信息,并把这些信息向政府职能部门转移。信访系统间组织体制是各信访系统之间的权责关系,特别是党委信访、人大信访、司法信访与政府信访的关系体制。其中,党委信访与政府信访的关系影响信访信息的处理;人大信访与政府信访的关系影响信访信息的输入;司法信访与政府信访的关系影响行政信访渠道的承载量。未来的信访工作,需要进一步理顺这些体制。

在信访事项处理体制中,"属地管理"体制中属地的优先性理顺了"条管"与"块管"的信息管理矛盾,但可能使基层政府的责任无限扩大和司法机关的独立性和权威性受到影响,也摆脱不了信息纵向沟通的困难。属地的多层次性又离不开"分级管理"体制。"分级负责"体制的不完善,可能导致一些信访事项被合法地下推,使本该上级部门研究解决的信访事项转给了下一级;一些信访事项被合法地上呈,使本该下级部门处理的信访事项交给了上一级。总的来说,"属地管理、分级负责"都体现了政府集权体制的特点——上级集权和个人集权。集权的政府体制可能是造成信访信息不畅的重要原因。"谁主导、谁负责"的执行前提——归口办理,可能导致信访事项互相推诿,不能快速地处理信访信息;"谁主管、谁负责"的逻辑假设——有关部门没有部门利益且都会严格依法办事,可能由于信息处理主体的双重身份、"领导"变更、级别关系等导致信访信息不能公正地处理。"依法、及时、就地解决问题与疏导教育相结合"指出了信访事项处理的原则。但它只是一种愿景，在现实的运用中，它受到组织存在的社会环境的影响。

第三章分析了信访业务流程导致信访渠道不畅的情境与原因。本章按照信访事项处理的流程顺序——受理、办理、救济三个业务流程分析了信访信息渠道不畅的原因。当信访部门受理信访事项适用报请程序时，信访部门可能以不确定吸纳、拖延性吸纳的方式对信访信息进行过滤，上级领导也可能根据主观判断对信访信息进行过滤。当信访部门受理信访事项适用转送程序时，信访部门可能对有权处理的起点机关（单位）识别有误而导致信息分流出现误差，体制等因素也可能使上下级信访部门信息交流不畅；而有权处理部门可能找借口或因涉及两个以上部门而对信访事项不予办理。同时，在交办的情境中，又要求办理结果在信访部门与有权处理部门之间实现信息的即时交流。当职能部门受理信访事项时，上下级职能部门之间的信息识别和信息交流可能存在一定的困难。

当职能部门受理后直接办理信访事项时，不可避免地产生了重复上访带来的信息处理差异；当信访部门受理后职能部门直接办理时，又需要受理主体与办理主体间的信息传递、信访人与有权处理机关信息协调以及信访处理后的信息反馈。当职能部门受上一级行政机关委托代为办理时，又可能出现受理主体、办理主体与有权处理机关的"三张皮"，加大信息管理的难度。当信访部门直接办理时，可以避免一定的信息管理难度，但也可能带来其他的政府管理难题。当信访部门代为办理时，又摆脱不了办理部门与有权处理机关之间的信息交流。

在复查与复核受理时，常常由于"不予受理"而使信访事项不能实现"三级审查"。在复查与复核处理时，根据委托代理关系采用上级交办的形式，使复查、复核机关与原办理机关一致，信访事项的处理"三级审查"表面化；由于复查、复核机关与原办理机关是上下级关系，上下级之间的信息博弈在信息管理的过程有所显现。

第四章分析了信访信息技术应用中信访渠道不畅的情境与原因。本章从政府管理的角度分信访信息接收平台和信访信息处理平台两大平台，分析了信访信息技术应用中信息不畅的原因。在对电子通信平台和网络通信平台两大类型的信访信息接收平台的分析中，民众对信息输入设备的使用程度、系统流程和管理体制都影响信访信息的输入与自动接收。信访处理平台又分个案处理平台和综合分析平台。在个案处理平台中，办理主体权限、信息即时交互、信息整合、督办与督查的系统功能，以及电子政务网与信访信息系统的管理体制都影响信访信息的及时处理。在综合分析平台中，信息采集、信息存储、信息分析和信息共享等的系统功能，以及舆情收集、舆情分析、政府信息公开等的管理制度都影响信息的利用与共享。

第五章分析了信访运行机制不健全所导致的信访渠道不畅的情境。信访的权利机制、权力机制、资源机制使信访工作运转起来，但各项机制不健全，缺乏"顶层设计"都可能使信访渠道不畅。就信访权利机制而言，信访权利的接受体现为领导接访机制、一站式联合接访机制、社会参与接访机制和信访事项事实认定调查机制；权利行为方式体现为代理机制和监督机制；权利限度体现为以义务相伴及以法律为限。就信访权力机制而言，权力压力机制体现为"领导"给任务；权力协同机制体现为上下联动、左右联动和应急联动三个方面；权力约束机制体现为追责任，包括督办机制、考核机制和问责机制。就资源机制而言，人力资源配置机制要从配强领导班子、充实工作人员、整合工作人员、激励工作人员四个方面细化；财力资源机制要强化专项资金的保障力度。信访机制的完善，不仅要体现为具体机制的细化，而且要将权力、权利、资源机制咬合，进行系统化的"顶层设计"。只有这样才能从机制上保障信访渠道的畅通。

结论部分提出使信访渠道畅通的对策，包括理顺体制与细化机制、升级技术与强化管理、转变观念与内化品质三个方面。信访体制要从信访处理主体的权责和信访事项的范围方面来理顺；工作机制不仅要在程序正义的理念下规范操作程序来细化，而且要在实质正义的理念下完善个性化处理来细化。将现代化的信访路径和各种自动化的办公软件应用到全国信息管理系统中，不仅需要各种系统技术的不断升级，还需要提高系统间的兼容性，从而保证信访技术应用的整体性与连通性；同时，加强对呼叫中心与电子信箱的管理、对政府网站及信访信息系统的管理，保证信访技术管理的一致性与持续性。转化观念，对于信访机构和信访工作者而言，应实现"办信"与"接访"同等对待，"个案"与"共案"同等对待，并正确认识自身的定位；对于群众而言，正确认识各种信访方式的优缺点，改变长期存在的"青天"意识，并学会合法地政治参与。

2. *存在的不足与可能的创新*

信息的流通天然就存在问题，公共部门的信息流通也不例外。对可能导致信访渠道不畅原因的讨论，无论采用什么样的分析思路，都不可能罗列全面。因而，采用"体制－流程－技术－机制"的分析框架，也不可能将原因全部分析到位，这是本书的第一个不足。第二个不足是一手数据不足。信访问题的研究，离不开大量数据的支持，而笔者由于各种原因，没有收集到足够多的最新的数据，而主要是从文献中析出的数据。

本书可能的创新主要体现在：（1）学科视角与研究视角的

创新。从公共管理学视角对信访的研究不多,鲜有以"信息管理"为视角对信访进行学理意义上的分析。(2)分析框架的创新。书中主要依据"体制-流程-技术-机制"的框架,对信访渠道不畅的原因进行了理论分析。从实践层面看,"体制-流程-技术-机制"的分析框架可视为公共管理工作分析的一种思路。(3)研究方法的创新。本书主要采用分类分析与规范分析的方法。目前对信访问题的研究普遍采用实证分析的方法,而本书则主要侧重于规范分析。分类分析是自然科学的常用方法,而本书借用它对各个层面的信访工作进行了分类分析。

第一章　作为信息渠道的信访：释义与表现

党的十六届四中全会提出"畅通社情民意反映渠道"的要求，十六届六中全会又提出"拓宽社情民意表达渠道"的要求。信访作为社情民意的反映与表达的一种重要渠道，也需要畅通与拓宽。在信访工作实践中，"信访渠道"一词的使用已约定俗成。什么是信访渠道？信访渠道的本质是什么？信访信息渠道畅通的意义是什么？信访信息渠道在什么情况才算是畅通的？

第一节　信访信息渠道释义

如朱镕基认为的那样，"信访是体察民情的渠道，信访是党尤其是党的高级干部联系群众的天然桥梁和纽带，同时信访也具有及时检验政策的反馈作用。"① 信访渠道作为公民进行政治参与途径、国家获取社会信息的民主途径及政府管理现实途径，需要保持畅通无阻才能发挥其应有的功效。

---

① 朱镕基：《朱镕基同志在接见第四次全国信访工作会议代表时的讲话》，《中办通报》1995年第22期。

一 信访渠道的内涵与本质

中共中央、国务院《关于进一步加强新时期信访工作的意见》中提出形成"畅通、有序、务实、高效"的信访工作新秩序。着力畅通信访渠道，建立更加和谐友好的信访环境，对维护社会和谐稳定和推动民主政治发展有着重要的作用。

（一）"信访"的由来与内涵

1."信访"一词的由来

"信访"是中国共产党在1949年以后提出来的一个专用名词，是历史发展到一定阶段才出现的政治现象，是中国共产党在长期的工作实践中逐步形成的。1950年11月，处理群众来信工作首次成为中共中央办公厅秘书室的一项专门工作。1951年6月，政务院做出的《关于处理人民来信和接见人民工作的决定》中又指出要把"处理人民来信"和"接见人民工作"联系起来，并列为各级人民政府的一项专门工作，标志着信访制度的初步形成。1957年的《中国共产党各级党委机关处理人民来信、接待群众来访工作的暂行办法（草案）》（5月）[①]和《国务院关于加强处理人民来信和接待人民来访工作的指示》（11月）使用了"处理人民来信，接待群众来访工作"一语。1963年8月中共中央办公厅、国务院秘书厅[②]提交的《关于人民来信来访工作的情况和改进意见的报告》及9月中共中央、国务院颁发的《关于

[①] 1957年5月28～31日，第一次全国信访工作会议，形成《中国共产党各级党委机关处理人民来信、接待群众来访工作的暂行办法（草案）》；1978年9月18日至10月5日，第二次全国信访工作会议；1982年2月22～27日，第三次全国信访工作会议通过《党政机关信访工作暂行条例（草案）》。

[②] 1949年10月，新中国成立时就设立了政务院秘书厅。1954年9月，改称国务院秘书厅。1970年6月，国务院秘书厅、国务院机关事务管理局、国务院参事室、国家编制委员会，合并成立国务院办公室。1980年5月，国务院办公室更名为国务院办公厅。

加强人民来信来访工作的通知》开始使用"人民来信来访工作"一词。1966年7月,当专门负责中央信访工作的中央办公厅秘书室更名为"信访处"时,在党政机关内部便用"信访"代替了"人民来信来访"。第一次公开将人民来信来访称为"信访"和将处理人民来信来访工作称为"信访工作"的是《红旗》杂志于1971年刊登的《必须重视人民来信来访》一文。在中央文件上第一次使用"信访工作"一词是中共中央于1972年12月转发的《关于加强信访工作和维护首都治安的报告》的批语。1982年2月的《党政机关信访工作暂行条例（草案）》这个法规性文件也使用了"信访"一词。1995年10月发布了第一部严格意义上的关于信访的行政法规——《信访条例》。2005年国务院又颁布了新的《信访条例》。

2. "信访"的内涵

从"信访"的构词来看,"信访"是一个"合成词",即"书信"和"走访",它生动地表达出信访的行为特点。

从文件法规来看,对信访最具权威性的定义当属国务院2005年修订颁布的《信访条例》中的界定。《信访条例》认为,信访是"公民、法人或者其他组织采用书信、电子邮件、传真、电话、走访等形式,向各级人民政府、县级以上人民政府工作部门反映情况,提出建议、意见或者投诉请求,依法由有关行政机关处理的活动"。"基于中国现实情况中党、政、司法高度统一的事实,《信访条例》不仅对政府部门的信访活动具有约束力,而且对人大、司法、党委和其他社会组织的信访活动也具有事实上的约束力"[①],从这个意义来看,信访可以理解为公民、法人或者其他组织采用书信、电子邮件、传真、电话、走访等形式,

---

① 李宏勃：《法制现代化进程中的人民信访》，清华大学出版社，2007，第142页。

向各级党委、政府、人大、司法等有关部门反映情况，提出建议、意见或者投诉请求，依法由有关行政机关处理的活动。这个概念可以理解为广义的信访，《信访条例》的界定可以理解为狭义的信访，即行政信访。两者的区别便在于信访涉及部门的范围大小。

从学术界的研究来看，学者们除指出信访的参与者外，着重分析信访行为的实质及其互动性。如信访"是人们社会交往的一种形式；是广大人民群众行使民主权利，参与国家管理的一种形式"[1]；"是反映个人或集体意愿的一种社会政治交流活动"[2]；"是依法由受理人处理而由被访人作出相应的互动行为"[3]；"既是公民权利的一种重要救济途径，又是行政监督的重要形式"[4]；"是表达个人或集体要求的政治行为，是一种利益表达的方式"[5]；等等。

综观学者和法规的界定，基于信息管理的视角，笔者认为，信访是信访人通过信访或类信访的方式向公共权力机关及其领导者传输信息，信息在公共部门内部流动并最后流向社会的"通信"过程。这个定义包括以下几个要点：（1）信访或类信访是信访的方式。类信访，即类似于书信与走访的方式，如电子邮件、传真、电话、网络视频等。（2）信息是信访的内容。这种信息也可以说是个人或集体的意愿或要求。（3）通信是信访的过程。它不仅实现了信访人与公共部门的通信，而且实现了公共部门内部的通信。

---

[1] 王显堂、陈鸿滨：《信访学概论》，辽宁大学出版社，1987，第1~2页。
[2] 李慕洁：《应用信访学》，华龄出版社，1991，第3页。
[3] 任礼光：《行政信访制度研究》，硕士学位论文，苏州大学，2003，第15页。
[4] 朱应平：《行政信访若干问题研究》，上海人民出版社，2007，第2页。
[5] 叶笑云：《平衡视阈下的当代中国信访制度研究》，博士学位论文，复旦大学，2008，第15页。

(二) 信访渠道的内涵

渠道原意是指在河湖或水库周围开挖的、用来引水排灌的水道，引申意为"途径或门路"。在公共管理的过程中，信访渠道是通过"信访"的方式在国家与社会之间以及政府体系内部传播信息的途径。

其一，作为一种渠道，它所承载的内容是信访事项。信访事项又可称为信访问题、信访内容，是信访人提出的需要解决或解答的问题。从内容来看，信访事项分为参与类、求决类和诉讼类三种类型。参与类信访主要是指对公共部门的工作提出建议、意见及批评；求决类信访主要是对行政纠纷、民事纠纷、社会保障等寻求政府干预解决，大到失业保障、失地补偿、城市拆迁，小到社区水、电、煤的维修、家庭矛盾、邻里纠纷等；诉讼类信访是对已经终审生效的法院判决提出的申诉。[①] 信访工作实践中，一般按照信访人提出信访事项的目标或要求分为意见建议、申诉、求决、揭发控告和其他等五类。[②] 从性质来看，信访事项主要有提供建设性意见的正面信息和反映存在问题的负面情况。前者是公民积极主动的政治参与，后者是公民消极被动的权利捍

---

① 参见周梅燕《中国信访的制度困境及出路》，http://www.publaw.org/xzfyj/xzfyj_xzfwg/200710/t20071007_15372.htm，最后访问日期：2014年9月5日。
② 意见建议类主要包括对党和国家的方针政策提出自己的主张和意见，对政治、经济、文化和其他社会生活中的有关情况表达态度和看法；求决类主要包括对工作、生产、生活中遇到的困难和问题请求帮助解决；申诉类主要包括对法院判决、裁定、决定，行政执法、行政复议、仲裁，党纪政纪处分等处理不服，提出改变或纠正的要求；揭发控告类主要包括对各级党政军机关、人大、政协、司法机关、具有管理公共事务职能的组织、提供公共服务的企事业单位、社会团体、村（居）两委等组织及其工作人员违法违纪行为的举报；其他类主要指无法按上述内容进行归类的情况如询问、表扬、贺电等。其中，申诉类和揭发控告类都是针对"人"的，前者是对于本人受到的处理不服引起，后者则针对他人，即因公共事务管理人员违法违纪而要求处理。求决类是针对"事情"的，要求政府职能部门解决问题，满足或维护个人或集体的利益，一般都和经济利益需求相关。参见叶笑云《平衡视阈下的当代中国信访制度研究》，博士学位论文，复旦大学，2008，第12页。

卫。在社会变革和制度转型时期，现有制度运行或管理中存在的问题使公民利益受阻，利益的诉求与求解成为信访事项的主流。

其二，作为一种渠道，内容的输入者是信访者。从《信访条例》的规定来看，信访者包括公民个人、法人和社会组织。就信访者的组成成分来看，信访者不仅包括充当公民角色的普通平民，充当政府角色的政府官员，而且还包括实现政党目标的党员，执行社会团体行为的职业活动分子。据中国行政管理学会的调查，信访人员"已从原来的基本以农民、工人为主扩大到了干部、转业军人、学生、教师、律师、华人华侨、外商等等"①，可见，信访者具有广泛性，形成了形形色色的上访大军。就信访者表达的主体意志来看，有表达个人意志的信访者，也有表达集体意志的信访者。随着信访制度的发展，目前信访主体出现了专业化的倾向，社会上出现了专门从事信访活动的信访者，如所谓的"信访专业户"②，个别地方出现的信访代理人。

其三，作为一种渠道，内容的接收者是公共部门。信访工作即对信访者"信访"行为的回应。这种回应几乎涉及整个公共部门的行为。在信访工作中，首先需要党委、政府、人大、司法及其职能部门的信访工作机构受理信访信息，当接收之后，还需将这些信息表示进行分流，然后向政府有权处理的职能部门转

---

① 中国行政管理学会课题组：《中国转型期群体性事件对策研究》，学苑出版社，2003，第62页。
② 现在许多地方都存在一些所谓"上访专业户"。这些"上访专业户"的形成，有些是由于某些问题长期得不到解决（其要求有的是合理的，有的也可能是不合理的），但也有一些是维稳方式造就的。一些上访者或群体性事件的参与者，一旦参与了上访或群体性事件的过程，就被当地政府打入"另册"，不但受到打击报复，而且正常的生活都会受到严重干扰而难以为继。对于一些人来说，过正常的日子不再可能，只能走上职业化的上访或维权道路。还有一些人在上访或维权过程中受到了各种打击迫害，这些又成为上访或维权的新事由，由此使他们成为终生的职业上访者或维权者。参见清华大学课题组《以利益表达制度化实现长治久安》，《学习月刊》2010年第23期。

移。信访信息流动在整个政治体系之中，信息得到处理后流向信访人。需要指出的是，由于中国的信访工作机构众多，因而笔者倾向于把人民政府的信访工作机构称为"信访部门"，以和职能部门及其他系统的信访工作机构加以区别；由于在法治化的进程中，人民信访的主要领域应集中于行政信访，而逐步取消涉诉信访或涉法信访[①]，因而，本书侧重于分析行政信访，但由于行政信访离不开整个国家信访体制的约束，故在第二章分析时涉及了其他领域的信访。

（三）信访渠道的本质：信息渠道

"骏马能历险，耕地不如牛；坚车能载重，渡河不如舟"，这从一个侧面说明了信访定位的重要性。"中国在社会主义民主法制建设的过程中，获取信息的渠道本不畅通，信息传递的机制也不健全，故而信访制度成为国家治理信息纵横传递的重要渠道。"[②]

从信访渠道承载的内容来看，信访事项包含着丰富的信息。虽然有个别的信访事项指向特定的对象，但大部分的信访事项能够反映政府管理过程中的许多重要信息。首先，信访事项反映社会矛盾的总量、问题领域或事务类型等有关社会的信息[③]。通过

---

① 涉诉信访是指由司法诉讼引发的信访问题，也称狭义的涉法信访。广义的涉法信访是可以在法律上找到依据和处理办法的问题。
② 任剑涛：《信访制度是否适应时代潮流》，《探索与争鸣》2012年第1期。
③ 根据信访诉求性质和目的要求不同，信访突出问题可分为几种类型：一是维权型。要求落实已有政策、维护自身合法权益方面的突出问题。如城镇拆迁户补偿低、安置方案不合理、拆迁行为不规范等，农村失地农民要求提高补偿标准、完善安置措施并解决失地后生计等问题。二是保障型。要求解决社保待遇、生活困难等方面的突出问题。如建行、工行系统协编人员要求解决社保、医保问题，原农村广播"三员"（广播员、报道员、机线员）、原农业"五站"（农技站、农机站、农经站、畜牧站、水产站）人员要求解决老有所养问题。三是需求型。要求出台新政策，满足自身要求的突出问题。如鄱阳湖生态经济区战略上升为国家战略后，渔业资源快速增殖，鄱阳湖周边湖滨地区渔民集体上访要求完善渔业捕捞证发放的政策规定，扩大渔业捕捞证的发放范围。四是涉法涉诉型。要求解决诉讼裁定、刑案侦破、判决执行等方面问题。参见孙解生《信访突出问题及其内在规律》，《人民信访》2012年第10期。

信访事项，既可以了解社会对政府决策及执行的满意程度，也可以了解社会对政府决策或执行的关注领域，还可以反映政府决策和执行的难点与重点。其次，信访事项反映受理部门和指向部门等有关政府的信息。通过信访事项，可以折射政府对相关领域问题的解决进度和成效，也可以形成检验政府机构及工作人员职务履行情况的重要指标，还可以了解各部门的政策制定及执行的偏差，以便形成再决策或更好地进行政策协调。

从信访渠道的内容承接主体来看，它体现了信息在国家（政府）与社会之间及政府系统内部的流通。信访信息日益成为政府运作过程中的一个重要信息系统。政府部门的信息公布，可以为公众了解、挖掘并利用相关的信息提供捷径，促使政府有关部门形成对信访事项的重视或"免于被过滤"。政府部门的信息统计，可以为政府领导者获取、监督并利用相关的信息提供参考，使领导者形成对决策的依据和执行的检验。同时，公众对信访有关信息的了解和挖掘可以锻炼公民政治参与的能力，不断实现社会民主，通过社会民主，更好地实现政治民主与社会民生。

二 信访信息渠道畅通的内涵与意义

渠道的自然属性在于畅通。如果渠道不宽、渠道不深，必然导致渠道的存水容量不多；如果渠道水流缓慢、排水能力不强，在洪水涌入时必然导致水流积压，形成堵塞甚至堤坝崩溃的现象。信访信息渠道同样也需要畅通。

（一）信访信息渠道畅通的内涵

信访信息渠道的畅通是指信访事项所承载的社会信息进入信访渠道后能在政府系统内有效沟通与有效处理。信访渠道的畅通应从两个方面来理解。

第一，作为一种渠道，畅通的动力是信访事项的有效处理。

只有信访事项的有效处理，才能鼓励群众选择信访渠道，才能使信访渠道畅通无阻。一般而言，信访事项的处理者是各级政府及其职能部门。在目前的形势下，信访事项常常需要通过自上而下的压力体制才能得到有效处理。在这个过程中，需要信息更通畅地流动，不仅在信访事项处理的各个机构和部门之间，而且在政府与公众之间有效地共享，增强它们的相互信任。

第二，作为一种渠道，畅通的终极目的是"社情民意"的及时上传。从这种意义来看，信访是人民群众同国家和政府沟通的"快速通道"，反映和表达社情民意，它在权威者和下层民众之间开拓了一条进行信息传递与交换的沟通渠道，体现了国家政权与民间社会的交流与互动。畅通的渠道，应有制度化规则和规范，只有建立了规则和规范，看上去汹涌激荡的信访信息和信访洪峰才能知道流向哪里，流到什么地方才能恢复平静。

（二）信访信息渠道畅通的意义

任何的政治系统，需要选择合适的政治沟通媒介，确保某些重要的信息能及时、准确地上报，减少信息在多级传递过程中的失真和损耗。信访渠道作为政治沟通的一种渠道，其畅通有着重要的意义。

1. 信访信息渠道的畅通有助于政府获取行政信息

在现代政府治理过程中，掌握真实而充分的信息对政府决策的正确和有效至关重要。不同的组织与个体之间存在信息的不对称问题。中央政府与地方政府之间、行政首长与执法人员之间也不例外。信访是政府获得官僚信息的渠道，为解决中央政府或上级政府信息来源的有限性问题提供了一种重要的补充机制，可以发挥行政监督的功效，客观上影响政府的人事任用和宏观决策。一方面，信访有助于实现特殊形式的行政内部监督。由于信访事项往往是因为政策落实不到位或执行时走形式而导致的，因而信访可以成为检验各项工作落实情况的一个重要反馈渠道。在中国当前的行政环境中，"村骗乡，乡骗县，一级一级往上骗，一直哄到国务院""下级哄上级，级级加水，水到渠成"几乎成为一个人所共知的官场行为，"象征式政策执行""附加式政策执行"等成了政策执行偏差的常见表现。因而，信访渠道的畅通，能够解决归政府管辖的实际问题，建构政府的业绩合法性，确保决策的民主化和科学化，折射政府的执政理念。另一方面，信访有助于更好地实施群众监督。由于信访事项大多数是"求决"性质的，往往是解决某个具体的纠纷并讨回自己的利益或公道，而且投诉或控告的对象是国家官员或与其相关的行为，因而信访不仅成为群众监督国家官员的一种便捷方式，而且也成为行政首长获取官员信息的重要渠道。可见，"信访活动从一开始就被赋予了反对官僚主义和监督官僚系统的政治社会功能。一是群众来信来访中涉及到的问题不少是由官僚主义造成的，信访是对形形色色的官僚主义现象的揭发和批评；二是信访活动给予了分散的个人具有跨越正常程序和行政层级来谋求问题解决的权利，这实质上是对官僚制中科层化规则的背离"①。目前，中国尚未形成有力的内部监督和有序的外部监督，但权力异化和权力腐败的现象却伴随着社会转型和社会发展而来，在这样的过渡阶段，更需要畅通的信访渠道实现对官员的更好监督。

2. 信访信息渠道的畅通有助于国家获取社会信息

在现代国家治理过程中，国家掌握真实而充分的社会信息，有助于建构国家的政治合法性，折射政府执政理念。信访渠道是

---

① 唐皇凤：《回归政治缓冲：当代中国信访制度功能变迁的理性审视》，《武汉大学学报》（哲学社会科学版）2008年第4期。

党和政府及其负责人密切联系群众,了解社情民意的一种制度化形式。信访渠道的畅通对深化政权合法性,维护社会稳定,构建社会主义和谐社会有其独特作用。现代国家与社会沟通的普遍渠道主要有两条:一是通过体制内的官方信息统计部门统计与上报请示来获得,二是通过体制外的媒体、社团等形式的市民社会反馈来获得。就我国目前国家获取社会信息的这两条渠道来看,"统计、统计,三分统计,七分估计,服从领导的决策算计"的"官出数字"成为公开的秘密,作为市民社会载体的各种媒体、社团不仅不够繁荣而且在很大程度上受到政府的严格管制。因而,信息的源头和管道无不受到限制,无法保证信息的真实性。信访渠道介于官方渠道和社会渠道之间,有助于国家获取社会信息。通过信访渠道信息实现了由社会向政治中枢和决策中枢传递的过程。通过信访渠道,信访者以谴责声讨的方式向政府投出反对票和不信任票,表达对政府的不满。在渠道畅通的前提下,群众性的利益表达如果得到党和政府的重视,就有可能变为可供选择的决策内容,进入决策议程。因而,从这种意义来说,信访是古代"京控"的现实表现,正如欧中坦(Jonathan K. Ocko)所言,"作为国家秩序出现严重缺陷的征兆,京控是有关社会运行信息的异常丰富的来源,这已为从县官到皇帝等所有涉及者充分认识"①。

3. 信访信息渠道的畅通有助于公民的政治参与

从政治参与的角度讲,信访是公民政治参与(political participation)的一种形式。学者卢学英指出,"从全国信访统计数据来看,有百分之二十的信访表达的是公民参政议政的愿

---

① 〔美〕欧中坦:《千方百计上京城:清朝的京控》,载高道蕴、高鸿钧、贺卫方主编《美国学者论中国法律传统》,中国政法大学出版社,1994,第473页。

望，这也表明信访制度一定程度上形成了发展我国民主政治的渠道"①。从理论上讲，信访是一种制度内的政治参与渠道，但在实践中，超过五人的"集体上访"和不按规定级别的"越级上访"则常常因为违反了《信访条例》的要求而转化为制度外的政治参与。无论是制度内的还是制度外的信访，它都能够将分散、零碎的社会信访信息，反映到政府中来，可使民情上传"天庭"，起到下情上传的作用。（1）信访渠道作为一种民主参与的渠道，它往往是从反面表达不满和抗议，是人民的"用脚投票"。公民政治参与的动因往往与"重视可以得到的报酬""认为选择是重要的""相信自己能够改变结果""相信如果自己不行动，结局将不会满意""拥有关于当前问题的知识或技能""只要克服较少的障碍便可行动"等因素有关。②由于信访成本相对较低，信访者可以向上一级或者越过上一级党政组织直接向更高层组织报告信息。在渠道畅通的前提下，务实高效解民忧的信访处理结果又能刺激政治参与的热情。（2）信访渠道为社会问题的社会结构化处理提供了命题，也就是如何发育社会结构来承接政治沟通的功能。③信访渠道在某种程度上保持了感性主义的情感因素的传统，通过信访代理、信访听证等形式不断丰富着市民社会，以弹性化的应对机制解决社会转型时期的纠纷。

第二节 信访信息渠道畅通的理想与现实

如同王学军所认为的，"信访是政府行政决策民主化、科学

---

① 卢学英：《信访制度之进退——对信访机构功能定位的思考》，《当代法学》2006年第5期。
② 参见〔美〕罗伯特·达尔《现代政治分析》，王沪宁、陈峰译，上海译文出版社，1987，第138页。
③ 金国华、汤啸天：《信访制度改革研究》，法律出版社，2007，第135页。

化的重要保证；信访是公民政治参与和利益表达的制度化途径；信访体制是执政党贯彻群众路线的具体实践"①。信访渠道的性质决定了信访事项的复杂性，在信访问题的背后既有现实利益问题，也有思想认识问题，还有信访行为问题。如果渠道入口不畅、道内不通、出口不顺，就会影响社会的和谐与安定有序。

一 信访信息渠道畅通的宏观维度

从目标上讲，信访渠道应该实现"畅通有序开言路，务实高效解民忧"。从宏观上看，信访渠道畅通的宏观维度主要体现在信访事项的分布状态和信访行为的运动状态两个方面。

（一）信访事项的分布状态

信访事项的分布状态，即所有信访事项在不同层级的政府之间的分布状态。"据调查分析，当前公民信访反映的问题，80%以上发生在基层；80%以上是改革发展过程中出现的新问题和新矛盾；80%以上有道理或有实际困难应当解决的；80%以上是应该也能够在基层得到解决的。"② 因而，从理论上讲，信访事项的整体分布应该是"金字塔"形的分布。

然而，现实中却出现了"倒金字塔"形的信访景象。现状却是信访量逐级增大，特别是中央有关部门受理的信访量直线上升，而基层受理的信访量则相对减少，呈现"倒金字塔"形的信访景象。"据国家信访局统计，2003年国家信访局受理群众信访量上升14%，省级只上升0.1%，地级上升0.3%，而县级却下降了2.4%；中央和国家机关受理群众信访量上升46%，省、

---

① 王学军：《中国信访体制的功能、问题和改革思路》，《湖北社会科学》2003年第1期。
② 周占顺：《认真贯彻"三个代表"重要思想 努力开创新世纪信访工作新局面》，《人民信访》2001年第10期。

地、县直属部门增幅较少，有的还是负增长。国家信访局受理群众来信同比上升10.7%，接待群众上访的批次、人次同比分别上升20.6%、29.9%。2004年第一季度，国家信访局受理群众来信同比上升20.2%，接待群众上访批次、人次同比分别上升99.4%和94.9%。"① "2004年，国家信访局受理群众来信来访45.7万件，比2003年上升11.7%；接待群众来信6.7万批次、14.8万人次，分别比2003年上升58.4%、52.9%。"② "倒金字塔"形的信访景象，说明了信访渠道"倒金字塔"形的拥挤。

（二）信访行为的运动状态

信访行为的运动状态，即信访事项提出后，信访行为能否顺利终止。从理论上讲，信访事项在提出后，应得到及时的处理，使某次信访行为终止。然而，现实中的表现，却是信访事项在提出后，向"反复循环"和"不断激化"的方向运动。从1992年起全国信访总量开始连续12年攀升，2004年达到历史峰值。虽然从2005年开始，信访总量、集体上访、重信重访、非正常上访数量下降和信访秩序呈现明显好转的总体态势，如"2011年信访总量、集体上访、重信重访、非正常上访数量分别比2004年下降39.5%、41.1%、41.5%、68.9%"③。但反复循环的信访怪圈和不断激化的信访过程并没有彻底改变。

1. 反复循环的信访怪圈

在初次写信和初次上访中，一些信访人提出的信访事项常常由于基层政府的不重视或办理情况得不到及时的信息反馈，会造成群众的重复上访或交叉上访。本应一次性解决的，却因有关责

---

① 于建嵘：《中国信访制度批判》，《中国改革》2005年第2期。
② 林绍光、杨薇：《和谐社会视野下的信访体制改革探析》，《中共四川省委党校学报》2007年第1期。
③ 《切实维护人民群众的合法权益——十六大以来信访工作成就综述》，《人民信访》2012年第10期。

任单位不重视或处理不到位，造成群众的不断上访。上访办理后，可能由于一些有关责任单位处理不合理，信访人对处理意见不认可，使上访者继续上访。上访再次受理，进行复查，复查不服，继续上访，再次受理，进行复核。长年累月地持续上访，经常使其不断地投入物质资源和承受精神压力，日益贫困甚至家破人亡，造成上访者要求补偿或赔偿的资金数额不断增大。本应一次性解决的，却由于种种原因形成了"初次上访—政府相关部门办理—办理意见不服—再次上访—政府相关部门复查—审查不服—再次上访—政府相关部门复核"的循环过程。根据全国各地的统计，群众重复来信、重复来访的比例占群众信访总量的30%以上，有的地方甚至超过50%，少数地方达到60%。① 反复循环的信访怪圈，反映了信访渠道超负荷运转的不畅。

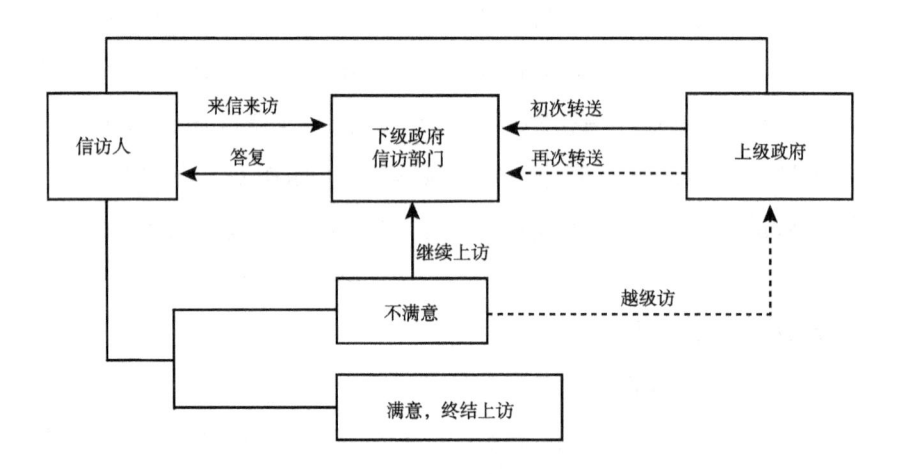

图 1-1 "治访循环"困局

资料来源：张永和、张炜：《临潼信访：中国基层信访问题研究》，人民出版社，2009，第 324 页。

---

① 麻宝斌：《中国社会转型时期的群体性政治参与》，中国社会科学出版社，2009，第 164 页。

2. 不断激化的信访过程

在信访中，一些信访人的初信常常得不到基层政府的重视，使信访由初信演变为初访。初访后，信访人提出的信访事项办理情况常常得不到及时的信息反馈，造成群众的重复上访。当多次的重复上访杳无音信后，可能会激化为越级上访。上访受理后，可能进入信访怪圈。当再次对处理结果不服，而三级终结制的"信访怪圈"结束后，信访人常常出于无奈也会越级访。因而，本应在事发当地和基层解决的，却越级上访甚至到中央机关求决。当越级访不成，进而转为寻求异常访。多数的上访者，曾因为上访遭到各种报复，上访成为一条"不归路"。当更多的人通过此个案或此情况而透视这种情况时，可能会产生共同的认识。这种共同的认识反过来会导致一种"群体性思考"① 现象，在这种现象中，一致意见比分歧性分析更为重要。当具有"维稳"目的的政治激进主义与"群体性思考"相碰撞时，必然诱发不同程度的群体性冲突事件。因而，在信访事态的变化过程中，个案矛盾的激化往往遵循了"信—访—重复访—越级访—异常访—突发事件"这一过程。不断激化的信访过程，显示了信访渠道不畅的严重后果。

二 信访信息渠道畅通的微观维度

信访渠道畅通的微观维度主要体现在某一信访事项在信访渠道中各个阶段的畅通状态，即信访过程能否良性运行，既包括畅通地进入，也包括渠道内的畅通，还包括畅通地流出。

---

① Groupthink is a mode of thinking that people engage in when they are deeply involved in a cohesive in-group, when the members' strivings for unanimity override their motivation to realistically appraise alternative courses of action. Irving L. Janis, *Victims of Groupthink: A Psychological Study of Foreign-Policy Decisions and Fiascoes* (Boston: Houghton MifflinCompany, 1972).

（一）入口处的畅通

入口处的畅通，即信访事项能够进入信访渠道的程度，包括便捷度和有序度。

1. 入口处的便捷度

入口处的便捷度即公民、法人能够方便、快捷、低成本地提出信访事项并使信访事项快速进入信访渠道的程度。如同一条水渠没有水源一样，没有信访事项的信访渠道也就无所谓畅通与否。为实现便捷地进入，各级政府应该做到：（1）公开有关方便群众进行信访的信息。如向社会公布信访受理机构的通信地址、投诉电话、电子邮箱、网站；公布相关与信访工作的依据、政策、程序等事项；公布接待信访群众的时间与地点、查询信访事项处理进展及结果的方式。（2）拓宽方便群众信访的媒介。即适应现代社会的科技发展和不同环境的社会成员的需要，拓展热线电话、网上信访、手机短信、视频接访等新型业务，统一信访信息系统。（3）健全信访接待制度。建立行政机关负责人信访接待日制度，由行政机关负责人协调处理信访事项，或就信访人反映突出的问题到信访人居住地与信访人面谈沟通。

根据金国华等人的调查，在被调查的公职人员中，认为信访事项的处理结果应当完全公开的占 42.6%，有选择公开的占 37.8%；超过 50% 的人认为经济补偿不宜公开以避免攀比。[①] 可见，公职人员非透明化和非公开性的信访信息不可避免地会增加信访事项处理的复杂性，只会更加阻碍政务公开。

2. 入口处的有序度

入口处的有序度即公民、法人能够温和、有秩序地提出信访事项并使信访事项快速进入信访渠道的程度。如同上火车一样，

---

① 金国华、汤啸天：《信访制度改革研究》，法律出版社，2007，第 122 页。

如果大家都蜂拥而上，没有秩序地"抢着上车"只能造成入口的拥挤甚至堵塞，造成大家都上不了车。对于信访机构而言，不得歧视、阻碍、拦截、压制、打击报复等。对于信访人而言，不应有信"访"不信"法"、信"闹"不信"理"的错误认识和行为。法律应为部分信访机构的截访打压行为和部分群众的无理取闹行为进行严格的规范和遏制。

然而，现实中在信访的入口处便显得很难实现。对于信访人而言，由于整个社会的"信领导而不信司法"的信访理念形成了"有问题找领导，领导官大就更好，越往上级越有效"的信访逻辑，因而造成了信访秩序的不良。"信访村"可以看作群众诉求的"温度计"。在北京形成特色的"信访村"——东庄。东庄在二环与三环之间，北靠陶然亭公园，属于市中心的范围。从公园的东门出去，就是全国人大信访接待办公室与国家信访局。全国各地的来京上访者聚居于此，甚至形成了一个村落。① 近年来在政府各种措施下，"上访村"的规模已经缩小，"现在的上访村比过去缩小了近三分之一"②。与信访人"无意"造成信访秩序不良相比，地方政府造成信访秩序不良则是"有意"。由于多数的信访事项是民告官，地方政府违反渠道畅通要求的行为便更加普遍。这些行为有：（1）恐吓。在江西某地，出现过上访一次罚款 200 元的做法。③ （2）拦截。即在国家接待场所外阻止上访

---

① 2003 年"非典"时期过去之后，封闭了一段时间的来京上访渠道突然开闸"泄洪"，猛增的来访量使有关信访部门应接不暇。"上访村"正是在那个时期形成了规模，最多时据说居住了 3 万人。2004 年中国《新闻周刊》刊登了《北京东庄，即将消逝的上访村》一文，然而积压的问题不可能短期内解决，"上访村"也不可能一夜之间消失，http：//news.sina.com.cn/c/2004-10-02/19264483715.shtml，最后访问日期：2014 年 9 月 5 日。
② 《新〈信访条例〉程序更简便，北京上访村缩小 1/3》，《瞭望新闻周刊》，http：//news.sohu.com/20070122/n247761991_1.shtml，最后访问日期：2014 年 9 月 5 日。
③ 《进京上访人员近年来为何屡增不减》，新华网，http：//focus.scol.com.cn/tbbd/20040409/200449160825.htm，最后访问日期：2014 年 9 月 5 日。

人员反映问题，通常被称"截访"或"劫访"。在一些地方，政法委领导常常亲自挂帅领导截访工作，调动所有力量到各个重要地方去截访，将信访办变成"截访"机关。最有中国特色的要数驻京办①了。驻京办的主要任务是截访。据一份权威的调查报告显示，相关省市在京设立临时劝返场所73处，其中地（市）级设立的分流场所57处，占78%。46处为非经营性场所，如农民的出租屋等；27处为经营的宾馆、旅店、招待所。拦截的主要目的是把来访的人拦截下来，送上汽车，送回家，派人看住了，不要让他再出去。(3)打击报复。即在没有任何违法和过激行为的情况下，对信访人或是拘留，或是劳动教养，更有甚者，绑架关押到地下监狱。②湖北信访工作者称，根据湖北治安条例，"非访"三次以上，遣送回原籍后，要进行为期7~15日的治安拘留。③多数媒体揭露，地方政府高价雇用北京安元鼎"保安公司"绑架关押到北京上访的民众。限制上访者自由并押送返乡，甚至以暴力手段向上访者施暴。不仅"安元鼎"公司

---

① "驻京办现象"是中国的一个特殊现象，是解读中国政治基因密码的钥匙。全世界各国，地方到首都设驻京办的，大概就只有中国了。小说《驻京办主任》对驻京办现象作了详细的描述。
② 劳动教养制不是刑事处罚，而是为维护社会治安，预防和减少犯罪，轻微违法犯罪人员实行的一种强制性教育改造的行政措施。对需要收容劳动教养的人，由省和大中城市人民政府下设的劳动教养管理委员会审查批准。被决定的劳动教养期限为1年到3年。劳动教养制度在1957年形成，目前主要的法规是1982年1月21日国务院转发公安部的《劳动教养试行办法》和1995年2月8日颁布的《关于进一步加强监狱管理和劳动教养工作的通知》。其实，除此之外，曾经还有收容遣送制度。收容遣送在20世纪50年代初就有，当时主要是收容国民党散兵游勇、妓女、吸毒者和流浪乞讨人员等，1982年5月12日国务院发布的《城市流浪乞讨人员收容遣送办法》使其开始制度化和规范化。2003年，收容遣送制度随着孙志刚事件而在中国政法体制中废止。参见李宏勃《法制现代化进程中的人民信访》，清华大学出版社，2007，第203~204页。
③ 陈勇：《在北京截访的日子》，《高层决策参考》，2011-05-16，http://www.guosen.com.cn/notes/NewsAccessory/2011/358455210304639%E9%AB%98%E5%B1%82%E5%86%B3%E7%AD%96%E5%8F%82%E8%80%83_2011-05-16.html，最后访问日期：2014年9月5日。

在北京设立多处"黑监狱",有些驻京办也会在楼底下设几间漆黑一团的、安装铁门的房间,只留一个小小窗口的小房子来对付那些无限上访、重复上访的"上访专业户""上访油子"。

(二)渠道内的畅通

渠道内的畅通,即信访事项有人受理、有人办理、有人督办并能得到及时回复。"及时"要求信访事项进入信访渠道后,在规定的时间内得到处理,使信访事项能顺畅地从信访渠道流出。

衡量渠道内畅通的重要指标即信访事项的流入速度和信访事项的流出速度。如同一个水库不会"溢满"需要进水速度与出水速度保持在一个特定的数量差之内,信访渠道内的畅通也需要信访事项进入渠道的速度与信访事项的流出速度之间有个数量关系。信访事项的流入速度,即每年产生的信访事项的件数。产生的信访事项是在信访人"参与、求决、诉讼"愿望的强大压力下,进入信访渠道。也就是说,信访事项的进入速度是一种客观存在,它不因信访系统处理信访事项的能力而变化。其计算公式应是:

$$信访事项的流入速度 = \frac{产生的信访事项数量}{时间} \quad (1.1)$$

信访事项的流出速度,也即信访事项的处理速度,是每年处理的信访事项的件数。处理的信访事项是在信访机构"公共服务与社会管理"意识的指导下,流出信访渠道。信访事项的处理速度也是一种客观存在,它不以信访事项的流入速度而自动发生变化。其计算公式应是:

$$信访事项的流出速度 = \frac{处理的信访事项数量}{时间} \quad (1.2)$$

当信访事项的流入速度小于或等于信访事项的流出速度时,信访渠道一定是畅通的。当信访事项的流入速度大于信访事项的流出速度时，信访渠道则不一定是畅通的。如同一个水库一样，在进水速度大于出水速度的情况下，总有注满水的时候，超过一定时间，就会出现"溢满"的现象。信访渠道也一样，它的畅通是有容量要求的。这种容量要求可称为信访渠道的容量。在一定的条件下，信访渠道的容量是固定的。要保证信访渠道的畅通，信访渠道的"存量"须小于它的容量。信访渠道存量的计算公式应为：

$$信访存量 = (信访事项的流入速度 - 信访事项的流出速度) \times 时间 \tag{1.3}$$

将公式1.1和公式1.2代入公式1.3可得出：

$$\begin{aligned}信访存量 &= \left(\frac{产生的信访事项数量}{时间} - \frac{处理的信访事项数量}{时间}\right) \times 时间 \\ &= 产生的信访事项数量 - 处理的信访事项数量\end{aligned} \tag{1.4}$$

"在任何特定条件下，某一系统起码在特定的一段时间内只能接受和处理有关要求的一定量信息，很难想象有什么系统能够在一定时间内接收和考虑无限量的要求。"[①] 信访渠道在一定时间内能够处理的信访事项也是有一定数量限制的。如果大量的信访事项涌入信访渠道，并要求得到受理、办理，而信访渠道却不可能处理大量的信访事项；当得不到处理的信访事项开始堆积时，一定时间后就会使信访存量超过信访渠道限定的容量，则势必使有限的渠道资源难以承受重负，产生信访渠道的"输入超载现象"，对信访渠道产生"过分容量压力"。[②] 需要指出的是，

[①] 〔美〕戴维·伊斯顿：《政治生活的系统分析》，王浦劬译，华夏出版社，1999，第66页。
[②] "要求输入超载现象"和"过分容量压力"都是伊斯顿提出的概念。他认为，要求输入超载现象是在特定的一段时间内，要求的数量超过了当局实际上可以处理的限度；"过分容量的压力"是一个系统面对的一种处境，即对于系统的负责成员来说，载送要求的信息输入容量过大，以致将要进行的转换不能将其处理为决策，这时，系统就不得不冒着崩溃的危险运行。〔美〕戴维·伊斯顿：《政治生活的系统分析》，第67页。

并非所有的信访事项在本质上是相同的。不同的信访事项需要的处理时间也是有所差别的，此时便可能产生"内容压力"，即"在某一段时间内，要求的内容与处理它们必须花费的时间，存在着极为重要的联系。……如果在某种程度上，要求的内容需要系统花费超量的时间，那么，系统无可避免地就会感到有压力。……这种后果与某一特定时间内要求的容量过大可能造成的危害并无二致。"①。也就是说，容量压力是一种"形式大流量"，内容压力是一种"实质大流量"。"如果要求的流量特别大，以致系统必须花费过多的时间来加以处理，或者要求实质上是大流量的，以致造成类似的状况，这种状况会逐渐破坏一个系统生产特定输出的能力，既破坏当局决策的能力。"② 这种"形式大流量"的容量压力和"实质大流量"的内容压力都将直接影响信访渠道处理信访事项的速度，进而影响渠道的畅通。从实际效果来看，进入信访渠道的信访事项当中，只有千分之一左右的可以得到解决。③ 可见，大量没有得到解决的信访事项长期滞留在信访渠道内。

从现实信访事项的处理时间来看，信访事项久拖不决的现象比较普遍。在一些基层政府，久拖不决现象更为严重。按照《信访条例》的有关规定，信访行为整个过程包括告知期限、办理期限、复查复核期限。告知期限（即受理审查期限）分为一般期限和特别期限两种。一般期限是"自收到信访事项之日起15日内"，特别期限是指"能够当场答复是否受理的，应当当场书面答复"。为了防止办理过程的拖沓和低效，《信访条例》提

---

① 〔美〕戴维·伊斯顿：《政治生活的系统分析》，王浦劬译，华夏出版社，1999，第68页，译文略改。
② 〔美〕戴维·伊斯顿：《政治生活的系统分析》，王浦劬译，华夏出版社，1999，第65页，译文略改。
③ 参见于建嵘《信访的制度性缺失及其政治后果——关于信访制度改革的调查》，《凤凰周刊》2004年第32期。

出了明确的办理期限。即使完整的信访事项"三级终结"的"八步程序"全部走完，最多也只需 225 个法定工作日，即接待登记—告知是否受理（15 日）—一般办结（60 日）—延长办结（30 日）—复查申请（30 日）—复查答复（30 日）—复核申请（30 日）—复核答复（30 日）。但上访案件的处理和答复在这个规定的时间里是做不到的。如对某一地区的调查显示，某一信访事项所花费的时间为 1 年以上到 3 年的占 26.8%；3 年到 5 年的占 3.6%；5 年以上的占 30.4%。[①] 信访局的同志普遍反映，在较快的时间里能够解决的是靠"领导的权力"。当上访者找到了上级领导，有上级领导的签字，工作人员才会尽快按照领导的意图办理。

（三）出口处的畅通

出口处的畅通，即信访事项能得到客观、有效回复。借用社会调查中社会测量信度与效度概念，笔者认为，信访渠道出口处的畅通也包括信度与效度两个方面。

1. 信度（reliability）

在社会调查中，信度即可靠度，它指的是采取同样的方法对同一对象重复进行测量时，其所得结果相一致的程度。换句话说，信度是指测量结果的一致性或稳定性。信访事项的信度，体现为信访人对信访事项处理结果的满意度和不同信访机构对同一信访事项的处理结果的一致性。信访人的满意度计算公式应为：

$$信访人的满意度 = \frac{信访机构的办理产出}{信访人的理想结果} \quad (1.5)$$

就信访渠道来讲，当信访人对信访事项的处理结果满意度不够时，他们会继续上访，既可能越级访，也可能交叉访。在现实

---

① 刘东升：《和谐社会视域中的信访制度建设》，《党政干部学刊》2009 年第 1 期。

中，信访者往往对信访处理结果不信任，因而常常就同一信访问题不断重复、越级上访以求"青天大老爷"还其公正。

由于不同部门、不同层级对资源的占有有别、政策程序有异，即使出于"公平正义"也可能导致对同一信访事项的处理结果有差异。从信访个案上我们常常可以发现，由于不同层级的机关和领导职级能调动社会资源的程度不同，常常使信访事项的处理出现差别。不同的职能部门，由于部门利益的存在与部门规章的差异，可能导致同一信访问题，得到的答复和解决方案却可能不一样，甚至相互矛盾。在现实中，信访人就一个问题可能同时找几个部门，往往让信访人莫衷一是。信访者找的机构级别越高、找的领导级别越高、找的部门资源越多、信访的次数越多，个案信访问题越有可能得到解决。"如某县处理一起信访，县信访协调赔2万元，来访者到市、省信访部门上访后赔偿费不断上升，跑了二次中南海后赔偿及各类补偿高达十来万元。本来这种信访完全可以通过正常的司法途径解决，赔偿款2万元左右。"①

2. 效度（validity）

在社会调查中，效度也称测量的有效度或准确度，它是指测量工具或测量手段能够准确测出所要测量的变量的程度，或者说能够准确、真实地度量事物属性的程度。换句话说，效度是指测量结果能够如实反映某一概念真正含义的程度。信访事项的效度，应为信访结果执行的程度。

在现实中，在效度上，信访事项决而不行的现象比较普遍。《信访条例》规定，有权处理的行政机关依照《信访条例》的有

---

① 旷烛：《从社会公共治理的瑕疵谈信访制度的改革》，http://www.cssm.org.cn/view.php?id=5727，最后访问日期：2014年9月5日。

关规定做出的决定，信访者或有关机关或者单位应当予以执行。根据法律，行政机关的处理意见做出后，在未被有权机关依法定程序改变或撤销之前，都要承认其效力，负有义务的当事人应当履行自己的义务，以保证行政管理的稳定性与连续性。虽然《信访条例》第35条规定，"信访人对复核意见不服，仍然以同一事实和理由提出投诉请求的，各级人民政府信访工作机构和其他行政机关不再受理"，但由于信访部门答复出具的处理意见书不具有明确的法律效力，这种没有明确强制执行力的"出口"使得信访人无休止地到上级政府信访成为可能，而上级接访者也没有任何拒绝受理的法定理由。这种决而不行的现象，使得一些信访事项在信访部门内部长期循环与积压，导致信访渠道不畅通甚至堵塞。

如同一个指标要有效度就必须有信度一样，信访事项要有效度就必须有信度，有了信度不一定就有效度。处理后的信访事项在信访人"信度、效度"的判断的强大压力下，有可能又一次挤入或回流到信访渠道。信度和效度直接影响信访渠道出口处的畅通程度。信访事项出口处的畅通，依赖于信访人的主观判断和信访处理机构的客观处理。

总之，不管是宏观上还是微观上，信访工作出现了其独特的怪圈。胡海军将其概括为"基层不能解决的信访还由基层来解决；公民的权利变成了基层干部的罪责；无理信访往往能得到补偿；解决信访往往会引发信访；处理信访的能力削弱但信访责任反而增强"[①]。这些怪圈的出现，不得不使我们对信访渠道不畅的原因进行分析。

---

① 胡海军：《信访工作的五大怪圈》，《党政论坛》2009年第12期。

第二章 信访工作体制分析

畅通是有范围的畅通。无边际、无条件的社会矛盾纠纷被"准入"到信访渠道,势必使有限的渠道资源难以承受重负,甚至带来堵塞。体制,即权责分配关系与范围。从理论上讲,信访工作体制决定了信访工作的权力分配关系和进入信访渠道的社会纠纷范围。信访体制的合理程度与健全程度,影响着信访渠道的畅通。

第一节 信访工作组织体制

信访是信访者反映问题,并且这些问题主要是对拥有权力的公共组织的行为的不服所产生的。因而,信访涉及了所有与公共权力相关的各个层级的组织。我国信访工作机构众多,庞杂分散地"内嵌"到了整个政治系统和社会系统之中,形成了"横向到边,纵向到底"的信访工作网络。信访工作组织体制,即负责信访工作的组织间关系。

一 信访工作系统内的组织体制

信访工作系统内的组织体制,即不同的信访系统内部各自的权责分配关系。就目前来看，信访工作组织主要有党委、政府、人大、司法、军队、政协等六大系统。其中，人大、政府和司法信访属于法律意义上的国家信访。1977 年，恢复中共中央办公厅信访局。1978 年 9 月 18 日至 10 月 5 日召开的第二次全国信访工作会议讨论了《中央各机关接待和处理人民来访分工的暂行规则（草稿）》，标志着信访部门的拨乱反正已初见效果。1980 年 7 月 7 日，中共中央办公厅、全国人大常委会办公厅和国务院办公厅草拟了《关于中央各部门归口分工接待大众来访的暂行方法》，随之便撤销了中央联合接待室，成立了全国人大常委会办公厅接待室和国务院办公厅信访局。此后，有关公共管理领域，便形成了六大信访系统。

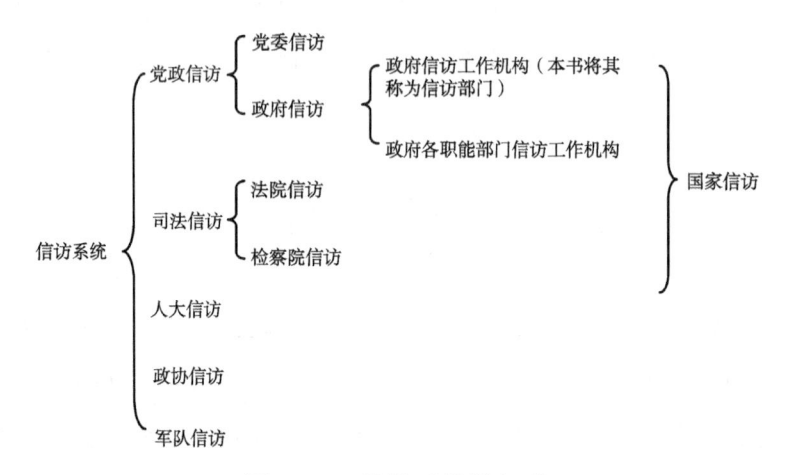

图 2-1　信访系统的组成

《信访条例》第 15 条规定的信访事项①，应当告知信访人分别向有关的人民代表大会及其常务委员会、人民法院、人民检察

---

① 即信访人对各级人民代表大会以及县级以上各级人民代表大会常务委员会、人民法院、人民检察院职权范围内的信访事项。

院提出。2007年中央5号文件提出信访工作以党委和政府为主导,"各级人大、政协、法院、检察院以及工会、共青团、妇联等人民团体要在党委的统一领导下,切实抓好各自职责范围内的信访工作"。

```
                          ┌─ 第14条规定五类 ──── 人大、法院、检察院
                          │   职务行为之外的事      职权范围内的
  不予受理 ── 告知 ───────┤
                          │   已受理或正办理期限内向  已经或应当诉讼、
                          └─ 上级提出同一事项 ──── 仲裁、行政复议
```

图2-2 信访事项不予受理的情形

(一) 党委信访

在延安时,中办的正式名称是中央书记处办公厅。1948年5月,中共中央进驻西柏坡,以中央书记处办公厅为基础,成立中共中央办公厅。1949年3月,中共中央迁往北平。此前,来信来访数量相对不大,不少来信都是由中央领导亲自批示并回复,来访也由中央领导亲自接待处理。迁往北平后,由于人民来信数量过大,因此毛泽东同志将部分信件委托刘少奇同志协助阅批,并在中央书记处设专人处理群众写给中央的信件。8月,中央书记处正式成立政治秘书室①主要处理人民群众来信来访。中央书记处政治秘书室将来信内容摘要并提出处理意见,报送领导。一些重要信件,移交给毛泽东批阅。该室是中国共产党历史上最早的专职信访机构。1949年10月,新成立的中央人民政府委员会

---

① 新中国成立初期,党的领导核心是中央政治局,下设中央书记处而不是常务委员会,中央书记处的人员构成和性质相当于现在的中央政治局常务委员会,书记处的权力高于政治局委员,甚至副主席;中共八大政治局常委会和中央书记处,中央书记处在政治局和政治局常委会领导下处理中央日常工作。

办公厅①也受理大量的群众来信来访。1950年年初，成立中共中央办公厅秘书室，取代中央书记处政治秘书室，继续处理人民信访并将部分很重要的信件直接上送到中央领导。1965年中共中央办公厅信访机构与国务院信访机构联合办公，成立了中央机关联合接待室。之后，"十年浩劫"的爆发，党的信访工作也名存实亡。1977年，恢复了中共中央办公厅信访局。1986年又与国务院办公厅信访局合并，后又更名为国家信访局。但在实践中，基本认定其为负责信访工作的行政机构。

目前党的信访工作主要集中在纪检监察信访领域。纪检监察信访工作是对纪检机关与监察机关合署办公（1993）后，两个机关的信访工作统称。它对群众来信来访、电话举报实行统一管理和分级管理。纪检监察虽将其机构列入国务院序列，但编制列入中共中央直属机构。纪检监察机关的信访工作在中国的体制可视为中共的信访工作。纪检信访是指党的各级纪律检查委员会处理群众来信、接待群众来访，并按照纪检机关的职能和《中国共产党纪律检查机关控告申诉工作条例》规定的程序处理解决信访问题。目前，纪检信访主要是纪委所受理的反映干部问题的信访，通过群众的控告、举报来发现干部失职、渎职、违法、犯罪及腐化堕落情况。简单地说，纪检信访主要受理干部违法违纪类信访事项。监察信访工作，是行政监察机关处理群众来信、接待群众来访，并按照监察机关的职能和《中华人民共和国行政监察法》规定的程序处理解决信访问题。

---

① 中央人民政府委员会（1949~1954），1949年10月1日中华人民共和国建立到1954年9月15日第一届全国人民代表大会召开前的最高国家政权机关，共存在5年。有由它任命并受其领导的政务院、人民革命军事委员会、最高人民法院、最高人民检察署等机构。1954年宪法规定，中华人民共和国国务院即中央人民政府。但它同新中国成立初期的中央人民政府在性质、组织、职权、作用和在国家机构体系中的地位等方面有很大的差别。

(二) 政府信访

新中国成立初期，政府信访主要由中央人民政府政务院秘书厅和总理办公室两个单位处理。1951年2月，政务院秘书厅成立群众信件组。1954年12月成立国务院秘书厅人民接待室。之后，大多数中央各职能部委和直属机构建立了信访机构或配备了信访工作人员；全国县（市）以上各级政府大多数也在其办公厅（室）下面设立了"人民来信组""接待室"等信访工作机构，并配置了少量工作人员。1965年5月，中共中央办公厅、国务院秘书厅、全国人大常委会办公厅等几个信访机构在北京德胜门外联合办公，成立了"中央机关人民来访联合接待室"。虽多个中央机关参加联合办公，但来访人仍由各部门分别接待。1966年9月，联合接待室被红卫兵冲击后改为串联学生接待站。之后，信访工作基本上处于瘫痪状态。"文革"后变为中共中央办公厅国务院办公厅信访局和全国人大常委会办公厅信访局。1975年9月，重新恢复信访机构并分别改称中共中央办公厅暨国务院办公厅信访局和全国人大常委会办公厅信访局。1980年，成立国务院办公厅信访局。1986年11月，中办信访局与国办信访局合并，成立中办国办信访局。2000年2月13日，中办国办信访局更名为国家信访局。国家信访局为国务院办公厅管理的负责信访工作的行政机构，业务上接受中共中央办公厅、国务院办公厅指导。

1995年《信访条例》颁布之后，国家、省、市、县四级政权建立或重组了相应的信访机构，从全国情况看，省级信访机构基本上是党、政合设，大部分省市区机构名称统一，一般简称为某省（市、区）信访局，北京市、上海市、天津市、重庆市称信访办公室。截止到2004年年底，全国31个省（区、市）信访部门中，已有19个局（办）升格为正厅级职能

表2－1　国家信访局的历史沿革

时间	名称	备注
1951年2月	政务院秘书厅群众信件组	
1954年12月	政务院秘书厅人民来访接待室	同时，全国人大常委会办公厅也设置了人民来访接待室
1965年5月	中央机关人民来访联合接待室	中共中央办公厅、国务院秘书厅、全国人大常委会办公厅以及接待来访人数较多的20多个部委信访工作机构集中在一起联合办公
1966年9月	串联学生接待站	
1975年9月	中共中央办公厅暨国务院办公厅信访局	同时，分设全国人大常委会办公厅信访局
1977年 1980年	中共中央办公厅信访局 国务院办公厅信访局	
1986年11月	中办国办信访局	
2000年2月	国家信访局	归口国务院办公厅管理，业务上接受中共中央办公厅、国务院办公厅双重指导

部门；信访局长多由党委或政府的副秘书长兼任。① 2005年又进一步加强了信访机构的组织建设。《信访条例》第6条规定，"县级以上人民政府应当设立信访工作机构，县级以上人民政府工作部门及乡、镇人民政府应当按照有利工作、方便信访人的原则，确定负责信访工作机构或者人员，具体负责信访工作"。此后，我国信访工作机构在全国范围内形成了自上而下的垂直的、专门的行政信访机构系统和"内嵌"于政府各工作部门的信访工作体系。

从政府信访系统来看，不同层级、不同部门的信访机构没有

---

① 邹守卫：《信访工作概论》，南方出版社，2007，第300页。

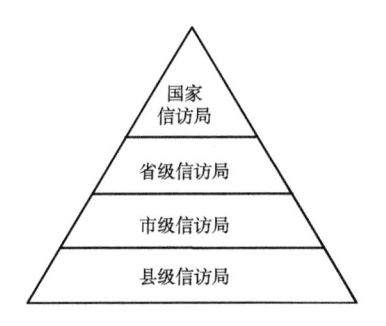

```
        ┌─┐
       ╱国家╲
      ╱信访 ╲
     ╱ 局   ╲
    ├─────────┤
   ╱ 省级信访局 ╲
  ├─────────────┤
 ╱  市级信访局   ╲
├─────────────────┤
╱   县级信访局     ╲
└───────────────────┘
```

图 2-3　信访工作部门

严格意义上的隶属关系。（1）从信访部门与政府的关系来看，尽管《信访条例》已经将其明确为行政机构，初步具有了行政的职能和权力，与其他机关相比，规模也不小，但它不是单独序列的具有明确职能的政府机构①，并未脱离内设机构的模式。信访局实际是办公厅（室）内设的二级机构，与保密局、机要局、调研室并列或类似，没有独立处置信访问题的权力。即使处置某些信访事项，也是基于本级政府的委托。（2）从上下级信访部门的关系来看，信访部门属于政府办公厅的内设机构，而非独立的职能部门，使得上下级信访部门之间没有严格意义上的隶属关系。即"信访部门的层级关系与所属机构的层级关系不完全一致，如下一级政府受上一级政府的领导，而下一级政府的信访部门与上一级信访部门的关系却不存在领导关系。也就是说，信访部门实行的是'块块'领导，这使得信访系统缺乏完整性和一致性，越级信访事件时有发生，影响了政治体系的正常运作"②。中央信访机构与地方信访机构的职能和权力及运作方式都有较大差异，从而导致信息不能共享，缺乏强制力，协调能力有限。

---

① 也有个别例外，如根据《南通市机构改革方案》，南通市信访局由原来的部门管理升格为市政府37个工作部门之一。参见《人民信访》2001年第6期，第21页。

② 麻宝斌：《中国社会转型时期的群体性政治参与》，中国社会科学出版社，2009，第164页。

(3）从信访部门与各职能部门的信访机构的关系来看，尽管各级及各职能部门都设有"信访机构"，但是各级信访局对各职能部门信访机构之间的统领协调能力相当有限，不仅缺乏对责任方的制约力，而且缺少监督被信访单位办理情况的底气。值得一提的是，行政信访部门纳入行政监察体系中，统一受理揭发举报类、批评建议类、投诉类、求决类信访问题，是否可以有效避免行政信访部门有责无权的局面？就目前情况而言，"政府的信访机构也仅仅是一个接收信息的部门，负责把信息进行分类，然后提交政府相关机构，它本身缺乏解决问题的权能。这种制度结构的复杂性影响了沟通速度，降低了沟通质量。这一机构本身不仅处理信息的能力较低，而且还会因信息处理不当引发其他针对政治体系的政治压力"[1]。总之，信访机构所能扮演的仅仅是一个收集、传递和分配问题的角色。如果信访机构真能够解决问题，那它靠的不是它自己手中的权力资源，而是靠它背后的党政领导人的权力，以及各个党政机构之间微妙的关系和政治生态环境中的一些公认的和相互默契遵循的法则。[2]

（三）人大信访

人大信访，指各级人大机关所受理的信访，是人大及其常委会行使监督权的重要线索来源和渠道。1954年第一届全国人民代表大会结束以后，全国人大常委会办公厅便设置"人民接待室"，专门处理日常的和具体的人民来信来访工作。常委会领导同志对信访工作极为重视，专门调配了一批相当级别的领导干部从事信访接待工作。1954年至1957年是我国人民代表大会制度建立和发展的时期，由于领导同志的重视，人大信访工作开展日

---

[1] 麻宝斌：《中国社会转型时期的群体性政治参与》，中国社会科学出版社，2009，第164页。
[2] 李宏勃：《法制现代化进程中的人民信访》，清华大学出版社，2007，第144页。

趋活跃。从1957年下半年开始，党内政治生活开始出现了不正常现象。随后受"以阶级斗争为纲"的"左倾"思想的影响，人大信访工作陷入徘徊不前的局面。1965年人大信访与国务院信访机构联合办公，人大信访纳入了中央机关联合接待室。"十年浩劫"爆发后，人民代表大会制度遭受到了严重的破坏，人大信访工作也名存实亡。1978年，人大常委会办公厅设立信访组，1980年7月《关于中央各部门归口分工接待大众来访的暂行方法》重新恢复了"全国人大常委会办公厅接待室"的设置，随后恢复了人民来访接待工作。

从人大信访系统来看，全国人大到各级地方人大都设置了信访工作机构或配备专兼职信访工作人员，但信访机构之间没有严格的权属关系。（1）其工作属性是机关的秘书工作。人大信访工作机构基本都设在办公厅，但称谓和级别上不尽相同。[①] 有的县区人大一直没有成立信访专门机构，甚至有的地方还没有固定专职信访工作人员。[②] 各级人大设立的信访工作机构是人大及其常委会专职处理信访业务的一个工作机构，它只是人大常委会办公厅的内设单位。虽然各地参照《全国人大常委会机关信访若干规定》，分别制定各自的人大信访工作制度，但大都局限于人大常委会机关内部工作程序的层面，不具有对外拘束力。（2）人大信访工作机构不是人大专门委员会，不具备国家权力

[①] 在省人大，称谓有信访办公室，有的称为信访局，级别有的为副厅，有的为正厅。目前大多省份，人大信访机构领导为副厅级，上边还有一名副秘书长分管。在地级市人大有的叫信访处，有的叫信访办，有的是正县级，与常委会其他工作机构相同，单列出来。有的设在办公厅，为正科级，领导可以高配到副县级。称谓上大多叫信访办。

[②] 在区县这一层级，成立专门信访工作机构的只是少数。设立人大信访机构的区县，其中有的单列出来为正科级，有的设在办公室下，级别也可调到正科。没有设立专门信访工作机构的，有的在办公室内指定人员分管，有的挂靠在政法工作委员会内，没有专门的人员和编制。

机关的职能，因而，不具有法律赋予的督办权，最多只有在人大常委会授权后才有一个代行督办的职能。信访督办权是人大常委会这个集体组织所具备的法定权力。

目前，除少数地方之外，全国绝大多数省、自治区、直辖市都相应制定颁布了地方性的信访工作法规，使信访工作向规范化、法制化方面迈出了一大步。2005年全国人大常委会机关制定了《信访工作若干规定》。2007年全国人大办公厅又制定了《关于改进全国人大机关信访工作的办法》，提出将人大信访的办理工作纳入中央联席会议机制。2007年8月，全国人大常委会办公厅制定了《关于增强同省级人大信访工作联络的方法（试行）》。

（四）司法信访

司法信访是信访中对检察机关、法院等司法机关的司法行为的异议，在司法程序当中引发的当事人不服裁决的信访问题，主要指涉诉信访。涉诉信访在诉讼活动当中由案件审理引发。针对法院的司法信访主要集中在立案庭的信访工作，主要集中在对法院裁判和执行的不满。针对检察院的司法信访主要集中在控告申诉检察工作，主要集中在对检察机关处理的自侦和刑检的不服。在司法机构，20世纪50年代人民群众来信来访工作基本由信访科（室）（隶属办公室）承办。1958年至1960年为适应"大跃进"形势要求，公、检、法机关实行合署办公，来信来访主要是转有关行政职能部门或基层处理。1961年贯彻最高人民检察院党组指示，来信来访工作有了加强。1966年社会主义教育运动全面展开，信访工作也转为各社教分团政法组处理。"文革"开始后实行军管，法院、检察院被撤销，更不用说信访工作了。"文革"结束后，法院、检察院相继重新恢复，进而恢复信访工作，初步形成了具有中国特色的司法信访制度。

在人民法院系统，1980年6月20日最高人民法院颁布《最高人民法院信访处接待来访工作细则》。之后，成立了专门办理群众来信来访事项的独立机构——信访处。1986年11月第一次全国性法院信访工作座谈会之后，各级法院陆续撤销信访处成立告诉申诉庭（以下简称告申庭），办理申诉和申请再审案件，办理非诉来信来访。20世纪90年代，多数法院又在告申庭设立信访立案工作室，下设合议庭，专门办理涉诉和非诉来信来访及法律咨询等业务，同时代查代办外地法院委托事项，审查办理一审和申诉案件的立案、审理请示管辖和管辖异议的上诉案件等。2000年年初，《最高人民法院机关机构改革方案》中要求立案与审判分立、审判与执行分立和审判与监督分立"三分立"之后，告申庭撤销并分设为立案庭和审监庭，由立案庭负责来信来访的接待工作。此外，多数法院还成立院长接待办公室作为内设处级独立机构，专门负责办理来信来访等业务。

在人民检察院系统，80年代初，成立了专门办理群众来信来访事项的信访科，隶属于办公室，后改称信访处。80年代末又改称为控告申诉检察科（简称控申科）。1986年12月10日发布了《最高人民检察院控告申诉检察工作细则》，2007年又颁布实施《人民检察院信访工作规定》，各级人民检察院应当设立控告申诉检察部门负责信访工作。人员较少的县级人民检察院应当确定负责信访工作的机构或者专职人员。

1996年之后，信访案件就逐渐集中在涉诉信访和行政纠纷信访[①]两大类上。近年来，涉诉信访在全部信访中的比例不断增加，成为新时期信访工作的一大特点。全国每年有四五百万件涉

---

① 行政纠纷信访，由行政纠纷引发的信访，不一定涉诉。行政纠纷引起的涉诉信访也只是涉诉信访总量的一点儿零头。

诉信访，却只有 10 万件左右的行政诉讼。① 大量的涉诉信访的存在，使处理信访问题变成了各级法院的主要工作，增加信访信息的输出难度。涉诉信访的最大特点是通过"独辟蹊径"非司法程序，影响法院已经做出的裁判和执行事务。告申庭成立后，虽然把信访部分纳入申诉再审的轨道上，但申诉再审制度的设计也不够合理，从某种程度上助长了盲目的上访。根据我国相关诉讼法规定，对于已经发生法律效力的裁判，本级首长或上级司法机关均有权启动再审。因而，当当事人对做出的裁判不服后，可以向本级法院院长、最高法院、上级法院、最高检察院、上级检察院提出改变原审的请求。由于监督者众多，给了当事人很多信心和选择，从而助长其盲目上访。另外，除民事诉讼规定"当事人申请再审，应当在判决、裁定发生效力后二年内提出"对再审有时间和次数上的限制外，刑事诉讼和行政诉讼对当事人的申诉和法院的再审根本没有时间和次数上的限制。因此，只要当事人愿意，他可以把一个案件的申诉无休止地进行到底，而只要法院愿意，它可以把一个案件三番五次推翻重审。② 立案庭的设立虽然为信访事项的全程监督提供了信息来源，但业务繁重、在法院内或上下级法院中的权力不足，也使其解决信访问题的能力有限，相互推诿、敷衍和拖延等现象便不可避免。除此之外，司法诉讼的高成本在一定程度上也助长了涉诉信访的高涨。

需要思考的是，在司法系统中，法院信访和检察院信访的关系如何处理。是否可以思考将司法系统的信访职责划分至检察部门，由检察院处理涉法涉诉类信访事项？中办发〔2009〕22 号文件规定涉法涉诉信访事项由各级政法委牵头负责。

---

① 《中国法律年鉴》，中国法律年鉴社，2005，第 1066 页。
② 李宏勃：《法制现代化进程中的人民信访》，清华大学出版社，2007，第 28 页。

（五）政协信访

政协信访，即人民政协的信访工作，它是政协组织和政协机关为委员和统战人士服务的重要方式，是了解和反映社情民意的重要渠道。各民主党派、各人民团体、各少数民族、社会各界可以通过政协信访渠道反映社情民意信息。2003年在北京召开了专题研究人民政协信访工作的首次会议——全国政协信访工作座谈会。政协信访工作突出了界别的特色，密切界别委员与界别群众的联系是政协信访工作的基础性工作。

就社会各界参与的信访来看，社会信访曾发挥过重要的作用。社会信访包括媒体、社团、企业和事业单位等的信访工作。社会信访自新中国成立以来就存在，它作为民间性社会信访是国家信访的重要补充。在20世纪90年代中期以前，特别是在"总体性社会"[①]中，社会信访发挥着重要的作用。由于这些社会组织基本是由国家举办和经营，带有明显的行政色彩，它们是执行国家政策、参与国家治理的准政府机关，对维护社会的安定团结有着重要的功能。20世纪90年代末，随着"结构性社会"[②]的到来，社会信访在国家治理中的作用逐渐淡化。

（六）军队信访

军队信访是发扬民主，接受监督，联系部队官兵和人民群众

[①] 总体性社会，是由孙立平等人指出的对1949年后大陆社会结构的概括，它是一种结构分化程度很低的社会。在这种社会中，国家对经济以及各种社会资源实行全面的垄断，政治、经济和意识形态三个中心高度重叠，国家政权对社会实行全面控制。总体性社会的形成，是通过单位制这个组织中介而实现的。由单位制而促成的总体性社会，克服了旧中国"一盘散沙"的总体性危机，但随着中国社会转型的到来，单位制的弊端逐步暴露出来，总体性社会也走到了尽头。参见孙立平等《中国社会结构转型的中近期趋势与隐患》，《战略与管理》1998年第5期。

[②] 结构性社会，是针对总体性社会而言的，是社会结构由传统的政治、经济、社会领域合一走向领域分离，实行政企分离、政社分离、政事分离，出现了结构的多样性，即经济成分和经济利益格局多样化、社会生活多样化、社会组织形式多样化、就业岗位和就业形式多样化。

的重要渠道。早在1932年，中国工农红军总政治部及军区、军团政治部就设有红军战士通讯处，接收红军战士的来信，对来信反映的意见、建议和要求进行调查研究，提出处理意见。后来，信访工作成为各级政府机关的一项职责，设有专门或兼管机构，配备专职或兼职工作人员。新中国成立后，曾由各级秘书部门具体承办处理来信和接待来访工作。60年代以后，中央军事委员会和人民解放军各总部恢复或设立了信访工作机构。随后，各军区、军种、兵种政治机关相继设立信访工作机构或编配专职干部，军以下机关编配兼职干部。各级机关在1979～1982年还设立信访工作领导小组，平反"文化大革命"中的冤假错案。1992年后，军区、军种、兵种政治机关撤销信访工作机构，信访工作改由政治机关秘书部门办理。1996年11月，为贯彻国务院1995年发布的《信访条例》精神，总参谋部、总政治部、总后勤部颁发了《中国人民解放军信访管理规定》，这是军队第一部关于信访工作的法规性文件。2006年8月，与国务院2005年的《信访条例》相衔接，总参谋部、总政治部、总后勤部和总装备[①]"四总部"发布《军队信访条例》，这是军队第一部专门的信访法规，是新形势下军队信访工作的基本依据，是军队人员信访活动的基本遵循。

（七）简单的综合分析

从横向来看，凡负有社会管理和公共服务职责的组织都设有信访工作机构。不仅党、政、军、人大、司法、国有企事业单位都设有信访工作机构，而且党、政、人大、司法等相关职能部门

[①] 中国人民解放军总装备部于1998年4月组建。总装备部的组建，是适应社会主义市场经济发展和国家机构改革要求，走质量建军、科技强军发展道路的重大战略措施，对于进一步加强中央军委对全军武器装备建设的集中统一领导，促进国防和军队现代化建设，具有深远而重大的意义。

都设有信访工作机构。从表面上看，这样设置信访机构可为信访提供多种渠道，有利于倾听民众的声音、了解社情民意，充分发挥畅通公民信访渠道的正面效应。但事实上，这样的体制安排加大了信息管理的难度。从理论上，至少应当形成党政、人大、司法三位一体，并各司其职的大信访格局（见表2-2）：将现有的政府信访机构与监察机构合并，组建独立的且地位较高的党政信访机构，通过信访机构的利益表达和纠纷化解实现行政系统的内部监督；建立人大监督专员制度，通过代表与公民的个别接触化解政治震荡，实现对"一府两院"的监督；将涉及诉讼的案件完全纳入司法轨道。① 田文利则指出，单独设立与立法、执法、

表 2-2 大信访格局下的组织体系及结构要素

组织类别	党政	人大	司法
性质	行政体系的内部监督	权力机关的外部监督	权利救济
职能范围	求决类、参与类	求决类、参与类	诉讼类等涉法案件
权力来源	官僚体制的权力结构	人民	公民权利的宪法保障
执行机制	自上而下的行政权力	最高权力机关	《行政诉讼法》《国家赔偿法》等法律
改革措施	整合党政信访机构；实行横向一块，纵向到底，建立省、市、县、镇统一的信访机构；建立党政信访机构与司法部门的诉讼类信访案件的传送机制，将诉讼类信访案件划归司法部门	强化人大信访的监督功能，建立人大监督专员制度	将司法机关信访制度的改革纳入整个司法体制改革的大框架之中

资料来源：马斌：《组织创新、权力重组与转型期信访制度改革》，《中国地质大学学报》（社会科学版）2006年第6期。

---

① 马斌：《组织创新、权力重组与转型期信访制度改革》，《中国地质大学学报》（社会科学版）2006年第6期。

司法机关相平行的独立的信访委员会,并使其产生于人民代表大会并对人民代表大会负责,赋予其一定的权力,专门处理上述国家机关的信访事项。① 此外,还应撤销社会信访。

从纵向来看,中央到地方都设有信访工作机构。不仅中央设有信访机构,而且省、市、县都设有信访机构,乡镇普遍设有专职或兼职人员负责信访工作。可见,在国家内部建立了复杂的信访机构体系,信访系统日益成为官僚体系的重要组成部分。官僚体系本身就对信息反应迟钝。正如英国学者戴维·毕瑟姆所言,官僚结构"倾向于强调信息自上而下的传递,然而信息的传递也要求组织具备基层自下而上传递信息的有效通道。……它以金字塔的形式建构起来,越是到高层越是狭窄,并且,尽管这对于分解任务和处理自上而下的指令来说也许是一种有效率的结构,但在处理自下而上的信息时,却有可能造成大量的超载或阻塞问题"②。

总之,信访机构组织设置不合理和权属关系的不明确,可能对信访信息的输入、提取、分配和反应产生影响,导致信访案件的堆积与互相推诿,从而阻碍了信息在系统中的迅速流通。

二 信访工作系统间的组织体制

信访工作系统间的组织体制,即信访工作六大系统之间的权责分配关系。党、政府、人大和两院分别设有信访工作机构"负责处理各自领域来自社会的表达信息,但是这些信息所涉及的问题大多需要职能部门来解决,于是表达信息还必须经过一个向政府转移的过程"③。可见,信访工作组织的外部体制主要涉

---

① 田文利:《信访制度的性质、功能、结构及原则的承接性研究》,《行政法学研究》2011年第1期。
② 〔英〕戴维·毕瑟姆:《官僚制》,韩志明、张毅译,吉林人民出版社,2005,第10页。
③ 麻宝斌:《中国社会转型时期的群体性政治参与》,中国社会科学出版社,2009,第64页。

及政府信访与党委信访的关系、与人大信访的关系、与司法信访的关系。只有处理好这些关系，才能达到信访信息及时共享与信息合理利用。党委信访、政府信访、人大信访、司法信访等多类信访的设置，且由于它们外部体制的不顺，可能导致各类信访之间缺乏信息交流，缺乏协调配合，多头交办，多向反馈，难以形成合力，还容易推诿扯皮。

（一）党委信访与政府信访

目前，信访局名义上是党委政府兼有，但多数地方政府未将其列入党委序列，而列入行政序列。但党委与政府信访关系一直比较模糊。为理顺两者的关系，一些地方进行了改革，在机构设置上是党委和政府两块牌子，一套人马。全国各地在市、县两级实行此种改革的居多。如河南省义马市市委设立群众工作部，与市政府信访局合署办公；山东省济宁市成立群众工作联席会议办公室，与市信访局合署办公，县市区设立群众工作部。海南率先在省级推行，成立了省委群众工作部，与信访局合署办公。[1] 更有一些学者指出，2007年中央的5号文件提出党管信访，因而，可以考虑把行政信访纳入党委信访之中。具体而言，可以将信访工作机构设为与宣传部、组织部等并列的各级党委的一个职能部门，或将其与纪检合设。将行政信访置于党委信访之中，有助于信访信息的处理。这是因为：其一，信访人不告当事官员的几乎没有，信访工作与党委工作已经密不可分，将信访组织纳入党的系统中，可以使群众监督通过信访渠道及时转化为党内监督和法纪监督，有利于党联系人民群众；其二，这样设置既可以减少信访管理工作机构，又可以明确归口管理，健全机构，清晰职责，

---

[1] 2011年6月15日下午，建党90周年之际，中共海南省委群众工作部正式成立，省信访局升格为正厅级单位与省委群众工作部合署办公。这是全国第一个省级层面的群众工作部。

强化实际权威。

张修成博士则主张将党政信访机构分开，具体而言："（1）宜在党委系列成立群众工作部，下设公民建议办公室，与组织、宣传、统战部等并列，整合、扩展信访功能。（2）将信访工作领导小组、维护稳定办公室、集中处理信访突出问题及群体性事件联席会议办公室、综合治理办公室、法制办公室、信访局、司法局、监察局等机构合并，成立法制督察局，强化对行政机关的监督、督察、纠错功能。"[①]

（二）人大信访与政府信访

人大信访工作的一个显著的特点就是大量信访问题不直接处理。人大信访事项的运行，主要有两种方式。一是在人大系统内部逐级向下转交，由最低级别的人大机关交给同级"一府两院"有关部门处理，待回复后再逐级向上级人大机关反馈；二是对属于本级管辖的问题，人大机关直接向"一府两院"有关部门转办，并要求其反馈结果。2006年8月，全国人大通过了《各级人民代表大会常务委员会监督法》，规定各级人民代表大会常务委员会可以根据人民来访的途径，确定常务委员会听取和审议本级人民政府、人民法院和人民检察院的专项工作报告的议题，明确将信访监督列为人大监督政府和司法机构的重要形式。2007年后，对受理的申诉、求决类信访件调整为统一报送中央联席办，再由中央联席办统一向各部门和各地交办。

在对策中，有些学者建议将行政信访置于人大信访之下，有助于信访信息的输入。于建嵘认为，信访制度的短期之策是给各级党政部门减压和给信访公民松绑，中期之策是由司法机关承办

---

① 张修成：《1978年以来中国信访工作研究》，博士学位论文，中共中央党校，2007，第196页。

目前积压在信访部门的案件，长期之策是把信访集中到各级人民代表大会，撤销各级政府职能部门的信访机构。① 田文利提出信访体制改革的小改、中改、大改三种构想：大改即集中统一模式，把现在分散的信访机构统一在人大，在各级人大之下建立一个处理信访个案的专门委员会；中改即以点带面模式，即以人大信访机构作为中心，统一协调受理信访案件，各部门信访机构作为人大信访的派出机构负责具体办理。小改模式即分别改进模式，制定统一信访程序法来统一现存的各信访机构的行为，使整体行为协调一致。② 胡星斗提出，在全国人大常委会设立冤案申诉局，在各省（自治区、直辖市）、市、县设立垂直管理的冤案申诉分局，负责对信访问题的法治化统筹监督与处理，另外设立对人大冤案申诉局负责的申诉专员制度，专事听案、调查，向检察院举报，改变原来信访文件归口管理的做法。③ 李宏勃认为，应当建立人大之下的一元信访体制，将其统一到人大之下；各级人大设立"信访局"或"信访委员会"，政府内部不再保留信访机构。④ 同时，他还认为，信访机构向国家人权保障机构的转换，可能是信访制度改革的一种思路。⑤ 赵树凯也认为，应该"在各级人大常委会之下设立比较完备强大的信访机构，将信访监督和人大常委会对于政府及其他权力机关的监督结合起来，将上访事件的处理和人大代表、人大机关经常性的执法检查结合起来"⑥。还有

---

① 于建嵘：《中国信访制度批判》，《中国改革》2005年第2期。
② 莫于川、田文利：《信访制度改革新思路》，《廊坊师范学院学报》2005年第3期。
③ 胡星斗：《结束信访，设立冤案申诉局》，http：//www.caogen.com/blog/infor_detail.aspx？articleId=2575，最后访问日期：2014年9月5日。
④ 李宏勃：《法制现代化进程中的人民信访》，清华大学出版社，2007，第275页。
⑤ 李宏勃：《走向国家人权机构：信访制度改革的一种可能思路》，《人权》2010年第5期。
⑥ 赵树凯：《从信访制度看农村社会稳定机制》，载《第二届湖湘三农论坛论文集》，常德，2009，第13~17页。

一种观点，即人大信访部门不直接插手处理行政、司法信访事项，不接具体的信访事项，只针对行政、司法两部门信访问题进行汇总、分析，监督行政与司法信访部门处理过程中是否公正有效，并负责协调两者之间的关系。

（三）司法信访与政府信访

司法与行政本属于公共管理的两大平行系统，二者不存在领导与被领导关系，而且界限也很明显。然而，在信访领域，多数的司法信访却与行政信访界限模糊不清，大量的涉诉信访事项进入了行政信访渠道的端口，加大了信访渠道的信息处理难度。因而，司法信访与政府信访的关系不顺，影响了行政信访渠道的承载量，给行政信访造成了"容量压力"。

1. 行政信访范围的笼统性致使界限模糊的涉法信访事项进入信访渠道

行政信访的范围笼统地包含了"具体行政行为"和"内部行政行为"①。对"具体行政行为"的受理机关而言，它可以同时属于行政复议机关、行政诉讼机关和行政信访机关。根据《行政复议法》规定，几乎所有的具体行政行为都属于行政复议的受案范围；根据《行政诉讼法》规定，涉及侵犯财产权和人身权的具体行政行为可以纳入行政诉讼范围。对于"内部行政行为"的受理机关而言，它可以同时属于行政申诉机关和行政信访机关。根据《公务员法》等规定，对任免、

---

① 各级政府信访工作机构有权受理下列事项：(1) 对本级、下级政府及其工作部门的具体行政行为或任免、考核和奖励行政人员的内部行政行为不满，请求纠正的投诉请求；(2) 对本级、下级政府及其工作部门职权范围内的工作提出的建设性建议；(3) 信访事项的处理需要本级政府协调的；(4) 要求改变或撤销本级政府所属各工作部门不适当的措施、指示和下级政府不适当的措施、决定；(5) 对本级或下级信访工作机构人员履行的职务的行为不满的；(6) 其他需要由本级政府信访工作机构受理的事项。参见曹康泰、王学军《信访条例辅导读本》，中国法制出版社，2005，第174页。

考核和奖励行政人员的内部行政行为不满的，可以依照《公务员法》提起行政申诉。总之，行政信访、行政复议、行政诉讼和行政申诉救济范围的交叉重合带来了信访信息处理的难度。

表2-3　行政信访、行政复议、行政诉讼的区别

比较	行政信访	行政复议	行政诉讼
1. 救济前提	无限制	权益因过错行为受损	权益因过错行为受损
2. 救济主体	党政群团企事等公共组织	上一级行政机关	人民法院
3. 被诉主体	党政群团企事等公共组织	行政主体	行政主体
4. 发起主体	直接或间接的利益主体及非利益主体	有直接利害关系的当事人	有直接利害关系的当事人
5. 诉求方式	写信、走访、电话、电子邮箱等	书面为主并附证据	书面为主并附证据
6. 申请期限	无限制	60日	3个月
7. 收费与否	否	否	是
8. 受案范围	公共政策的制定、决策执行、具体行政为、内部行为、国家行为等	具体行政行为以及规章以下抽象行政行为	具体行政行为
9. 诉求性质	意见、建议、投诉、求助、控告、咨询、查询等	投诉	投诉
10. 实体依据	政策性、法律性文件及其他社会规范	法律、法规、规章及规范性文件	法律、法规
11. 程序依据	信访条例	行政复议法	行政诉讼法
12. 审查原则	合法、合理、合情	合法性、合理性	合法性
13. 处理方法	调查、教育、协调、调解、听证	书面审查为主	开庭审理

续表

比较	行政信访	行政复议	行政诉讼
14. 救济手段	政策、法律、经济、行政等资源	行政资源	法律资源
15. 终结机制	办理、复查、复核三审终结	一次终局并可诉	两审终审
16. 一审期限	60日以内（包括现场办结）	60日以内	3个月以内
17. 结果特征	不可预期，缺乏强制执行力	可预测，执行力较强，必要时申请司法强制执行	可预测，执行力较强，必要时申请司法强制执行
18. 追求目标	更多的是追求实质正义	在追求实质正义的目标下更强调对程序正义的追求	在追求实质正义的目标下更强调对程序正义的追求

资料来源：邹守卫：《信访工作概论》，南方出版社，2007，第100~101页，有修改。

（1）对于同时属于行政复议、行政诉讼和行政信访受案范围的事项，能否申请行政机关按照行政信访程序加以救济？《信访条例》第21条作了规定。即政府"信访工作机构"对那些"应当"行政复议或诉讼的事项"不予受理"。根据调查，《信访条例》第21条关于"政府信访机构""不予受理"的规定并没有完全得到落实。从上海市的实践来看，各区县政府信访工作机构和市政府信访工作机构仍然受理那些同时属于行政复议、讼诉和信访受案范围的事项。[①] 第21条、第14条第2款和第22条规定结合起来，可以得出下列结论：对于那些同时属于行政复议、行政诉讼或行政信访受案范围的事项，政府信访工作机构"不

---

① 朱应平：《行政信访若干问题研究》，上海人民出版社，2007，第128~129页。

予受理",而政府其他工作部门则可以按照信访程序予以受理。①如果从实质正义的角度来考虑,对于超过行政复议或诉讼时效期间的事项,能否申请行政信访救济?此种情况一般取决于行政机关的裁量。

(2)信访处理意见是否可以接受行政复议和行政诉讼?即经过信访程序处理的信访办理、复查和复核意见是否可以纳入行政复议、行政诉讼范围?实务部门有人认为,所有的信访处理决定不能申请行政复议和行政诉讼。最高人民法院2005年对湖北省高级人民法院《关于不服县级以上人民政府信访行政管理部门、负责受理信访事项的行政管理机关以及镇(乡)人民政府作出的处理意见或者不再受理决定而提起的行政诉讼人民法院是否受理的请示》的批复,否定了信访处理决定可以诉讼。学者朱应平从实质正义的角度考虑,认为应根据情况决定是否可接受行政复议与行政诉讼。

(3)对已经诉讼终结的投诉请求,能否通过信访渠道反映?一般认为,经过行政诉讼的决定不再进入信访渠道。但现实中,有的信访人隐瞒诉讼情况,使上级机关无法核实,形成误转,导致信访渠道的拥挤。

2. 司法诉讼的非独立性和腐败导致大量的涉诉信访进入行政信访渠道

一般而言,涉诉信访与行政纠纷信访之间并没有太多重叠。司法诉讼的非独立性和腐败,迫使大量的涉诉信访被推来推去;行政信访的开放性,又使大量的涉诉信访涌向行政信访。许多问题很轻易地进入了行政信访的端口,本不属于行政信访的事项进入行政信访渠道,增加了信访渠道的信息承载量,造成渠道的

---

① 朱应平:《行政信访若干问题研究》,上海人民出版社,2007,第128页。

"容量压力"。中国特殊的"讼诉政治学"致使行政诉讼受制于政府权力，法院面临极大压力，往往不受理起诉政府的案件。原告提出明确的被告才予以立案的法院要求，与法院立案后通过法院调查令才许可查询被告资料的行政机关要求产生的"诉讼悖论"也使涉诉信访不能通过法律渠道得到公正的解决。即使法院受理，《国家赔偿法》不仅赔偿标准极低，而且还有法律和人为设置的许多苛刻条件。根据于建嵘的实证调查，"在接受问卷调查的632位进京上访的农民中，有401位在上访之前就上访的问题到法院起诉过，占总数的63.4%，其中法院不予立案的有172位，占42.9%；认为法院不依法办事而判决其败诉的220位，占54.9%；认为法院判决胜诉了而没有执行的9位，占2.2%"①。

田文利和李海波对界定政府信访和司法信访提出了一种建设性的建议。他们认为，行政复议机关、行政监察机关、法院或检察院不予受理的、已经判决生效的或没有向这些机关申请救济的信访案件，信访人都可以向信访机关寻求救济；同时，对于不合理的政策或行为，信访人也可以向信访机关寻求救济并提出建议②。班文战也提出，应"明确信访救济与其他救济的关系，把信访救济的范围限制在尚不属于通常的诉讼、复议、检察、监察制度管辖之下的事项，剔除这些制度现有的信访成分，使这些制度还至本来面目"③。与这些观点不同的是，程洁认为由于信访本身的属性及其与复议和诉讼的关系，可将行政机关的信访处理行为纳入行政复议的范围。④ 可喜的是，2014年2月中共中央办

---

① 于建嵘：《中国信访制度批判》，《中国改革》2005年第2期。
② 田文利、李海波：《现代信访制度之双向重构》，《廊坊师范学院学报》2006年第3期。
③ 班文战：《我国信访制度的权利救济功能及其有效性分析》，《政法论坛》2010年第3期。
④ 程洁：《信访投诉纳入行政复议范围的法理论纲》，《江苏大学学报》（社会科学版）2011年第6期。

公厅、国务院办公厅出台《关于创新群众工作方法解决信访突出问题的意见》明确提出，严格实行诉讼与信访分离，把涉法涉诉信访纳入法治轨道解决，建立涉法涉诉信访依法终结制度。各级政府信访部门对涉法涉诉事项不予受理。"访诉分离"于2013年1月被全国政法工作会议纳入重点工作，选择地方试点。十八届三中全会上提出，要把涉法涉诉信访纳入法治轨道解决。多位法学专家分析，把应通过法定途径解决的问题纳入法治轨道解决，对行政机关或其他权力机关依法予以终结的信访事项，以及法院已做出判决、裁定、调解的事项，各级信访部门不予受理，有助于破除社会上"信访不信法"的观念误区。

总之，"中国目前的所有问题，都是因为国家结构造成的，国家权力体系无法清晰分工，因此造成机构乃至人事责任不够清晰，都是因为后面有一个通纳一切的政党机制在发挥作用。"[1] 信访组织体制的改善，必须明确党政机构的分工，同时将权力的行使建立在法治的基础上，杜绝以政治手段处置行政问题的既定方式。

第二节　信访事项处理体制

《信访条例》（2005）第四条规定，确定了信访工作管理的基本原则。如同社会学家亚历克斯·英克尔斯所指出的，"正像社会行为可以聚集为习俗一样，一组组这样的行为也可以被聚集为角色，围绕着某个中心活动或社会需要而组成更为复杂的角色结构也可以被聚集为制度"[2]。可见，角色的结构性特征或结构

---

[1] 任剑涛：《信访制度是否适应时代潮流》，《探索与争鸣》2012年第1期。
[2] 〔美〕亚历克斯·英克尔斯：《社会学是什么》，陈观胜、李培荣译，中国社会科学出版社，1981，第99页。

性原则也可以视为体制。因而，信访工作的基本原则也定义为信访事项的处理体制。然而，这些原则是信访工作在金字塔式的官僚体系中的运用。官僚体系自身的横向信息沟通和纵向信息沟通的不顺畅，势必导致我国行政信访信息流动缓慢、决策过程的延误。

一 "属地管理、分级负责"

"属地管理、分级负责"的原则，确定了中央与地方的行政信访分权体制。"这种体制不适合当前社会矛盾多样化的形势，也不符合权责一致、管理重心适当下移的治理原则，需要进一步完善。"[①] 然而，这一分权体制的不完善，必然也带来信访信息管理的难点。

（一）属地管理

1982年第三次全国信访会议后，一些地方就自发形成了地区性的信访联席会议。2004年，面对严峻的上访局势，中央恢复和完善了信访联席会议制度。"属地管理"是在2005年《信访条例》中才写进信访工作管理原则的。属地管理不是信访渠道的独创，在我国三大诉讼制度中都有属地管辖。属地管理并不排斥归口办理信访事项。强调属地管理，是因为，地方政府在处理信访问题中，可以充分调动各类资源，整合各方力量，具有超越部门的优势。就信访事项管理而言，属地管理包括两个方面的内涵：一是属地的优先性，即地方各级政府在处理跨地信访和越级信访时的主导作用。无论是"条管"还是"块管"的信访事项，其所在地的政府都应尽快明确办理部门并督促解决，承担起

---

① 谭波：《论我国中央与地方行政信访分权体制的完善》，《内蒙古社会科学》（汉文版）2010年第1期。

社会管理的职责。二是属地的多层次性，即根据信访事项的层级，形成多层次的属地。对于跨域的信访事项，由上一级的地方政府处理。然而，属地管理的原则也带来信访事项处理的一些难点。

（1）"属地管理"原则使基层政府，特别是乡镇的责任无限扩大。"由于中国是一个单一制国家，在国家权力机构的实际运作中，中央机构是决策机构，地方机构是执行机构，因此中央担负的是总体责任，而地方担负的是实际责任。这便是一种责任下推的权力结构。越是趋近于基层，责任就越具体和明确。"① 现实情况中，所辖地区信访问题都由基层政府乡镇政府承担责任，然而，乡镇既无人权，也无财权，更无任何行政执法权，从而使乡镇政府显得力不从心。

（2）"属地管理"原则使司法机关的独立性和权威性受到影响。为实现社会稳定，早在20世纪80年代便出现了社会治安综合治理的思路和行动；中共中央、国务院在1991年2月又发布了《关于加强社会治安综合治理的决定》。然而，由于我国的政法传统，法院、检察院在处理信访问题时，也常常被纳入"社会治安综合治理"的全盘规则之中。这样的后果便是法院、检察院被放到了和信访局、民政局、公安局、收容劳教同样的位置，影响司法机关的独立性和权威性，反而不利于涉法信访的信息处理。

（3）多层次的属地，隐含的一个基本的信息沟通方式便是纵向沟通。由于坏消息不仅能够带来上级的惩罚，威胁到一个机构的预算，还会削弱一个项目所获得的政治支持，因而理性的官僚主义的作风可能使每一层次对信息进行过滤、筛选、封锁，不仅可能造成信息传递的迟缓、堵塞，甚至可能造成信息传递失

---

① 任剑涛：《信访制度是否适应时代潮流》，《探索与争鸣》2012年第1期。

真、曲解、误解、中断或丢失。层次越多越容易造成信息纵向传递渠道的不畅。截访现象的出现，是信访工作预设的多层次属地原则失效的反向激励结果。

（二）分级负责

"分级负责"即按照政府的管理层级管理信访事项。然而，分级负责体制的不完善，导致信访事项层层下转和层层上呈，信访信息不能快速地处理。现代科层官僚体系要求层级分明，要求各层级之间合理划分信访事项的处理权限。但就目前的信访体制来说，不同层级的信访机构职责不清、权限不明，特别是信访部门直接办理信访事项的范围不明，工作重点不清，导致信访信息不能很好地进行输入与输出。

（1）一些信访事项被合法地下推，使本该上级部门研究解决的信访事项转给了下一级。信访事项属于哪一级机关管辖不够明确，究竟转到哪一"级"为止不甚明了，因而信访事项经常在政府层级之间"一推二拖三下转，访来访去事不办"，将一些信访问题层层分级，处理问题的责任也层层被"合法"地下推，使信访事项"终点回到起点"。如基层政府对政策方面的问题、跨地区方面的问题常常无能为力。由此便产生了信访的中央政府悖论，即中央政府一方面要求把问题尽量在基层及时解决，尽量减少重复上访、越级上访和集体上访；另一方面又强调不能压制群众的正常上访，要充分保障群众的民主参与权利。

（2）一些信访事项被合法地上呈，使本该下级部门处理的信访事项交给了上一级。这样的结果便是上级部门受理了很多本该下级部门受理的信访事项。近年来，中央受理的信访量的持续上升，而省、市、县受理的信访量增幅较少或负的现象便可说明这一事实。这一事实也表明，"关于国家，在大多数农民心中会有这样一幅对比图景：闪着神奇光辉的中央＋损公肥私的多数地方贪官+为民作主的少数清官"①，"中央满天晴，省里起乌云，县里下大雨，基层淹死人"的民众意识影响着民众的信访行为，形成信访行为的民众悖论。一方面，他们从实然的角度，认为现实中的基层政府没有真正解决实际问题；另一方面，他们却深深地相信中央政府有丰富资源和强大的权力，最有可能真正解决群众的困难。这样的行为后果，必然导致信访不断升级，各种问题和矛盾焦点向中央聚焦。

为解决这些问题，谭波认为，"我国的行政信访分权体制改革应采取中央信访机构巡回制度、省级信访机构垂直管理的模式，与其他分级监督性权力形成联动，发挥制度合力的作用"②。这也许是中国政府体制的一个基本特点和惯用思维。然而，殊不知政府管理必将走向公共治理，集权的政府体制可能是造成信访困局的根本原因。

就"属地管理、分级负责"的体制而言，它体现了政府集权体制的特点——上级集权和个人集权。上级集权过度体现了不同层级政府的权力格局；个人集权，特别是党委书记集权体现了领导体系的权力结构。上级集权的权力格局必然使基层政府感到得不到上级政府的信任，使得本来可以在地方解决的问题却集中到中央。个人集权的权力格局必然使本来可以通过行政体系日常运作来解决的问题变成了通过政治压力解决，使本来可以分散到不同部门解决的问题却集中到地方主要领导身上。因而，赵树凯认为，"上级集权的政府体制必须改变。中央和地方、地方不同政府层级之间，必须有权力和责任的制度性划分，这也是一种政治性的分权。与此同时，在地方领导体系内部，应该解决个人过

---

① 应星：《大河移民上访的故事》，三联书店，2001，第405页。
② 谭波：《论我国中央与地方行政信访分权体制的完善》，《内蒙古社会科学》（汉文版）2010年第1期。

度集权的问题。有了明确的权力划分之后,在基本公共责任面前,不可互相推诿,也不能无端地相互指责"①。

与此原则相悖的是,信访者经常越级上访,跨越本级向上一级机关提出来访事项。2014年2月中共中央办公厅、国务院办公厅出台的《关于创新群众工作方法解决信访突出问题的意见》明确提出,不支持、不受理越级上访。中央和国家机关来访接待部门对应到而未到省级职能部门反映诉求的,或者省级职能部门正在处理且未超出法定处理期限的,或者信访事项已经依法终结的,不予受理。刘旭涛说,不同的涉法涉诉信访案件,应由不同级别的政法机关分别受理、办理,支持越级上访会给上访者造成"小闹小解决,大闹大解决"的错觉,使上访成为谋取不合理个人利益的手段,反而不利于解决问题。即使是越级上访,通常反映的也都是基层具体问题,要解决还是得落实到基层单位,越级上访会影响行政效率造成资源浪费,扰乱正常信访秩序。不支持越级上访,还说明下一步我们将加大对基层信访机关的建设力度,倒逼基层信访改革。② 但也有人认为,禁止越级上访,受益最大的是各级信访部门。对国家、省、市信访部门来说,每天接到的信访案件少了,自己可以眼不见为净,可以轻松一点工作了;对于基层政府来说,自己造的孽最终由自己当法官,处理起来就容易多了。对于地方政府来说,禁止越级上访,再也不用担心自己辖区的人去北京告状了,截访也就成了历史,因为任凭上访者折腾,到国家信访局那边也进不去大门。有网友描述了这样的"愿景":"这是帮助下面'截访'啊,他们'解放'了,不

---

① 赵树凯:《从信访制度看农村社会稳定机制》,载《第二届湖湘三农论坛论文集》,常德,2009,第13~17页。
② 《中办国办明确不受理越级上访和涉法涉诉信访》,《南方都市报》,2014年2月26日。

用'接访'了！真是好'街坊'啊！冤案会越来越多，本级和上一级将事态一掩盖，找谁说理去啊！"① 2014年4月，国家信访局印发《关于进一步规范信访事项受理办理程序引导来访人依法逐级走访的办法》。从2014年5月1日起，信访部门将不再接待越级走访，但通过网络、邮件等形式进行信访则不受限制。

二 "谁主管、谁负责"

"谁主管、谁负责"指同级党委、政府各职能部门按照信访事项的内容，属于哪个部门职责范围内的，就由哪个部门负责处理。"谁主管、谁负责"的制度前提和逻辑前提都可能给信访信息的处理带来难度。

（一）"谁主管、谁负责"的执行前提可能导致信访事项互相推诿，不能快速地处理信访信息

"谁主管、谁负责"是现代科层官僚体系中的一个行政常识和职业道德，体现在"权与责、利与害"的一致性，属于谁的职权范围就应当由谁来承担。因而，"谁主管、谁负责"的执行前提是认定办理信访事项的责任归属部门或单位，实行"归口办理"。归口办理，应根据来信来访提出问题的性质，政府各部门的职责与业务范围对信访事项进行归口处理。1985年2月，《中央各部门归口分工接待群众来访办法》正式颁布。1991年，中共中央办公厅发布的《信访问题归口分工处理办法》以中央文件的形式对信访事项办理的"分类办理"进行了专门的规范。

可是，在信访实践中，由于机构庞杂重叠，条块分割，归口不一，归口不明，造成了办理主体的不确定性，致使许多案

---

① 刘海明：《禁止越级上访是最大的截访》，http://news.sina.com.cn/zl/zatan/blog/2014-04-30/10561337/1193610101/47250b750102e8pg.shtml，最后访问日期：2014年9月5日。

件只能在上下级或部门之间流转却找不到相关责任主体，使群众在不同的主体之间跑来跑去，也可能出现办事效率低下甚至各个信访机关之间相互推诿踢皮球的情况，加大了信息输入的难度。(1)"条块交叉"时如何归口办理，容易产生认定困难和矛盾，也为一些地方政府间相互推诿责任提供了客观条件，损害了信访人的合法权益。(2)对于涉及多个部门的信访事项的办理，容易产生困难。在传统的"鸽笼式"的官僚组织结构中，完整的信息很容易被分割形成信息孤岛；各部门之间缺乏必要的机制和手段，各部门间存在着难以逾越的壁垒，又很难得知真实的信息。据对632位进京上访农民的调查，他们走访的部门平均在6个以上，最多的达到18个。其中主要有国家信访局、人大常委会、最高法院、中纪委、公安部、最高检察院、国土资源部、农业部、民政部等。①

(二)"谁主管、谁负责"的逻辑假设可能导致信访信息不能公正地处理

信访制度的基本假设是有关部门没有部门利益都会严格依法办事。这是信访制度的本质性特点，是信访与行政复议、行政诉讼最明显的区别。从信访者的角度来看，它要求信访者要将信访事项向"被告"即引发信访问题的组织提出；从政府管理的角度来看，它要求"谁家的孩子谁抱走"。这样的原则常常使信访问题的解决最终往往还要靠原来处理问题的行政机关。

(1)信息处理主体的双重身份，可能导致信访信息不能公正地处理。处理主体的双重身份是指既是事发单位，也是救济单位，具有"运动员"和"裁判员"的双重身份。在办理实践中，具有双重身份的多数是基层组织（乡镇、县直单位）。因而，让

---

① 于建嵘：《中国信访制度批判》，《中国改革》2005年第2期。

其对自身的错误做出纠正的难度较大。职务行为背后隐藏的腐败问题，几乎使群众的诉求无法得到解决。因此，投诉请求的办理，主要来源于办理主体的宗旨意识、自律意识和责任意识，取决于其领导者面临内部矛盾甚至腐败问题带来的压力、困扰时的立场、作风、决心和能力。由此，也不可避免地给投诉办理带来种种不确定因素。

（2）信息处理主体的"领导"变更，可能导致信访信息不能公正地处理。具体而言，其一，支持信访人，意味着下属对领导、现任领导对前任领导工作的否定。如果前任领导仍然是现任领导的"顶头上司"，这种"官场潜规则"带来的压力和困扰是不言而喻的。其二，关心群众要花钱、要办事，而公共财力等资源是稀缺的。当不当的职务行为具有普遍性时，为这样的问题"擦屁股"，势必挤占现有资源，牺牲眼前的"政绩"。

（3）信息的处理主体的级别关系，可能导致信访信息不能客观地处理。责任部门的上级主管部门，可能出于"遮丑"和"护短"的心理对反映的问题敷衍了事或置之不理，让人产生不公正和不信任的心理，进而导致许多信访事项不断越级信访和重复信访。此外，"源于政府处理不当引发的上访，再由相同级别的政府部门处理，政府机构的相互关联和利益一致化引发上访人对公平的质疑，结果会让上访人以'官官相护'为由接受调解而再向上一级政府部门反映"[①]。

三 "依法、及时、就地解决问题与疏导教育相结合"

"社会转型时期的纠纷，一方面要形式化解决以求平等对等的正义，另一方面要实质化解决以求获得认可的正义。信访制度

---

① 李蓉蓉：《信访与地方政府治理中的问题》，《中国行政管理》2006年第1期。

一方面要吸纳现代性因素——理性主义的实在法因素——而法治化，另一方面要保持传统性因素——感性主义的情感因素——而社会化，以弹性化的应对机制适应现代社会发展的需要。"① 因而，"依法、及时、就地解决问题与疏导教育相结合"提出了信访事项处理的方式与方法问题。

（一）"依法、及时、就地解决问题"

（1）"依法"强调严格按照法律和政策进行处理。它有两个方面的要求：一方面，对于不合理的或无理的信访行为要依法处理。另一方面，对于合理的信访行为也要依法处理。然而，在现实中，"由于信访者求决投诉的事情千姿百态，因此政府相应的解决措施也就不同，或许是完全依法的解决，或许是于法无据但依照情理的解决，也可能是完全为了平息事端而无原则地妥协退让"②。有时候，还会出现两个极端的方面。一是对于不合理信访行为的不依法处理。当信访人的上访会给行政官员的政绩和仕途带来不利时，下级官员便可能为寻求问题的解决，提出不合理或不合法的处理方法，使信访事项没有原则地"开口子"。二是对合理信访行为的不依法处理。这主要体现在对合理信访行为的打压报复上。

此外，《信访条例》第 18 条规定："多人采用走访形式提出共同的信访事项的，应当推选代表，代表人数不得超过 5 人。"如果 5 人以上为了同一问题而串联一起，集体到党政机关或主管部门上访的活动，则构成了集体上访。按此规定，超过五人集体上访属违法。"五人代表"体制限制了参与者的人数能够防止信息的过载，也能限制信息支付以及给信访部门造成的压力，还能

---

① 金国华、汤啸天：《信访制度改革研究》，法律出版社，2007，第 123 页。
② 李宏勃：《法制现代化进程中的人民信访》，清华大学出版社，2007 年，第 200 页。

防止人数众多以及七嘴八舌所带来的混乱局面，提高信息输入的速度，但参与者人数的限制又具有信息过滤的功能，五人的信息可能代表不了全部信息，降低信息输入的准确度。

（2）"及时"强调对信访事项的处理不能拖延怠慢，以防止由"推""拖"引发的新的信访事项。有时部门对初信初访处理重视不够，以"忙"为借口，久拖不办，致使简单问题复杂化，激发了"拖"出来的信访；有时部门间互相推诿扯皮，致使问题议而未决，往往出现"都该管都不管"的现象，最终导致"推"出来的信访。

（3）"就地"强调信访事项的处理尽量在事发单位解决，防止信访事项的上报。1963年《关于加强人民来信来访工作的通知》便强调在办理信访案件的过程中，省、地一级应力求"多办少转"，县一级原则上"只办不转"。在现实中，个别干部往往将"就地"处理局限于"捂"，报喜不报忧，而缺乏必要的刚性措施和手段，最终导致"捂"出来的信访。信访事项不断升级，必然带来各种问题和矛盾焦点向中央聚集，使原本意在解决、疏导矛盾的信访本身却成了矛盾积聚、上升的通道，最终导致政府和法律的公信力和权威的下降。此外，"就地解决"也只能是一个期望性要求，不能加以绝对化，"一旦成为一个绝对的要求，这种碎片化的方式就会被固定下来。而在这样的思路下，根本不可能追究信访的问题产生于何处，更不可能涉及信访的本质为何的问题。由此，信访的本质探索就成为一种'制度的不可能'"①。

（二）"疏导教育"

民意如水，宜疏不宜堵。2005年修订的《信访条例》将

---

① 田文利：《信访制度的性质、功能、结构及原则的承接性研究》，《行政法学研究》2011年第1期。

1995年《信访条例》中的"思想疏导教育"去掉了"思想"二字。这说明,"疏导教育"的方面是多样的,"思想"只是其中的一个方面。笔者认为,它既包括思想疏导教育,又包括心理疏导教育,注重对信访者的人文关怀。就思想疏导教育而言,耐心细致的思想疏导能够引导公民以合理合法的形式表达利益诉求。在实践中许多信访事项与法律、政策有关,然而,信访者却不了解相关的法律、有关政策与政府信息,不了解办事的程序与自己遇到的困难该找什么部门,或者对具体规定有不正确的理解。因而,信访工作者应根据来访者提出的问题,耐心地宣传政策,告知相关信息或理解相关信息。就心理疏导而言,耐心细致的心理疏导能够引导公民以合理合法的形式宣泄不满情绪。如何使公民的不平衡情绪得到宣泄并向积极的方向转化,是心理疏导的重要任务。如果缺乏宣泄渠道,当情绪淤积到一定程度,信访人就有可能由于看不到希望而走上绝路,或对社会稳定造成破坏。人文关怀,即信访工作者要以良好的心态,尊重信访人,平等地与信访人沟通交流。"良言一句三冬暖""话不投机半句多"说的就是这个道理。

　　信访工作的疏导教育还应争取发挥主动性和积极性,将信访矛盾化解在萌芽状态。常用的两个手段是排查和调解。这两个手段一般在信访事项受理之前运用。图2-4说明了排查和调解在信访事项总过程中的阶段。2009年,中共中央办公厅、国务院办公厅转发了中央信访联席会议发布的《关于把矛盾纠纷排查化解工作制度化的意见》,进一步明确了这项工作的有关要求,使之更加制度化、规范化。各地普遍建立了经常排查、定期分析,事前防范、信息预警,应急处置、随时化解,督导检查、责任倒查等一系列制度,推动排查化解真正成为基层化解矛盾的"第一道防线",实现了排查化解工作的"三个转移"，即在排查内容上从一般性排查向重点排查转移，在力量使用上从分散使用向集中使用转移，在化解方法上从单事单议向综合施策转移，为有效预防和化解信访问题，发挥了很重要的基础性作用。①

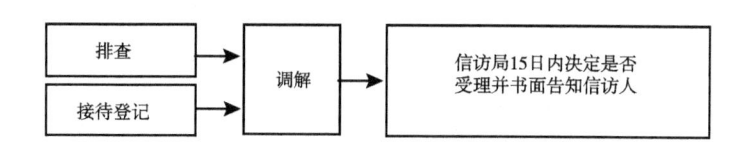

图 2-4 排查与调解在信访事项处理过程中的阶段

（1）排查。即通过定期或不定期的摸底、检查，及时发现矛盾，争取主动。排查是调查处理的基础。实践中，各地对矛盾纠纷的排查主要有例会制度、报送制度和检查制度三种形式。然而，一些基层干部没有认识到信访工作的主动性和重要性，思想上不重视，导致了许多"松"出来的信访。为防止"松"出来的信访，信访部门应当通过摸底、调查、检查、接访等方式及时发现并掌握各种矛盾和隐患，信访部门的这项工作称为排查。排查方式分为日常排查、定期排查、专项排查和重点排查。此外，有的部门排查不全面，抓倾向、苗头、隐患、矛盾不够深入细致，使信访预警机制产生漏洞，导致了大量"漏"出来的信访。

（2）调解。它是指调解责任主体运用多种手段和方法对排查出来的矛盾和隐患，进行教育疏导、解决源头性问题、化解矛盾纠纷的工作过程。一方面，针对不同矛盾纠纷，综合运用法律、政策、经济、行政、心理等手段，实现多种形式的疏导教育。特别是信访事项办理主体的裁判员和运动员的双重身份，也

---

① 王学军：《中国当代信访工作制度》，人民出版社，2012，第 144 页。

意味着办理过程要充分发挥协商、沟通、调解等功能，实现法、理、情的有机统一。正如日本学者高见泽磨所认为的那样，"中华人民共和国的纠纷解决以调解为轴心，即使是调解以外的制度，其存在方式也具有调解的性质。由通过说理来解决纠纷的第三者（说理者）和被劝说后从心底里服从的当事人（心服者），一起来演戏的情景，就是中国解决纠纷的具体画面。"[1] 另一方面，针对不同的矛盾纠纷，运用教育、协商、听证、调解、仲裁等方法进行调解；建立信访与人民调解、行政调解、诉讼调解的科学衔接与结合机制；吸取现代政治学的理论，将协商对话、信访听证等程序引入到办理过程中来，进行多方的信息收集；建立独立的、自主的、完善的第三方纠纷调解机构来加强信访事项的处理。[2] 2005年4月，北京市宣武区广安门内街道成立信访调解中心。调解中心以街道信访办为龙头，司法所与信访办联合办公，注重人民调解与信访行政调解的联动：通过在信访调解中心设立人民调解接待室和人民调解庭，或设立律师接待室实现人民调解与信访行政调解的联动。[3] 从这个意义上说，信访工作体制的存在为社会问题的社会结构化处理提供了命题，也就是如何发育社会结构来承接政治沟通的功能。在现实中，一些干部对来访群众缺乏必要的诚心、耐心和热心，甚至说话粗鲁，接待不热情，引起群众的误解和不满，从而导致"激"出来的信访。

---

[1] 〔日〕高见泽磨：《现代中国的纠纷与法》，何勤华等译，法律出版社，2003，第73页。
[2] 参见蔡潇彬《社会组织建设与政府管理创新——关于如何突破信访困境的新思考》，中国行政管理学会2010年会暨"政府管理创新"研讨会论文集，北京，2010。
[3] 《宣武区广内街道人民调解与信访行政调解联动初见成效》，http://www.bjsf.gov.cn/publish/portal0/tab85/info7813.htm，最后访问日期：2014年9月5日。

表2-4 三大调解比较

比较	人民调解	行政调解			诉讼调解
		裁决调解	仲裁调解	复议调解	
主体	人民调解委员会	各行政机关	行政仲裁机构	上一级行政机关	法院
范围	民间纠纷	与行政管理活动密切相关的、与合同无关的民事纠纷	特定的民事、经济纠纷,即商务活动中发生的合同纠纷以及劳动争议纠纷	与行政行为密切相关的行政纠纷	包括自诉刑事案件在内的所有纠纷
适用程序	非必经程序,取决于当事人的意愿	非必经程序,取决于当事人的意愿	当事人达成合法有效的书面仲裁协议后再调解	非必经程序,取决于当事人的意愿	除离婚诉讼的调解是法定必经程序外也为非法定必经程序
调解未成	无权对纠纷移送人民法院审理,也不能依职权移送人民法院审理	无权对纠纷做出处理决定,也不能依职权审理	仲裁机关可以做出仲裁裁决	行政复议机关应当及时做出行政复议	人民法院应当及时做出裁判
协议强制执行的效力	①除当事人自觉履行外是没有法律效力的;②人民法院审查无误才予以强制执行;③否则,只能另行提起诉讼	①不完全具有法律效力;②人民法院审查无误才予以强制执行;③否则,只能另行申请仲裁或提起诉讼	①除当事人自觉履行外是没有法律效力的;②人民法院不以为依据要求强制执行;③否则,不以协议为依据要求强制执行	经双方当事人签字后即发生法律效力	具有完全法律效力,确有错误的需要依照审判监督程序撤销改判,否则原调解达成仍需执行
性质	诉讼外调解				诉讼内调解
相同点	①设置的目的都是解决当事人的纠纷;②采用的方式方法都是通过说服教育、宣传法律政策,促使当事人互相谅解达成和解协议;③适用的原则基本都包括"自愿原则""合法原则""查明事实、分清是非原则"				

资料来源:笔者整理。

"依法、及时、就地解决问题与疏导教育相结合"虽然从理论上可以促进信访渠道的畅通，但在现实的运用中，它需要考虑组织环境。目前，它只是信访事项办理的一个目标所在。新制度主义理论认为，组织行为的认识和研究，必须注重组织环境。组织环境不仅包括技术环境，还包括制度环境（institutional environment）。制度环境是"一个组织所处的法律制度、文化期待、社会规范、社会观念等等为人们'广为接受'（taken for granted）的社会事实"[①]。信访体制的作用发挥和信访部门的信访工作，也离不开它所处的社会事实。影响信访结果的因素"除了相关法律、法规和政策，还包括办理主体、信访人态度、甚至运气好坏等不确定因素，因而结果不是信访当事人可计算、可预期的。"[②]

总之，使信息在信访渠道中顺畅流通不仅要理顺各类信访的工作体制和处理机制等一系列技术性、规范性的硬性体制，而且在表达信息内容与选择信息传播途径时必须充分考虑其传播环境的心理与文化等柔性背景。只有信访工作者和信访人都具备了"广为接受"的信访处理原则，信访渠道才可能畅通无阻。

[①] John W. Meyer and Brian Rowen, "Institutionalized Organizations: Formal Structure as Myth and Ceremony," *American Journal of Sociology* 83（1977），转引自周雪光《组织社会学十讲》，社会科学文献出版社，2003，第 70~71 页。

[②] 陈宇：《信访事项复查复核制度研究》，硕士学位论文，上海交通大学，2008，第 34~35 页。

第三章 信访业务流程分析

信访工作主要有受理和办理两个流程。受理是处理信访事项的启动阶段，是纠纷处理程序的进口。办理是处理信访事项的实质阶段，是纠纷处理的出口。受理与办理属于纠纷处理程序的不同阶段，受理工作质量直接影响到信访事项的办理，以及对信访人权益的有效保护。为体现政府管理的公共性，或为体现信访权利的人权属性，信访事项办理结果也设置了寻求救济的机会，即复查与复核。复查与复核也需经过受理与办理两个流程，可以说，复查与复核是受理与办理的又一轮循环。本章主要分析行政信访的业务流程，透视信访信息渠道不畅的流程性因素。

第一节 信访事项的受理

信访事项的受理是信访受理主体对信访人提出的信访事项，经过审查，认为属于行政机关的受理范围并应通过信访渠道解决的，予以进入的活动。信访事项的受理是信访渠道的入口端，决定着信访人的信访事项能否真正进入信访渠道从而使纠纷得到解决。受理渠道的畅通，可以保证信访事项低成本、便捷地进入信访渠道，保证整个信访机制有效、良性的运行。如果受理渠道不畅,可能导致信访事项在信访渠道入口处的聚集,不断激化信访矛盾。根据《信访条例》规定,信访事项受理机关分为各级人民政府信访工作机构和各职能部门的信访工作机构两类,各类信访组织有不同的职责和权限。

一 信访部门对信访事项的受理

政府信访部门的受理包括登记、转送、交办和告知等活动,是对信访事项初步处理的行为。信访部门受理后,才标志着事项进入了信访渠道。受理渠道的受理程序主要见于《信访条例》第21条规定。

根据《信访条例》的规定,信访部门对信访事项的受理主要有受理、不予受理、不再受理三种情况。

信访部门受理信访事项是本级或下级政府或其工作部门职权范围内的信访事项。信访部门受理的信访事项主要有:(1)对本级或下级党委、政府及其职能部门的外部职务行为或任免、考核等内部职务行为提出的投诉请求;(2)对本级或下级党委、政府职能部门的工作所反映的情况,提出的意见、建议或检举;(3)信访事项的处理需要本级党委、政府协调的;(4)要求改变或者撤销本级政府所属职能部门以及下级党委、政府不适当的措施、决定;(5)对本级或下级信访工作机构工作人员的职务行为不满的;(6)其他需要受理的信访事项。[①] 对于不属于行政信访受理范围的事项,信访局一般"会直接告诉上访人上访案件不归信访局管,根据情况如属于公安部门管辖范围,会建议上访人去高一级的公安部门反映;如属于涉诉的,能上诉或再审的会建议其继续走法律程序,如不能通过司法途径解决,会建议信

---

① 邹守卫:《信访工作概论》,南方出版社,2007,第499页。

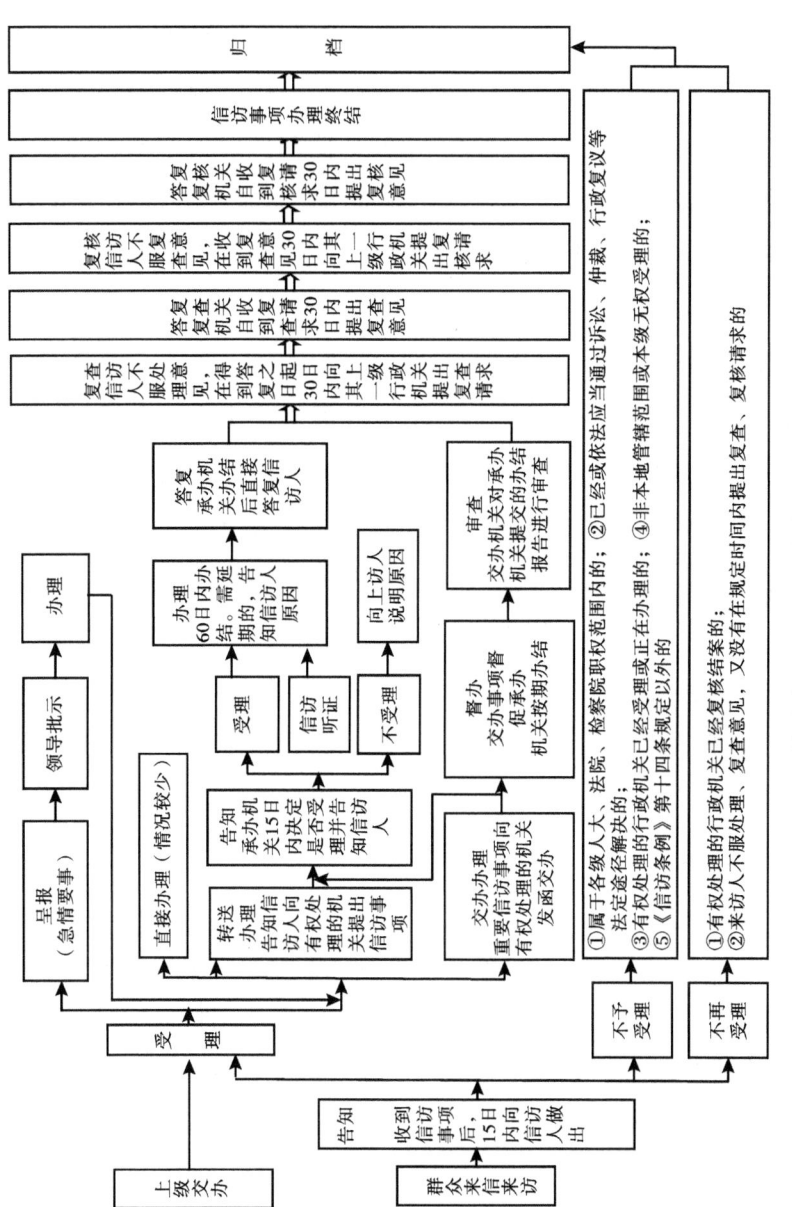

图 3-1　信访部门处理信访事项工作流程

访人去市政法委反映"①。

但要根据"分级管理"的原则，应首先判断信访事项是否属于本级管辖，以此确定是否越级。如果越级则需转送下级部门。根据"分级管理"的标准，信访部门接收到的信访事项主要有两类：（1）受理本级政府或其职能部门职权范围内的信访事项。如果属于本级政府或其职能部门职权范围内的信访事项，则按《信访条例》第21条第1款第二项和第四项规定处理。信访部门审查的信访事项有两种类型：一是属于本级党委政府职权范围内的信访事项，需采用报请的方式；二是属于本级党委政府其他工作部门职权范围内的信访事项，需采用平转的方式。（2）受理下级政府或其职能部门职权范围内的信访事项。如果属于下级政府或其工作部门职权范围内的信访事项，则按《信访条例》第21条第1款第三项规定处理。根据上下级党委和政府的职责权限划分，上级机关不包办、直办下级党政机关有权处理的信访事项，而是转送下级党政机关处理。因而，上级信访部门在受理下级政府及其职能部门内的信访事项时，直接转送（此时为下转）有权处理的行政机关，并抄送下一级人民政府信访工作机构。

（一）报请

报请是对于属于本级党委政府职权范围内的信访事项向领导请示的行为。信访部门代表本级党委、政府对信访事项是否符合条件进行受理审查，决定权属于本级党委、政府，未经法律法规或领导机关明确授权，无论是一般事项还是重大紧急事项，必须适用报请程序。

---

① 张勤、刘晶：《缺位、越位和本位：多元纠纷解决视野下的行政信访》，《社会学评论》2013年第6期。

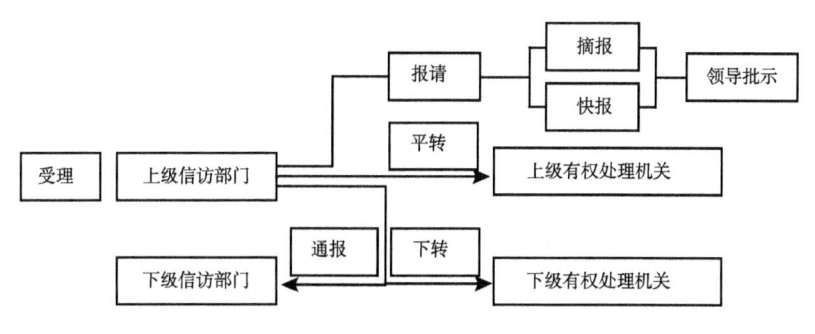

图 3-2 信访部门受理信访事项后的流程

一般认为,"当信息自下而上经过整个官僚机构的时候就有可能被遗漏或省略。因为担心信息的绝对量可能会吓倒管理人员,下级官员可能会先将许多细节过滤掉再进行上报。关键的信息有可能就这样被埋没了,因为下一级官员根本没有意识到被滤掉信息的重要性"①。

1. 信访部门对信访信息的过滤

信息社会的主要的问题是信息过剩而不是信息匮乏,管理者必须具备信息识别的能力,选择他们想要产生的信息、想要收集的信息以及需要传递的信息。

第一,不确定吸纳。"不确定吸纳"由詹姆斯·马奇与赫伯特·西蒙提出,是接收者会有意无意地将与预期不符或不适合机构已达成共识的信息过滤掉的行为。此行为之后,传递者不是将接收到的信息按原样上传,而可能从信息源中删除他们认为不可信的信息,也可能更改各局部信息的重点或全部信息的要点,进而传递他们自己从中得出的结论。信访部门很可能根据自身的社会经验、阅历、偏好、政策水平等来主观判断信访问题的急迫性、利益大小、危险程度等,或者主观上对一些信访事项不予以

---

① 〔美〕唐纳德·凯特尔:《权力共享:公共治理与私人市场》,孙迎春译,北京大学出版社,2009,第150页。

同等重视，或直接把一些信访事项石沉大海。之后对信访事项采取不同上报方式，如摘报。摘报是指对反映问题突出或提出建议有价值的信件摘要整理后，以《信访摘报》形式呈报有关领导同志，同时抄送有关单位和部门。摘报可以就单件信件进行摘要，也可以就多件内容相似的信件综合摘要。摘报的信访件由信访办负责限期督办。

第二，拖延性吸纳。即通过拖延的办法把一些并不严重的事项筛选出来，起到了信息过滤和问题筛选的作用。这样既可以减少政府的压力，又可以解决最重要的信访事项。"现有沟通系统传播的信息太多，而这些信息经常很少有或根本就没有重要性方面的区别。因此，信息的接收人很难'从谷壳中分出麦粒'。"①从下面蜂拥上来的大量信息又没有在制度层面给出哪些信访事项很重要的提示。社会转型时期，信访事项不断出现，信访部门由于人、财、物、权等的局限性难以应对，唯一的方法便是拖延。正如应星所言，"拖延一般仅仅看成是科层制运转中的低效率所致。实际上，拖延在中国这种科层制中几乎已被制度化"②。因而，在这种情况下，信访人的决心和毅力、信访的次数便决定着信访事项的被重视程度。因而，拖延导致的结果便是初次上访得不到重视，再次上访，通过重复上访或"诉讼、复议等司法救济—行政信访"，最后甚至"闹出动静"，使信访事项得到重视，最终解决。

总的来说，在信息爆炸的时代，过滤信息是有效政治沟通的必要环节。有效的信息过滤，能节省领导者的时间精力，使大量的无用信息不至于影响日常的政府工作运作。这种机制一般也称

---

① 〔美〕唐纳德·凯特尔《权力共享：公共治理与私人市场》，孙迎春译，北京大学出版社，2009，第154页。
② 应星：《大河移民上访的故事》，三联书店，2001，第370页。

为政治缓冲机制。然而,缓冲机制的有效发挥,还需要信访部门对信息的准确识别与表示。

2. 上级领导对信访信息的过滤

上报的信访事项,由领导批示,决定信访事项的具体处理机关。当信访事项上报到领导之后,存在信息的过滤问题。并不是所有到达领导视野的信访件都能得到领导重视,领导根据自身对政策法律的把握和宏观的政府管理把握,对案件形成不同的看法,进而做出不同的批示,如严厉批示、一般性批示。更有甚者,可能做出退回原单位办理的批示。领导批示一般不能当场答复,也造成了信访信息在信访渠道的滞留。① 还有一种是补档件,即由市领导亲自接信或接访,批示后转有关部门办理,由信访办负责限期督办。领导批示是国家干预信访问题和对下级政府施压的常见形式。不同级别的领导批示,其效力和影响力不同。领导的不同批示,后续关注程度也不同。有的领导批示,下级政府和部门会十分紧张地认真对待。尤其是有持续督办和汇报结果要求的,信访问题会得到依法及时的处理。有的领导批示,有批示没下文,基层机关就在观望中敷衍了事,甚至公然对抗。然而,被领导重视的信访事项是极少数的,大多数信访事项得不到领导重视,便可能引发更大规模的上访。

3. 从信访部门到领导者的信息传递

从信访部门到领导者的信息传递即组织内部不同层级的信息传递。塔尔科特·帕森斯(Talcott Parsons)认为,在一个官僚机构中应该有三个层面,每个层面的员工行为和独立职能都有其重要的独特性。他说,在技术层面上,员工们会集中精力从事组

---

① 谢天长:《信访:过滤纠纷过程和压力机制》,《福建论坛》(人文社会科学版)2009 年第 6 期。

织的基础性工作，并将投入转换成产出。在管理层面上，通过保障技术工人所需要的各种资源，员工们会集中精力督导各项技术职能的正常运行，而在制度层面上，员工们会在组织和组织运行所依赖的更大政治环境中扮演中间人的角色。[①] 官僚机构的信息移动便是沿着这一持续连贯的命令链实现自下而上的流动。然而，官僚文化却可能对信息流动产生障碍，技术人员倾向于不看错误，管理人员倾向于不说错误，制度人员倾向于不听错误。对于信访信息受理而言，信访部门工作人员可以视为技术层面的员工，信访办主任可视为管理层面的员工，而政府一把手可视为制度层面的员工。因此，有关信访问题的信息往往会被忽略不计；即便是承认这一信息，也不会让这种信息沿着命令链向上传递；而即使是向上传递了，也会被解释成一个小问题，一个可以在将来某一时段予以解决的问题。[②] 据金国华等人的调查，在被调查的公职人员中，认为目前党政机关对于信访工作所提供的信息利用不够充分的占43.4%。[③]

（二）转送

转送是求决类和投诉类信访事项的常用处理办法，指信访受理单位经过初步审查，将符合信访渠道受案范围但不属于本级党政机关受理的信访事项，转请有权处理机关做出处理决定的活动。转送事项一般不属于转送机关（信访部门）管辖范围。根据转送方式，可以分为单转和统转两种。单转指将单一信访事项或信件直接转有关部门或单位处理。统转是指将所有信访事项以电子邮件的途径集中转送有关部门或单位处理（下

[①] 〔美〕唐纳德·凯特尔：《权力共享：公共治理与私人市场》，孙迎春译，北京大学出版社，2009，第151~152页。
[②] 〔美〕唐纳德·凯特尔：《权力共享：公共治理与私人市场》，孙迎春译，北京大学出版社，2009，第151~152页。
[③] 金国华、汤啸天：《信访制度改革研究》，法律出版社，2007，第122页。

转一级）。根据被转送对象，可分为下转和平转两种。若依照法定职权属于本级人民政府或者其职能部门处理的信访事项时，应采取平转；若信访事项涉及下级行政机关或者其工作人员则采取下转。

信访部门转送信访事项时，向来访人签发《信访事项转送单》，并发函转件告知其来访事项的转送单位，把信访问题转到有负责义务的部门去处理。开具转送单的信访事项，要求受理单位在15日内反馈是否受理。函转件的办理主体是各有权处理部门，由办理单位直接答复信访人。由于党政机构设置的庞杂性，普通群众难以识别信访事项的归口管理单位，即谁是有权处理机关，因而转送应当采取直接转送的方式。特别是对于下转，直接转送更为重要。层层（逐级）转送的做法，如省转市后，市转县，县再转乡镇，特别是面积较大、交通不便的省级行政区域，只会增加信访人的诉求成本。

1. 信访部门的信息管理

在信访事项的转送过程中，信访部门的信息管理能力主要体现为信息存储、信息分流和信息交流。这三者都对信访渠道的畅通产生影响。

（1）信息存储

信息存储是信访工作者处理来信来访的第一步。《信访条例》规定有关的政府信访机构或行政机关对信访者提出的信访事项应当予以登记。正如吉登斯所言，"（书写）作为一种记忆法，甚至是最简单的标记形式，它能使依其他方式无法组织起来的事件和活动变得有规可循而又有序可查。信息存储既使一定范围内的偶发事件变得合乎标准，与此同时又让它们更为有效地协调起来"[①]。信访

---

① 〔英〕安东尼·吉登斯：《民族—国家与暴力》，胡宗泽等译，三联书店，1998，第54页。

工作组织得以存在的基础便是对有关社会活动和事件的规程化信息的运用。

(2) 信息分流

信访信息的分流是信息交流的前提。信息分流的能力要求准确、及时。准确，即将信访事项分流到有处理职责的有关职能部门；及时，即在尽可能短的时间内完成分流审批。如果分流能力较差，将产生信访信息的误转。

第一，对有权处理的起点机关（单位）的识别有误。公共行政机构设置的复杂性、公共行政职能的交叉性、公共行政事务的广泛性等因素都可能造成对有权处理机关的识别错误。在平转的过程中，有两种情况可能加重受理渠道的阻塞。其一，如果有权处理的起点机关确实没有权限处理，再将受理信息返回信访部门，这个时间有时长达15日，因为条例规定了在15日之内反馈是否受理的信息。其二，如果职能部门认为需要协调相关部门处理时，又需要将是否受理信息反馈给信访部门，信访部门再与另外相关职能部门协调，这些复杂的环节都可能造成信访事项在信访受理渠道的拥挤。

在下转的过程中，对有权处理的起点单位的识别有误，情况就会更加复杂。有以下三种情况：其一，如果有权处理的起点级别识别无误，但职能部门识别有误，就会使职能部门不予受理。职能部门不予受理，需向转送机关（上级信访部门）反馈信息，再向本级信访部门反馈信息，上、下级信访部门沟通信息，确定信访事项处理的职能部门。比如，信访人反映农村土地承包问题，应向县国土局还是县农委提出，各地是有所差别的。其二，如果职能部门无误，但对有权处理的起点单位的识别有误，不仅会造成同一职能部门上下级之间对信访事项的转送或上报，而且会加大各级信访部门之间的通报和上报流程。其三，级别、职能部门的识别都有误，即上述两种情况的混合情况。总之，这样的误转，不仅会造成上下级信访部门之间的重复流动，加大受理时间和路程，加大信访部门的工作量，而且使群众在多个部门之间跑来跑去，增加了群众的信访成本。

第二，对信访事项的识别有误。转送只限于初步审查属于信访渠道受理的，且尚未正式受理的初信、初访、初电。然而，由于信访事项的真实性、准确性、复杂性，对信访事项的识别容易产生错误。这又可以分为两种情况：一是将不受信访渠道受理的信访事项转送；二是将业已转送的同一信访事项重复转送；三是对下级机关已经受理并正在办理的信访事项转送。这样不仅会使信访人产生误解，也会使被转送机关、单位无所适从，造成受理渠道的拥挤。如，信访人对已经诉讼终结的投诉请求，再度通过信访渠道反映，并隐瞒诉讼情况，上级机关无法一一核实，就可能形成误转。

（3）信息交流

信息交流是不同时间或不同空间上的认知主体（人或人组成的机构、组织）之间相互交换信息的过程。信息交流受到多种因素的影响（如图3-3）。就信访事项受理后的信息交流来说，它主要涉及信访部门与信访者、上下级信访部门之间、受理部门与办理部门、有权处理部门之间的信息交流。

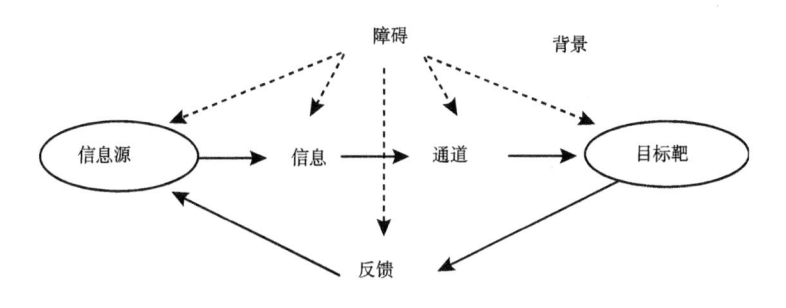

图3-3 信息交流过程

第一，信访部门与信访者的信息交流——告知机制。在现实中，信访部门与群众之间的信息交流却存在着较量。对于初次信访事项来说，常常不予受理；对于已经受理的信访事项来说，不说不办，也不说要办，反正就是"正在研究，你耐心等等"；对于那些已经越级上访的，则进行软硬兼施的信息谈判博弈，用摆平来说明水平；对于那些集体上访已形成气候的，则进行恩威并重的信息谈判博弈，用人民币来解决人民内部矛盾。

第二，上下级信访部门之间的信息交流——信息互相通报机制。上下级信访部门的信息交流主要是对信访信息的通报与报告。其目的在于：一是便于下一级人民政府信访工作机构全面掌握本辖区范围内信访事项的基本情况。信访工作机构除了了解本级受理的信访事项外，还应了解属于本级受理范围但是信访人向上级信访工作机构提出的信访事项，只有全面了解本辖区内信访事项的总体情况才可能进行综合分析、判断，为本级人民政府更好地开展各方面工作，为行政领导科学决策提供依据。二是便于上一级政府信访工作机构履行职责的情况。上一级人民政府信访工作机构通过下一级信访工作机构的报告，了解下一级信访工作机构对其转送、交办信访事项的办理落实情况。然而，现实中上下级信访部门的信息交流却存在一定的障碍。这些障碍因素有：其一，上下级信访部门之间隶属关系不明确，上级信访部门对下级信访部门没有约束力；其二，信访部门主要实行的是"块管"，而上下级政府之间容易出现信息不对称，下级哄上级已经成为政府管理中信息障碍的共识；其三，上下级信访部门对同一信访问题的信息理解存在偏差。

第三，信访部门与有权处理部门的信息交流——信息转送机制。转送并不是严格意义上的受理。也就是转送机关（信访部门）的受理可以称为首次受理，被转送机关（有权处理部门）

还要对信访事项进行进一步的审查，以决定是否处理。因而，转送的信访事项存在二次受理的问题。在转送的过程中，有两种情况容易使信访信息在受理渠道发生拥挤：其一，如果被转送的机关明知有受理权而借口其不是有权处理机关，而对转送来的信访事项不予受理。这种情况，可参考《北京市信访条例》第36条规定，在对于有关职能部门应当受理的信访请求而未受理的，信访部门可要求其受理，在指定时限内办结，并报告办理结果。从这种意义上说，这是赋予了信访部门对其他职能部门的"要求受理权"。其二，如果被告转送的机关认为涉及两个以上的职能部门，而对转送来的信访事项不予受理。这种情况，可参考《北京市信访条例》第39条规定，"认为涉及本级人民政府其他工作部门法定职责需要协调的，可以请求本级人民政府信访工作机构协调。协调后仍然不能达成一致意见的，信访工作机构可以向本级人民政府报告，按决定办理。"实际上，这是赋予了信访部门对其他职能部门的"请求协调权"。

（三）交办

在转送的事项中，为进一步引起办理机关的重视，提高信访事项的办理效率和质量，常常进行交办。对于信访执法方面存在问题或争议，问题重要或情况复杂的信访事项一般都要立案交办。可见，交办是转送事项中的一种特殊情况，不存在被转送部门"不予受理"的情况，而是必须由其办理。根据交办主体的不同，可以分为上级政府工作部门对下级政府工作部门的交办、信访部门对本级政府工作部门或者下级人民政府及其工作部门的交办两种情况。

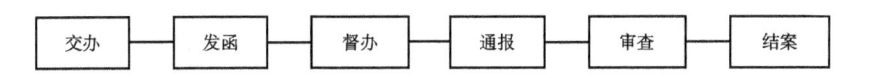

交办 → 发函 → 督办 → 通报 → 审查 → 结案

图 3-4　信访部门交办流程

也就是说，当有权处理的行政机关属于本级人民政府及其工作部门或者下一级人民政府及其工作部门时，信访部门均可交办。需要指出的是，交办只是要求有权处理机关反馈结果的特殊事项，信访部门拥有了"督办权"，对职能部门的处理过程和结果进行督办，职能部门是信访事项的有权处理机关。在实践中，信访部门形成正式的交办函件交由有权处理机关处理，限期反馈结果；并签发《信访事项交办单》给信访人，告知其来访事项的交办单位。交办有助于促进有权处理机关及时、认真、有效地处理信访事项，提高办事效率；也有助于促使转送机关加强对信访事项的督办。但现实的情况却是，交办在有权处理机关确定无疑的条件下才有可能成为现实。对立案交办等要查处结果的来访事项，信访部门在收到承办单位查处报告后，经审查符合有关结案要求时要及时结案。

在交办的情境中，除了信息反馈由信访部门向信访人反馈之外，其他导致信息不畅的原因与转送相同。

二　职能部门对信访事项的受理

职能部门信访机构的受理是对属于本部门职权范围的信访事项，在信访人向本部门信访工作机构提出信访事项后，本部门信访工作机构接受并以本职能部门名义而不能以自己的名义做出受理决定的行为，这种处理包括登记、转送、交办和告知等活动。职能部门受理渠道的受理程序主要见于《信访条例》第22条规定。

职能部门信访机构受理信访事项的标准是是否属于本部门职权范围内的信访事项。具体而言有两个标准：（1）根据"属地管理"的原则，信访事项属于本地还是外地行政机关管辖；（2）根据"归口管理"的原则，信访事项属于本职能部门还是其他职

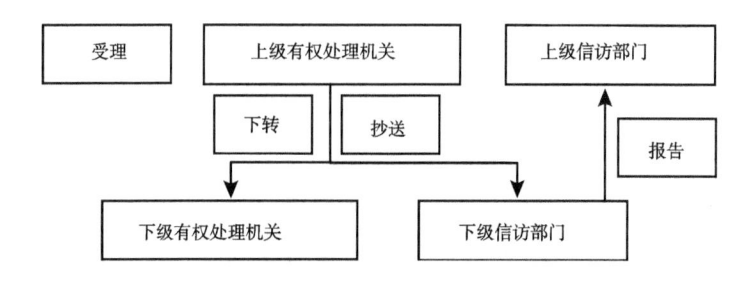

图 3-5　职能部门受理后信访事项流程

能部门管辖。比如，关于反映农村土地承包问题，属于县农委的职权范围，但不属于国土部门职权范围。审查结束后，如果符合上述前两个条件，则职能部门应当决定受理。职能部门有权受理以下信访事项：（1）对本部门或下级部门的外部职务行为或内部职务行为的投诉请求；（2）对本部门或下级部门的工作反映的情况，提出的意见、建议或检举；（3）要求改变或者撤销下级部门不适当的决定；（4）其他有权受理的信访事项。可见，职能部门的信访机构审查的信访事项有两种类型。

（一）受理属于本部门职权范围内的信访事项

在这种情况下，首次受理机关便是有直接处理权的行政机关，不存在信访事项二次受理的问题，因而不存在信访事项的再次流转，不存在政府部门之间的信息交换。但也存在信访人与职能部门的信息交流，即职能部门受理信访事项时，对信访人的告知。对于属于本机关法定职能范围的信访事项，应当受理，不能当场答复是否受理的，应当自收到信访事项之日起 15 日内书面告知信访人；对于不属于本机关职权范围的信访事项，应当告知信访人向有权处理机关提出。

（二）受理属于下级部门职权范围内的信访事项

如果属于下级政府职能部门职权范围内的信访事项，上级机关一般不包办或直办信访事项，而是直接转送下级有权处理部门处理，并抄送下一级人民政府信访工作机构。此时的转送属于下转。在这种情境下，信访事项便在上下级职能部门之间流动，增加了信访信息管理的环节。

1. 上下级职能部门之间的信息识别

事实上，信访事项属于哪一级机关管辖在目前的规定中并不够明确。上级职能部门可能把本该本级研究解决的信访事项转给下一级，或者把具有选择受理机关的信访事项来回推诿，造成一些信访问题层层下推或层层上交。如《信访条例》第14条规定的对"五类组织、人员的职务行为"提出信访事项，采用了"可以"这么一种授权性和选择性的表述，即也"可以"向其他单位提出。也就是说对属于"五类组织、人员的职务行为"的信访事项既可以向行政机关提出，也可以向事发单位提出。在实践中，多数地方规定了相关的规范性文件，这类信访事项的提出由事发单位受理。但这也说明不了行政机关对这类信访事项可以加以拒绝。如在市直企业发生的信访事项，受理的机关既可以是市政府也可以是市直企业，同理，在省直企业发生的信访事项，受理的机关可以是省政府也可以是省直企业。在这种情况下，容易产生层级管辖的抬高，不利于信访事项顺利进入信访受理渠道。

2. 上下级职能部门之间的信息交流

在某信访事项下级机关已经受理或正在办理的情况下，如果上下级职能部门信息交流不够，便可能造成信访事项的再次受理，再次进入受理渠道。这可能是由于：（1）下级机关受理而未告知信访人；（2）下级机关受理时间过长，信访人便可能有意隐瞒受理情况。因而，上下级职能部门、职能部门与信访人之间应该做好充分的信息交流，避免上级部门受理很多本该下级部门受理的信访问题。

第二节 信访事项的办理

信访事项的办理，指有权处理机关依据职权，对已经受理的信访事项进行研究论证或按一定的程序调查核实后，依法、依政策做出处理意见的行为与活动。对于具体信访的案件审理、查处又称为查办。办理渠道是信访渠道的出口，它决定信访事项能否得到有权处理机关的认真办理而顺利流出信访渠道，因而它的畅通是信访机制良性、有效运行的关键所在。大量信访事项得不到解决，拥塞在信访渠道内，势必带来大量社会矛盾在信访渠道的积聚，造成信访渠道的不畅。

信访事项的办理主体是指有权直接对信访事项做出处理决定的行政机关。信访部门受理信访案件之后，办理有三种情况："一是信访工作机构将问题移交给职能部门，这样就形成以官僚为治理主体的模式，即官僚模式；二是信访工作机构具有直接处理问题的权责，从而形成以代理官僚为主体的模式；三是地方政府或部门的领导直接负责和治理，从而形成以精英为主体的模式。"[1] 职能部门受理信访案件后，办理有两种情况：一是直接办理，二是委托下级部门办理。不同信访事项的办理主体不同。办理的信访事项可分为两大类：（1）投诉请求类信访事项，多涉及私权利（直接利益请求权）；（2）非投诉请求类信访事项，包括情况反映、建议意见、控告检举、咨询查询，多涉及公权力（间接利益请求权）。对非投诉请求类信访事项，办理主体包括政府信访机构在内的任何行政机关；而对投诉请求类的信访事

---

[1] 叶笑云：《平衡视阈下的当代中国信访制度研究》，博士学位论文，复旦大学，2008，第137页。

项，办理主体仅指有权直接对信访事项做出处理决定的行政机关，一般情况下不包括各级政府信访工作机构。

一 职能部门对信访事项的办理

政府的各职能部门都具有具体的行政管理职权，如行政许可、行政处罚等。一般情况下，各职能部门有权对属于本职能范围内的所有行政信访事项做出直接办理。办理要按照"分级负责"的原则，信访事项是否属于本级管辖，以此判断是否越级。如果属于本级管辖，则由本级职能部门办理信访事项；如果属于下级管辖，则转送下级职能部门办理。

（一）直接办理

职能部门的直接办理，是指职能部门作为信访事项的直接有权处理机关，在收到信访事项后，对其做出直接办理的行为。按照信访事项的首次受理主体来看，职能部门的直接办理分为以下两种情境。

1. 首次受理后的直接查办

当信访事项的首次受理机关是本级有权处理机关时，即当信访人直接向有直接处理权的职能部门提出的信访事项被受理时，信访事项的处理便直接进入办理流程，实现了受理与办理流程的统一，在理论上能够保证信息的畅能。

但在现实中有一种情况是，入口处同样的信息，出口却是相异甚至相悖的信息。这是因为，现实的情况中，有的信访人为了使问题尽快得到解决，将同一个信访问题向不同的职能部门同时上访。不同部门由于政策的差异、信访问题处理人的差异，在处理信访的过程中没有统一的标准和口径，可能带来信息反馈的差异。即可能传递给信访人不同的政策信息，可能使同一个信访问题得到不同的答复和解决方案，甚至相互矛盾，往往让信访人莫衷一是，难以获得信访人的信任和拥护。更为严重的是带来信访人的又一次上访行为的出现，使本来拥挤的信访渠道又加大了流量。

2. 再次受理后的直接办理

信访事项的受理机关不是本级直接有权处理的职能部门，而是由其他部门或领导首次受理后，直接转送有权处理的职能部门再次受理并办理。因而，这种情况也可以称为转送办理。根据转送的主体不同，可分为三种情境：（1）本级政府信访部门的转送办理；（2）上级职能部门的转送办理；（3）领导批示的信访事项。再次受理后，有以下几个原因可能给信访信息的管理带来难点。

第一，受理主体与办理主体之间的信息传递。在这种情境中，信访事项的处理过程中出现了两个主体：一是信访事项的受理主体，二是信访事项的办理主体。这样势必带来从受理流程向办理流程转换的信息流动问题。受理与办理虽属于行政系统内部运作过程，但由于政府"鸽笼式"的机构设置和固有的官僚主义作风，受理主体（信访部门）与办理主体（有权处理机关）时常是脱节的。受理与办理脱节，导致中转环节的增加，部门利益驱动及工作责任意识可能阻碍信息的充分流通，推诿、敷衍、塞责成为可能，不仅影响办理质量，而且增加了群众的投诉成本。

被转送机关直接办理的过程中，需要转送机关的督办。一般情况下，首次受理的机关（信访部门、上级职能部门）主要负责督办及对办理部门的办理意见进行形式审查。督办是对党的信访工作方针政策贯彻执行情况，各项重大工作部署的执行情况，各级领导同志指示、交办的工作，转送、交办的信访事项，依照法定职责代表本级党委、政府对同级职能部门和下级党政机关的信访工作进行督促检查的活动。督办的主体专指县级以上人民政府信访工作机构及上级职能部门；督办的对象是同级人民政府工作部门和下级行政机关，既包括对信访事项有权做出处理意见的行政机关，也包括信访处理意见执行机关，还包括下级人民政府信访工作机构；督办的内容是信访事项的处理（包括执行）情况，包括对信访事项个案的督办和对信访事项总体处理情况的督办；督办的方式包括电话督办、书面督办、实地督办、会议督办、联合督办。至于督办的情形，《信访条例》第36条做了具体规定。新修订《信访条例》虽然确立了信访工作机构关于行使"督查（改进工作）建议、完善政策建议、给予行政处分建议"这三项建议权。但由于政府工作涉及社会各个方面，信访工作机构在专业能力、机构设置、工作手段等方面存在诸多限制，在很大程度上影响了其督查的能力。①

然而，就目前来说，由于科层制基础的缺乏，信访部门的监督权很难实现。"官僚体制并没有发育完全，在现代制度所需要的诸多要素上，如组织机构、相关程序的具体规定、政治沟通的技术基础等等方面都是非常薄弱的。"② 此外，信访部门与职能部门的关系有时很微妙，信访部门的人、事、经费受制于政府甚至某些职能部门，调查处理信访问题容易受政府和部门左右，难以做到客观公正。因此，大量的办结报告得不到有效审查，导致审查流于形式。

第二，信访部门与有权处理机关信息协调。在信访事项的处理，信访人与有权处理机关的矛盾是在所难免的。由于信访部门

---

① 陈宇：《信访事项复查复核制度研究》，硕士学位论文，上海交通大学，2008，第12页。
② 叶笑云：《平衡视阈下的当代中国信访制度研究》，博士学位论文，复旦大学，2008，第138页。

第三章 信访业务流程分析 | 131

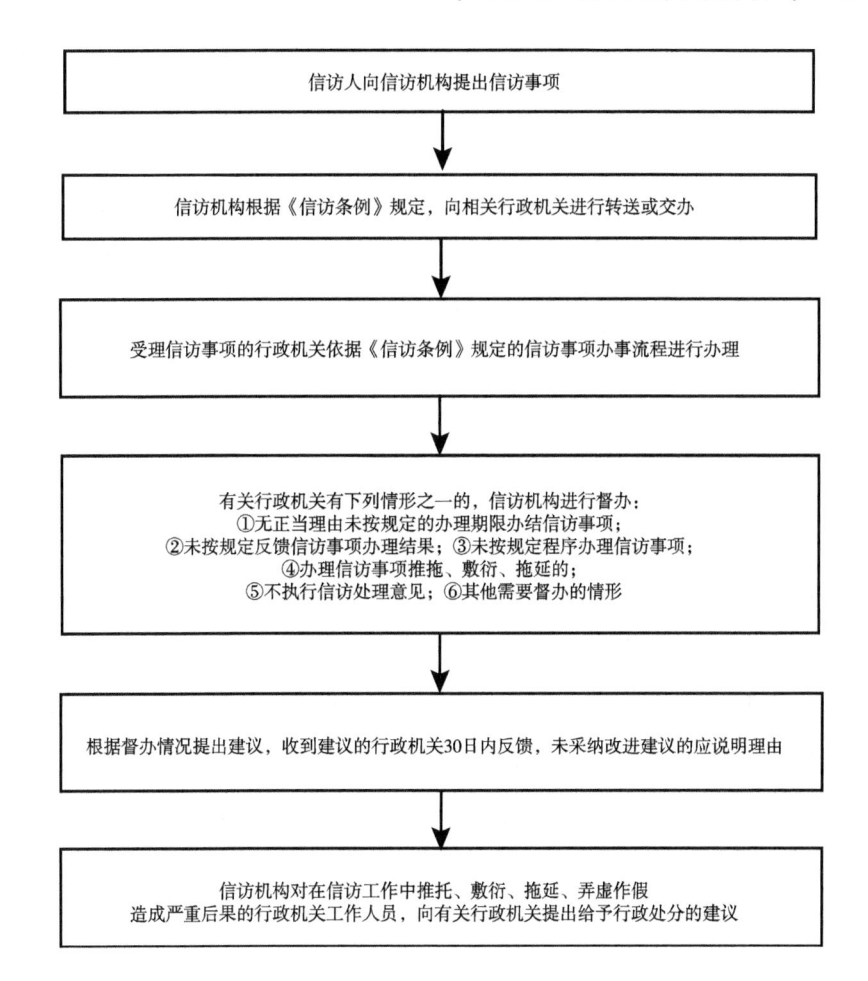

```
┌─────────────────────────────────────────────┐
│       信访人向信访机构提出信访事项              │
└─────────────────────────────────────────────┘
                      ↓
┌─────────────────────────────────────────────┐
│ 信访机构根据《信访条例》规定，向相关行政机关进行转送或交办 │
└─────────────────────────────────────────────┘
                      ↓
┌─────────────────────────────────────────────┐
│ 受理信访事项的行政机关依据《信访条例》规定的信访事项办事流程进行办理 │
└─────────────────────────────────────────────┘
                      ↓
┌─────────────────────────────────────────────┐
│ 有关行政机关有下列情形之一的，信访机构进行督办：         │
│ ①无正当理由未按规定的办理期限办结信访事项；          │
│ ②未按规定反馈信访事项办理结果；③未按规定程序办理信访事项； │
│ ④办理信访事项推拖、敷衍、拖延；                 │
│ ⑤不执行信访处理意见；⑥其他需要督办的情形           │
└─────────────────────────────────────────────┘
                      ↓
┌─────────────────────────────────────────────┐
│ 根据督办情况提出建议，收到建议的行政机关30日内反馈，未采纳改进建议的应说明理由 │
└─────────────────────────────────────────────┘
                      ↓
┌─────────────────────────────────────────────┐
│ 信访机构对在信访工作中推托、敷衍、拖延、弄虚作假       │
│ 造成严重后果的行政机关工作人员，向有关行政机关提出给予行政处分的建议 │
└─────────────────────────────────────────────┘
```

图3-6　督促检查信访事项流程

的中立性和超脱性，督查工作的非强制性和有权机关处理问题的自主抉择性，需要信访部门以中立者的身份，进行特殊的斡旋工作。将信访人合理的意见和要求反馈给有权处理机关，疏通一时发生隔阂、障碍的信访关系，缓和和化解信访矛盾。[1]

其实，协调在信访渠道中有着重要的作用。信访部门的协调主要包括以下两种情况：一是各级人民政府工作部门对某一信访

---

[1] 邹守卫：《信访工作概论》，南方出版社，2007，第394页。

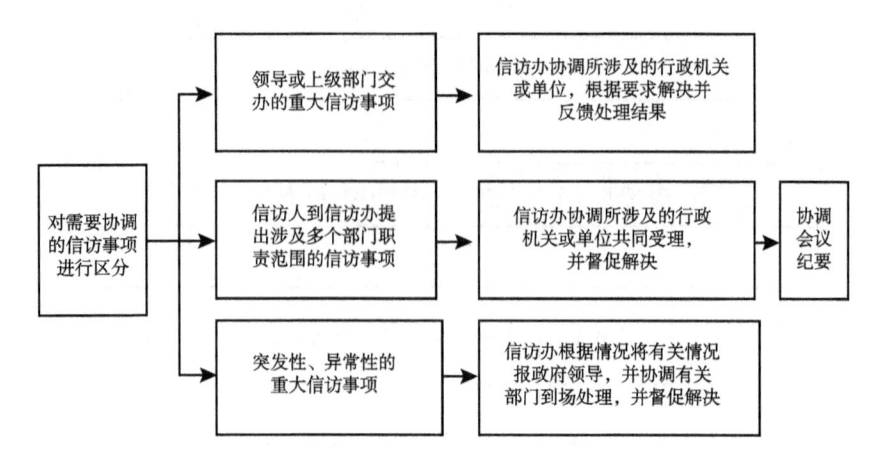

```
┌─────────────┐     ┌──────────────────┐     ┌──────────────────────┐
│             │ ──► │领导或上级部门交  │ ──► │信访办协调所涉及的行政机关│
│             │     │办的重大信访事项  │     │或单位，根据要求解决并│
│对需要协调   │     └──────────────────┘     │反馈处理结果          │
│的信访事项   │                              └──────────────────────┘
│进行区分     │     ┌──────────────────┐     ┌──────────────────────┐     ┌────┐
│             │ ──► │信访人到信访办提  │ ──► │信访办协调所涉及的行政│ ──► │协调│
│             │     │出涉及多个部门职  │     │机关或单位共同受理，  │     │会议│
│             │     │责范围的信访事项  │     │并督促解决            │     │纪要│
│             │     └──────────────────┘     └──────────────────────┘     └────┘
│             │     ┌──────────────────┐     ┌──────────────────────┐
│             │ ──► │突发性、异常性的  │ ──► │信访办根据情况将有关情况│
│             │     │重大信访事项      │     │报政府领导，并协调有关│
│             │     │                  │     │部门到场处理，并督促解决│
└─────────────┘     └──────────────────┘     └──────────────────────┘
```

图 3-7　信访办协调处理重要信访事项流程

事项是否受理存在争议，无法确定有权处理的行政机关；二是信访事项的办理需要多个部门配合、协调，共同做出处理意见的。除此之外，一些地方政府规章中规定了对重大、复杂、疑难的信访事项，可以举行听证。信访工作机构可以作为组织者和主持人，参与信访听证，协调处理信访事项。[①] 可以说，协调无时不在、无处不有，贯穿信访工作的始终。没有协调，信访就无从运作；没有协调，信访就没有成效；信访全靠协调来支撑。[②] 然而，信访部门"一般都是处于权力中心的秘书部门里面，行政级别上比政府职能部门低一级，没有权力对于职能部门之间的事项进行'协调'，因此很多时候需要地方政治精英人物来加以协调和平衡"[③]。

第三，信访处理后的信息反馈。在转送的信访事项处理后，信息的反馈主体具有不确定性。通常情况下，对于一般转送的信

---

① 朱应平：《行政信访若干问题研究》，上海人民出版社，2007，第65页。
② 潘克森：《试论信访协调的特性》，《江西社会科学》2000年第7期。
③ 叶笑云：《平衡视阈下的当代中国信访制度研究》，博士学位论文，复旦大学，2008，第138页。

访事项，由有权处理机关反馈信访人；对于交办的信访事项，由信访部门或上级职能部门反馈信访人。

（二）职能部门的代为办理

职能部门的代为办理，是指职能部门受有权处理机关的委托，成为信访事项的办理主体，代行有权处理机关的职权，对信访事项代为办理（也称承办）。代为办理是一种行政授权委托关系，职能部门受有权处理机关的委托，对有权处理机关负责。在代为办理的过程中，职能部门代行有权处理机关（本级政府或同口的上级职能部门）的受理、调查、听证、处理等工作职权，使其从"无权"处理信访事项转变为"有权"处理信访事项。需要指出的是，职能部门的代为办理信访事项，不能直接做出办理意见，而只能提出办理意见报请本级政府或上级职能部门，由有权处理机关做出办理意见。根据委托机关，即有权处理机关的不同，职能部门的代为办理可以分为以下两种情境：（1）本级政府授权有关职能部门代为查办。这种情况主要是政府受理范围内的信访案件的查办工作。一般情况下，职能部门授权办理的信访事项都是在信访部门代表本级政府受理案件后，信访部门会提出委托办理部门或机构的建议，由本级政府授权并委托对信访事项进行办理。（2）上级归口职能部门委托下级职能部门代为查办。这种情况在信访事项的复查和复核的办理过程中经常出现。

在代为办理的情境下，委托主体是有权处理机关，委托客体是办理机关。在这种情境下，可以发挥职能部门在政策、信息、知识、主管等方面的业务优势。但对信访事项的处理就会出现主体的不一致，增加了信息管理的难度。出现的三个主体为：有权处理机关（政府、上级职能部门）、受理机关（信访部门）、办理机构（受委托部门）。三个主体之间的信息流通与反馈，也影响着信访办理渠道的畅通。如果三者之间信息管理的主体不明确，就会出现办理主体的"三张皮",使群众在不同的主体之间跑来跑去。例如,信访人到受理机构,受理机构告诉他,已经受理了,可到办理部门向办案人员陈述具体问题;群众到办案部门,办案人员往往不听陈述,拒之门外;办理部门办完后,交给政府;群众再找办理部门,办理部门告知这是政府行为;群众找到政府(只能是信访部门),受理机关无法解释。由于职、权、责的分离,责任主体分散,中间环节人为增多,推诿、扯皮和误时误事屡屡发生。①

二 信访部门对信访事项的办理

从法理上看,各级政府信访部门是本级政府负责信访工作的行政内设机构,是一个综合协调部门,本身并没有类似于行政许可、行政处罚等具体的行政管理职权。从《信访条例》第21条规定看,政府信访工作机构在一般情况下对信访事项只行使程序性转交权,而没有实质性处理权。因而,各级政府信访工作机构在特殊情况下才能成为信访事项的办理主体。就对信访事项的办理方式而言,信访部门对信访事项的办理也有直接办理和代为办理两种形式。

(一) 信访部门直接办理

信访部门的直接办理,是指信访部门直接对信访事项做出办理的行为,不需要到其他部门办理。根据当前的国务院《信访条例》来看,信访部门能够直接办理的信访事项有两项:一是反映情况、建议、意见类的信访事项;二是对本级政府信访工作机构工作人员投诉的信访事项。

信访部门对"本级政府信访工作机构工作人员投诉"之外

---

① 邹守卫:《信访工作概论》,南方出版社,2007,第538页。

的投诉请求类信访事项都没有做出直接有效处理的权力。"信访工作什么都管,又什么都管不了;什么都不能不管,又什么也都可以不管;信访部门拾起来的是大棒,砸下去的是鸡毛掸子。"可见,信访工作的触角延伸到社会生活的各个领域,但就是不具备直接处理信访事项的权力。在现实中,"义马经验"赋予了信访部门直接查办的权力。2005年河南省义马市在原信访局的基础上,将与公民利益密切相关、涉访量较大的职能部门工作力量进行整合,组建了群众工作局,赋予其直接查办信访事项的权力。在理论中,不管是基于我国构建和谐社会的社会背景,还是基于人民内部矛盾凸显期的社会现实,都有人呼吁赋予信访部门一定的直接办理权。马斌主张,将政府信访机构与监察机构合并组成"信访监察部(局)",通过立法赋予一定的职权,专门受理涉及政府公共行政管理领域及国家公共事业运营机构的各类投诉和求决。[①] 旷烛主张建立完整的政府大司法行政构架,将各级信访机构同司法行政机构进行整体合并,在县市级、地市级也可将信访局、法制局、司法局以及综治、研究中心等机构大范围合并为"内政部"或"司法部",综合行使司法行政职能。[②] 邹守卫主张在党委设立群众工作委员会,在政府设立行政申诉局,实行两块牌子、一套人马合署办公。[③]

信访部门直接办理,使信访部门在信访救济中占据主导性与超脱性的地位、形成中立性和综合性的部门优势。这样有利于理顺受理与办理、答复与解释的关系,减少信访事项在不同机关之间的中转环节,不仅能提高行政效能,而且还能维护群众利益。

---

① 马斌:《组织创新、权力重组与转型期信访制度改革》,《中国地质大学学报》(社会科学版)2006年第6期。
② 旷烛:《从社会公共治理的瑕疵谈信访制度的改革》,http://www.cssm.org.cn/view.php?id=5727,最后访问日期:2014年9月5日。
③ 邹守卫:《信访工作概论》,南方出版社,2007,第581页。

但直接办理也有其弊端：（1）直接办理冲击了科层制。正如叶笑云博士所言，直接办理"违背了科层体制之内常规性的做法，代理人则要承受科层体系之内的压力，需具有强烈的群众观点和热情"①。（2）直接办理使信访部门也形成"二政府"的特征，也避免不了信息在政府机构之间的天然的不畅。在目前的形势下，信访部门的人、财、物也不具备足够的处理信访事项的业务信息。就"义马模式"而言，在"某种程度上意味着对当前科层体制的突破，即'群众工作局'作为一级机构来讲权力更大，有权监督其他部门。不过其主要是分担了一部分原来民政部门的工作，而不可能对重大的政府决策及其执行问题实现全面有效的监督和制衡；而且这种模式随之产生一些后续性问题，如当监督者自己直接接手职能部门的工作时，监督者工作出现问题又怎么办？即存在监督者如何受监督的问题"②。

（二）信访部门代为办理

国务院《信访条例》虽未直接授予信访部门直接处理案件的权力，但在一些情况下，信访部门可以代为办理。信访部门的代为办理（也称承办）是指，在办理过程中，信访部门代行上级或本级政府的受理、调查、听证、处理等工作职权，使其从"无权"处理信访事项转变为"有权"处理信访事项。从这种意义上说，代为查办是一种行政授权委托关系，信访部门受政府委托，对政府负责。信访部门代为办理的情境主要有以下三种。

（1）代为查办上级和本级人民政府交由处理的信访事项。《信访条例》第6条规定，信访部门不仅承担受理、交办、转送

---

① 叶笑云：《平衡视阈下的当代中国信访制度研究》，博士学位论文，复旦大学，2008，第138页。
② 叶笑云：《平衡视阈下的当代中国信访制度研究》，博士学位论文，复旦大学，2008，第206页。

信访事项以及督促检查信访事项的处理工作,而且负责承办上级和本级人民政府交由处理的信访事项。

(2) 其他工作部门请求政府信访工作机构牵头、协助共同办理的信访事项。这种情境虽然在国务院《信访条例》中没有明确提到,但许多地方关于信访工作的规章中都做出了这样的规定,它主要是针对先到职能部门申请受理的信访事项。

(3) 依照现行职能分工,没有明确的行政机关办理的信访事项。这种情境主要是针对到信访部门提出信访事项,但该事项涉及好几个部门的职能,则一般由信访部门牵头或代政府办理。

需要指出的是,信访部门办理信访事项,只能以本级政府的名义,通过协调处理等方式进行,不能直接做出办理意见,而只能提出办理意见,报请本级政府或领导决定后,交责任单位执行。[①] 在实践中,由于代为办理的权力有限或一些问题没有明确的政策规定,信访部门不可能及时对上访者做出解释,而只能逐级请示,等待上级部门的答复,对信访事项的及时处理造成延误。

此外,与委托信访部门的办理类似,政府有时还会委托政府办公厅或政府法制办等综合性的机构办理。由于《行政复议法》明确规定政府法制办公室代表本级政府具体办理行政复议事项,因而,对于可通过行政复议解决的信访事项,常委托法制办办理。

第三节 信访事项的救济

广义的信访救济包括信访事项的办理、复查和复核,狭义的

---

① 参见曹康泰、王学军《信访条例辅导读本》,中国法制出版社,2005,第225~227页。

信访救济仅指投诉请求的复查、复核。复查和复核都是信访人对有关行政机关做出的投诉请求处理意见不服而再次寻求救济的行为，不同的是复查是复核的法定前置程序。"办理—复查—复核"，构成了信访处理问题的三审终结机制。复查与复核在原则上也需要过受理与办理两个程序。

一 复查—复核的受理

根据《信访条例》第34条和第35条规定，复查与复核的受理主体分别是原办理行政机关的上一级行政机关、复查机关的上一级行政机关。具体而言有三种情况：（1）政府职能部门的上一级行政机关，可以是本级政府，也可以是上一级主管部门。因此，复查、复核的受理主体的确定，取决于信访人的选择。如对县交通局的办理意见不服，既可以向县政府申请复查，也可以向市交通局申请复查。但根据国法函〔2005〕253号的特别规定，对省直部门是办理或复查机关的，其上一级机关只能是省级政府，而不能选择向国家部委申请复核。如由省交通厅办做出办理或复查意见的，只能选择省政府进行救济，而不能申请交通部进行救济。（2）垂直管理部门的上一级行政机关，不包括同级政府，只是本系统内的上一级主管部门。（3）政府的上一级行政机关，只能是上一级政府。就当前实践看，由于多数的信访事项发生在基层政府，所以复查机关多为县级政府和市直部门，复核机关相对集中在市级政府和省直部门。

根据《信访条例》第34条和第35条规定，信访人向上级行政机关提出复查或复核请求，应当满足以下基本条件：一是信访人不服信访事项原办理机关或原复查机关的处理意见，且先申请复查后申请复核；二是有具体的复查请求或复核请求和事实依据；三是属于信访复查和复核的范围，并且无法通过行政复议、行政诉讼等其他法定途径得到救济；四是属于该接收申请机关的职权范围；五是在申请复查的期限的范围之内。

申请复查和复核的事项在受理后的信息分析与前文讲到的很类似。复查与复核受理与否，标志着信访事项能否从形式上实现"三级审查"。《信访条例》第34条和第35条规定，行政机关做出的"不予受理"的信访决定不属于"复查"和"复核"的范围。可见，若办理机关做出"不予受理"的意见，信访人就无法获得"复查"和"复核"的救济，把需要申请审查的信访事项排除在信访"复查"和"复核"渠道的入口外，使信访成为形式上的"一级审查救济"。在实践中，有些下级行政机关利用"不予受理"决定不接受信访复查和复核的漏洞推脱责任。据某地信访部门统计，在53件申请复核案件中，只有19件予以受理，也就是说"不予受理"的案件为34件，其中因任意抬高层级管辖等情况未予受理复核的33件。[①] 由此计算，复查和复核"不予受理"率达到64.2%。在现实中，行政机关有时利用法规的不健全，抬高审查事项管辖级别，随意做出"不予受理"的决定。如根据《信访条例》第14条规定，对非行政机关的公共组织的信访，需要向"有权处理的行政机关"提出，因而，对市直企业发生的信访事项，信访复核机关将是省级政府，省直企业发生的信访事项，信访复核机关将是国务院。

二 复查—复核的办理

复查与复核的受理机关，也是信访事项的办理机关（有权处理机关）。在复查与复核办理中，常见的信息管理难点在于：

---

① 邹守卫：《信访工作概论》，南方出版社，2007，第539页。

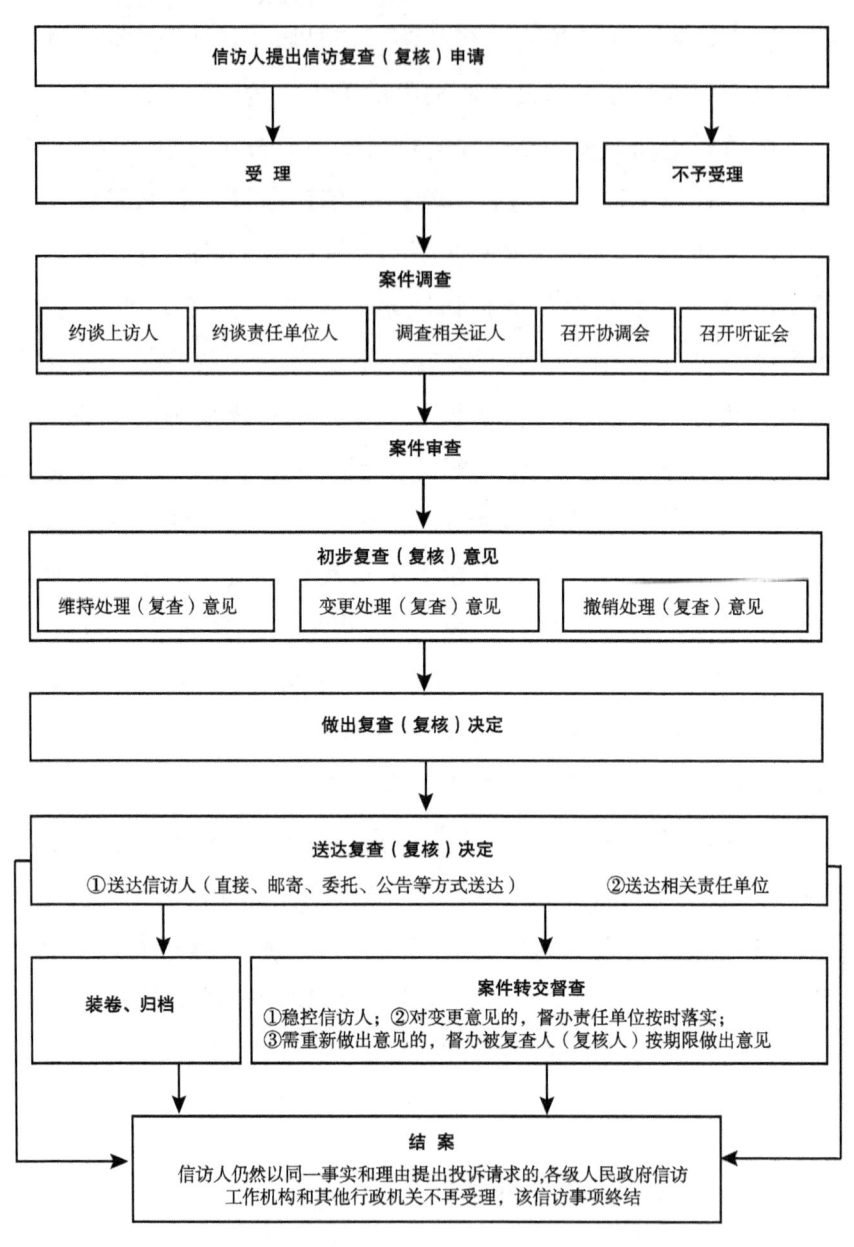

```
┌─────────────────────────────────────────────────────┐
│         信访人提出信访复查（复核）申请                    │
└─────────────────────────────────────────────────────┘
           ↓                              ↓
     ┌──────────┐                    ┌──────────┐
     │   受理    │                    │  不予受理  │
     └──────────┘                    └──────────┘
           ↓
┌─────────────────────────────────────────────────────┐
│                    案件调查                          │
│ ┌────────┐ ┌──────────┐ ┌──────────┐ ┌────────┐ ┌────────┐│
│ │约谈上访人│ │约谈责任单位人│ │调查相关证人│ │召开协调会│ │召开听证会││
│ └────────┘ └──────────┘ └──────────┘ └────────┘ └────────┘│
└─────────────────────────────────────────────────────┘
           ↓
┌─────────────────────────────────────────────────────┐
│                    案件审查                          │
└─────────────────────────────────────────────────────┘
           ↓
┌─────────────────────────────────────────────────────┐
│               初步复查（复核）意见                     │
│ ┌─────────────┐ ┌─────────────┐ ┌─────────────┐    │
│ │维持处理(复查)意见│ │变更处理(复查)意见│ │撤销处理(复查)意见│    │
│ └─────────────┘ └─────────────┘ └─────────────┘    │
└─────────────────────────────────────────────────────┘
           ↓
┌─────────────────────────────────────────────────────┐
│              做出复查（复核）决定                      │
└─────────────────────────────────────────────────────┘
           ↓
┌─────────────────────────────────────────────────────┐
│              送达复查（复核）决定                      │
│ ①送达信访人（直接、邮寄、委托、公告等方式送达） ②送达相关责任单位│
└─────────────────────────────────────────────────────┘
      ↓                              ↓
┌──────────┐      ┌───────────────────────────────┐
│ 装卷、归档 │      │          案件转交督查          │
└──────────┘      │ ①稳控信访人；②对变更意见的，督办责任单位按时落实；│
                  │ ③需重新做出意见的，督办被复查人（复核人）按期限做出意见│
                  └───────────────────────────────┘
      ↓                              ↓
┌─────────────────────────────────────────────────────┐
│                      结  案                          │
│ 信访人仍然以同一事实和理由提出投诉请求的，各级人民政府信访      │
│ 工作机构和其他行政机关不再受理，该信访事项终结              │
└─────────────────────────────────────────────────────┘
```

图 3-8　复查（复核）信访事项流程

（一）委托代理关系对信访信息处理的惯性

在复查机关或复核机关受理了信访事项后，一般情况会委托相关部门去承办，确定信访事项的办理机关。可见，委托关系的确定对于信访事项的复查与复核至关重要。

（1）办理主体的"惯性"，使信访事项处理的"三级审查"形式化。政府职责范围内的信访事项一般都采取交办的方式，委托承办的部门主要是原办理或原复查机关，这样使得审查实质上等同于一级。例如，信访人×××认为其行政关系一直未转移，仍应是行政机关工作人员，就此向A市交通局提出投诉请求，A市交通局受理后未予支持其请求并予以书面答复。信访人不服，向A市人民政府申请复查，市政府委托A市交通局复查。复查决定做出后，信访人向某省人民政府申请复核，省政府委托交通厅复核，该厅要求A市交通局提交汇报材料并据此做出复核意见。可见，该案中起点至终点均由A市交通局操作。[1]

（2）办理结果的"惯性"，使信访事项的处理"三级审查"表面化。如果改变原办理结果或审查结果，意味着"被投诉者"对自己即将或者已经实施的职务行为"纠错"或"否定"。在上级交办、督办的情况下，也意味着自身"政绩"的缺陷。因而，办理主体的惯性常常带来办理结果的惯性。据某地信访部门统计，政府职责范围内的复查案件均采取交办方式，复查维持信访办理意见的高达100%；受理的19件案件全部交由有关部门办理的复核，受委托部门进行调查核实的5件，主动或被动听取信访人陈述的6件，复核维持复查意见的16件，复核支持信访人请求的仅3件。[2] 由此可推算，在所有交由复核办理的信访案件中，维持原先信访办理意见的高达84.2%。但信访部门认为信访人诉求有理或部分有理的信访案件有16件，可见，投诉请求

---

[1] 邹守卫：《信访工作概论》，南方出版社，2007，第382页。
[2] 邹守卫：《信访工作概论》，南方出版社，2007，第539页。

合理的高达84.2%。这个结果，与周占顺据调查分析得出的结果很为相似，即"当前公民信访反映的问题，80%以上有道理或有实际困难应当解决的"①。

这样的复查与复核模式，使"三级审查"表面化与形式化，等同于"一级审查"模式。基于这些考虑，不同学者也提出了不同的改进对策。邹守卫提出，从长远来看，政府职责范围内的信访案件尤其是信访事项的复查、复核工作应当也只能由信访部门承办。对专业性较强的信访案件，信访部门可组织有关部门、社会团体、法律援助机构、相关专业人士共同参与。其具体运行可借鉴《行政复议法》的规定，在各级信访局设案件查办司（处、科、股），或由复查复核机构承担本级政府日常的信访案件查办业务。②蔡潇彬提出，解决目前信访困境的有效出路之一是独立的、自主的、完善的第三方纠纷调解机构的存在。③

（二）上下级之间的信息博弈

向上一级行政机关去告下一级行政机关，行政系统内部容易产生上下级之间的信息博弈，而且下级是有充分理由对抗上级的，上下级产生信息的不对称，导致上级缺乏充分信息去监督下级。

（1）下级政府（或部门）与上级政府（或部门）之间的信息博弈。在中国现行的政府体制下，上级机关控制着下级机关的资源。因而，下级机关对已出现的信访事项的处理或控制都会尽量把事情淡化或者隐瞒，给上级"此地太平"的印象以彰显政

---

① 周占顺：《认真贯彻"三个代表"重要思想努力开创新世纪信访工作新局面》，《人民信访》2001年第10期。
② 邹守卫：《信访工作概论》，南方出版社，2007，第383页。
③ 蔡潇彬：《社会组织建设与政府管理创新——关于如何突破信访困境的新思考》，《中国行政管理学会2010年会暨"政府管理创新"研讨会论文集》，北京，2010。

绩。因而，下级常常与上级开展信息博弈，发展起一套"汇报"技术和"接待"技术。对待上级的质询要善于汇报，既然不能有欺骗的硬伤，又要能最大限度地降低问题的严重性。对待上级下来的调查组，也要做好接待工作，使其尽量"大事化小，小事化了"。实际情况表明地方政府应对上级的措施往往是有效的，事情的最后结论往往会朝着有利于地方政府的方向发展。①《瞭望》新闻周刊的记者对下级部门的汇报做了尖锐的批评，"在一些地方，干部们谈问题是'金字塔'——一级一级往上缩小，而讲成绩却是'倒金字塔'——一级一级向上夸大"②。

（2）政府与职能部门之间的信息博弈。在政府"块管"的部门中，由于政府对部门没有一套有效的控制规则，再加上地方无力全额支付部门的财政拨款时允许部门有非预算财政收入，造成"弱政府、强部门"的格局。在"条管"部门中，上级部门往往强调本部门的权限和利益，所导致的部门之间争权推责现象使得"块管部门"在具体执法过程中更加无所适从，加大了地方政府协调关系和履行职能的难度。

事实上，上级部门和下级部门除了信息的博弈外，还有可能存在共同的"信息一体"现象。所谓信息一体，即上下级部门之间，出于共同的利益，保护内部信息的外溢，以一致的虚假信息回应来自社会的信息。产生这种现象的原因可能是：其一，由于中国人事制度和干部选拔制度存在的任人唯亲、"逆向淘汰"等不正之风的影响，上级领导有时也会主动地承担起下级部门或领导的"保护伞"。其二，在对待公民与社会时，上下级部门之间形成了一种官僚共同体，当上级部门的政绩会因下

---

① 李宏勃：《法制现代化进程中的人民信访》，清华大学出版社，2007，第199页。
② 转引自郝宇青《当前中国"体制性迟钝"原因剖析》，《探索与争鸣》2008年第3期。

级部门的作为受到影响时，上级部门也会主动承担下级部门的"保护伞"。

总之，"信访信息的传输功能是有缺陷的，接收端的功能比较突出，而处理信息、传送出信息的机制则显得薄弱"①。在未来的信访制度改革中，需要统一信访受理机构，明晰信访机构在处理信息各环节中的职责，限制信息处理的时间，充分发挥信访在建设社会主义和谐社会中的作用。

---

① 王亚南：《社会稳定机制中的信息流通——信访制度变迁的管理功能和民主功能分析》，《社会科学论坛》2006年第11期。

第四章 信访技术平台分析

诚如哈贝马斯所认为的那样,"未来社会的发展,不是依靠阶级斗争,而是依靠'科技进步的逻辑',依靠更加充分地和合理地利用尚未转化为现实的科学和技术的潜力"[①]。科学技术是第一生产力,近年来,电子通信及网络通信技术的日益发展与交叉,推动着现代社会的信息化,使信息化成为当今世界发展和经济社会变革的动力因素和发展趋势。信息化促使人类社会发生了日新月异的变化。这种变化不仅体现在日常的社会生活领域,也体现在复杂的政治生活领域。单就信访来看,信访信息化成为时代发展的必然要求,信访信息化建设成为电子政务发展的重要领域。党的十六届六中全会通过的《中共中央关于构建社会主义和谐社会若干重大问题的决定》便提出"建立全国信访信息系统,搭建多种形式的沟通平台";2005年新修订的国务院《信访条例》也提出了建设"全国信访信息系统"的目标。可见,利用现代信息技术畅通信访渠道已成为各级政府的重要职责。

---

① 〔德〕哈贝马斯:《作为意识形态的技术与科学》,李黎、郭官义译,学林出版社,1999,中译本序第8页。

第一节　信访信息接收平台

随着信息化发展，公众运用信息技术与政府沟通成了时代的必然。当信访搭上科技之"快车"，群众可以通过电话、传真、电子邮件等形式[①]超越时空的界限，实现信访的"虚拟上访"，使群众的声音原汁原味地传送给政府，达到便捷和低成本的"首尾衔接"式的沟通。从管理学的角度看，信访信息化可以节约信访人的信访成本，方便快捷地反映问题；从政治学的角度看，信访信息化不仅拓展了群众与政府的沟通渠道，也让政府更有亲和力；从社会学的角度讲，信访信息化体现了一种互动的平等关系，拉近了干部与群众平等交流的距离。

然而，先进技术的运用，需要搭建技术运用的平台。否则，皮之不存，毛将焉附？群众"虚拟上访"，"要求政府管理中全面开放公共事务的治理边界，政府以对话、商谈、合作的方式，以真诚、正确、合理的态度建立与非政府组织和公民社会的合作伙伴关系"[②]，要求政府搭建信息接收平台来承载。从信息沟通依赖的媒介技术来看，信访系统的信息接收平台应该构建电子通信平台和网络通信平台。

一　电子通信接收平台

如同控制论专家维纳所说的，"通讯是使社会结构黏合在一起的混凝土"[③]。电子通信平台主要是基于公用电话网（PSTN）

[①] 国务院《信访条例》第 2 条规定了书信、电子邮件、传真、电话、走访等五种信访形式。
[②] 迟福林：《谈以政府转型为重点的结构性改革》，http：//www.sss.net.cn/ckzl/ck1718more.htm。
[③] 〔美〕诺伯特·维纳：《维纳著作选》，钟制译，上海译文出版社，1978，第 13 页。

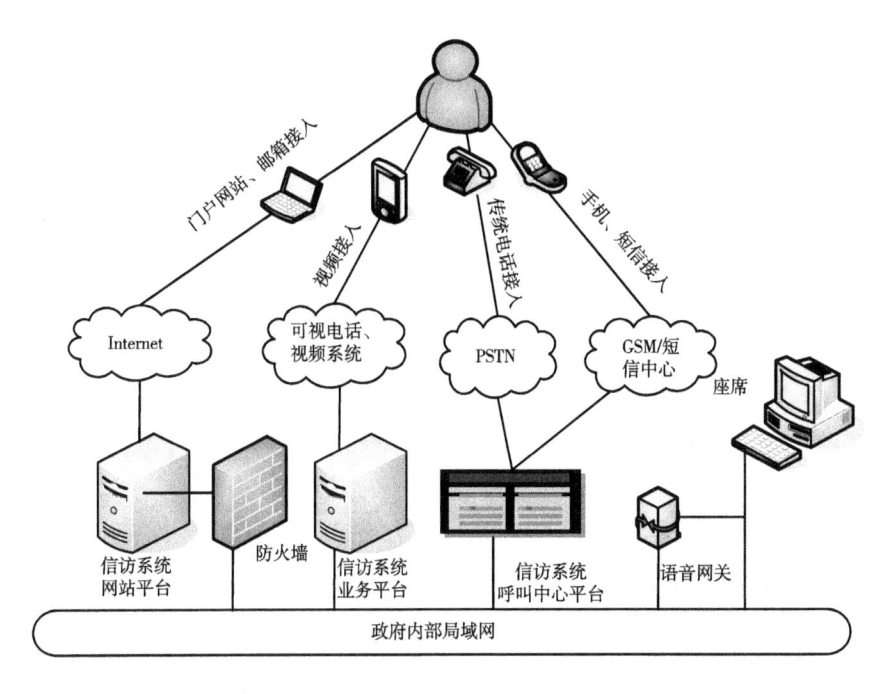

图 4-1 信访信息接收平台示意图

和全球移动通信系统（GSM）等通信技术，通过电话、短信、传真方式的呼叫与视频系统来实现的对信访信息的接入和转换的人机互动平台。它利用现代各种电子通信技术和软件系统，实现了信访事项受理的高效自助与人工的有机结合，为公众提供一整套简易、便捷的现代化电子信访平台，为政府提供一整套全面、高效的现代化电子办公平台。

（一）电子通信平台的输入设备

电子通信平台主要是接收通过电话、电话传真、短信、可视电话等虚拟上访，拓宽受理渠道，满足不同阶层、群体的需要。

（1）传统电话。电话是通过声能与电能的相互转化从而实现双向传输话音的设备。当人对着电话机讲话时，声带的不同幅度振动激励空气振动形成不同的声波，声波作用在电话机上使之产生语音电流，语音电流沿着电话线传送到对方电话机后随即又转换成声波，再通过空气传送到人的耳朵里，这样就完成了电话的通话过程。1900年，中国第一部市内电话在南京问世，但直到20世纪80年代中期以后，中国政府加快了基础电信设施的建设，电话的使用才得到迅速的发展。早在1995年的国务院《信访条例》中便把电话列为信访渠道，使信访在传统书信、走访的基础上增添了新的内容。1983年9月18日，我国第一部市长热线电话在沈阳诞生，此后热线电话在全国各地蓬勃发展。

（2）电话传真。传真技术是近年来发展迅速的非话电信业务。其工作原理是：利用光电扫描技术将记录在纸面上的文字、图表等静止图像，转变成电信号，并通过传统的电话线进行传送，接收机通过一系列逆变换，就会收到原发送文件的复印件。因此，传真信访相当于用电子信件借助于电话而实现的邮递。

（3）短信。短信是用户通过手机或其他电信终端直接发送或接收的文字或数字信息，它是伴随数字移动通信系统而产生的一种电信业务。自从有短信以来，短信平台软件也在不知不觉中闯入了人们的生活。短信平台是基于中国移动、联通、电信、网通而直接提供的短信接口实现与客户指定号码进行短信批量发送和自定义发送的目的。早在2003年9月浙江省嘉兴市便研发出全国市长电话第一个短信平台系统用于接收信访短信。

（4）可视电话。可视电话是一种利用电话线路将图像和语音实现双向实时传输的多媒体通信业务。简单地说就是在通话过程中，不仅能让通话双方相互听到对方的声音，还能让通话双方相互看到对方动态视频画面。随着可视电话在各个远程领域的迅速发展，可视电话也逐步应用到信访工作中。2008年9月，贵州省毕节地区最先使用集视频通信、音频通信、数据通信于一体的新的交互式多媒体通信的"可视通"系统进行可视电话信访。借助可视电话这种多媒体通信业务，实行"三级视频接访"，使地、县、乡三级党政干部能够跨越时空,在同一时间、不同地点、远程同步开展信访工作,实时地近乎面对面地接待来访群众,很大程度上方便了广大群众的信访需求,同时也极大地节约了信访行政成本和来访群众的信访成本。

电子通信平台要发挥作用的基本条件是其输入技术在社会的普及程度。根据工信部统计,截止到 2011 年 11 月底,全国电话用户累计达到 12.6 亿户,电话普及率为 94.2 部/百人。移动电话用户达到 9.75 亿户,普及率为 72.8 部/百人,其中 3G 移动电话用户达到 1.19 亿户,TD 用户达到 4800 万户,占 3G 用户比例 40.4%。① 可见,以电话为首的通信技术,在现代社会基本实现了妇孺皆知,童叟皆用。但技术只能降低信访成本,并不能带来人们对信访观念的改变。从某种意义上讲,电子通信技术渠道下的信访可能产生向高层级信访部门拥挤的现象。一般而言,越向高层级的政府反映问题,路程越远,成本越大。因而,在传统的信访路径下,信访人可能选择能够解决问题、路程相对较近、成本相对较低的政府层级上访。在电子通信技术的路径下,信访人不需要跋涉现实中的路程,导致信访路程远近不再影响信访成本。按照群众的习惯性思维,他们都喜欢找级别高的部门和级别高的领导反映问题,而不论事情的大小和管理的层级。因而,在信访路程远近对信访成本没有影响的条件下,信访人基于习惯性思维,一窝蜂地向高层级的政府进行信访,便可能出现"高层级部门门庭若市,低层级部门门可罗雀"的现象。如此一来势必导致高层级政府信访的拥挤。高层级信访的拥挤要求信访部门有效率地处理事项。如果高层级政府缺少解决问题的人力与财

---

① 《通信业继续保持健康平稳发展》,http://jcj.miit.gov.cn/n11293472/n11293877/n14395765/n14395861/n14396152/14400045.html,最后访问日期:2014 年 9 月 5 日。

力，信访事项估计还会转向下一级，不仅使信访问题再回到原点，而且加大高层级政府的工作量。

（二）电子通信平台的系统流程

任何平台，都需要软件系统的支持来发挥其功能。电子通信平台也需要借助呼叫系统软件和视频系统软件与自动化技术的结合，通过信息接收、信息处理、信息查询、身份验证等技术来实现电子化信访工作。

（1）身份验证。身处信息社会，要树立极高的信息安全防范意识。电子信访平台提供简单的上访人身份验证。电话热线平台在接收信访事项的过程中，进入信访事项投诉前，设置信访人身份验证流程，以保证信访事项的真实性和后续查询信访信息的身份验证的便捷性。由于缺乏签名、举证，以电话为首的信访的真实性难以保证。据某市统计，2005年共接到无效或骚扰电话19286件，占全年受话量的33.9%。[1]

（2）信息接收。群众通过电子信访虚拟路径上访时，电子信访平台能自动接收不同的上访形式，自动接收电子传真、短信信访，与上访群众进行近乎面对面的可视电话信访，人工接听电话，甚至是计算机自助接听电话，真正做到了全天候值班。随着信息技术的不断发展，热线电话由单一的人工接听发展到计算机自动接听、人工座席接听相互结合的两种形式。上访群众拨通热线电话后可根据自身需要选择人工接听或者自助服务（计算机接听）。

（3）信息处理。电子信访平台接收到信访信息后，传真的信息文件以纸质方式处理解决；短信的信息文件可以直接借助短信平台的自动保存功能将信访信息保存在计算机中；电话热线的

---

[1] 邹守卫：《信访工作概论》，南方出版社，2007，第427页。

信访平台，支持多种语言，可识别不同的接入号码来对应不同的流程，亦可根据作息时间自动进入不同的处理流程，通过计算机自动录音、录像等功能，将整个信访过程记录下来。

（4）信息查询。信访平台支持信访信息的各类信息查询，信访人可通过向短信平台发送信息，或者发送传真文件，也可通过电话热线自助查询信息。电话热线平台可自动导航引导信访人选择不同的电话按键号码选择投诉查询、民意调查、自助查询等不同的查询信息。

近年来，随着现代化技术的不断发展，电话热线信访平台得到了迅速、广泛的应用，越来越多的信访人选择使用电话热线进行上访。但是电子通信平台所借助的系统也需要进一步升级。目前国内信访呼叫中心主要采用的是电话或者手机接入座席或者应答台，建立起交互式的语音应答（IVR）系统。随着各种计算机、网络技术的发展，需要搭建基于互联网的新型呼叫中心。新型呼叫中心将原呼叫中心与互联网集成一体，采用标准化的软件和硬件平台，使其构建成一个纯粹的数据网络。信访群众可以从Web站点直接进入呼叫中心，实现与对方通话，使语音和数据同步，从而也使信访信息得到有效和完整的管理，同时省去了信访群众电话沟通的成本。此外，电话热线平台的运用也有其局限性，技术的升级也难以改变其固有的缺陷。如有些信访事项的提出不宜通过热线电话，特别是受理与群众生活密切相关的问题；来电事项不需要烦琐的答复程序，一般可在很短的时间内完成；电话沟通仍需要一定成本，且不如面对面谈话或写信那样，可以从容、细致、深入地反映问题。

（三）电子通信平台的管理体制

"人类的社会文化发展模式，从一开始就是由两个因素决定的：一个因素是（人类）对（自身）生存的外部条件的日益增长的技术的支配权;另一个因素是制度框架对目的理性活动的扩大了的系统的不同程度的被动适应。"① 可见,技术支配权的实现,还需要制度框架的配合。信访的电子通信平台要发挥其作用,对社会公布承载电信业务的电话号码、传真号码、短信接收号码只是一个基本条件,对"号码群"的管理体制影响着信访通信平台的利用。

就我国热线电话的管理体制来看,热线电话主要有综合性热线电话和专业性热线电话。综合性热线电话指政府开通的行政首长热(专)线、政务公开电话等向社会公布的专用电话号码。专业性热线电话主要指政府有关部门或公共企事业单位为完善社会管理、提供公共服务设立的热线电话。就当前信访的领域来看,最主要的专业性热线是投诉举报热线。有两方面的因素束缚了电子通信信访平台作用的发挥。(1) 综合性热线电话工作机构的主管部门不统一。为方便群众与政府沟通,满足各地政府开办热线电话的需要,1999年6月,信息产业部下发了《关于启用全国统一的政府热线电话号码"12345"的通知》,全国统一使用特别服务号码"12345"作为为民服务专线,日夜聆听和受理群众来电。就目前来看,热线电话的主管部门主要有两种模式:一是设在信访局(室),二是设在政府办公厅(室)。由于缺乏统一部门的管理与指导,热线电话工作在部门管理、机构规格、名称、做法等方面各不相同。(2) 综合性政府热线受话量过大,专业性电话各自为政,难以发挥热线电话的整体效能。我国政府、部门及公有企事业单位公开电话种类繁多,投诉举报热线有的是全国统一开通的热线,有的是各省市开通的热线,各个

---

① 〔德〕哈贝马斯:《作为意识形态的技术与科学》,李黎、郭官义译,学林出版社,1999年,第73页。

热线之间分散且不易记忆。综合性政府热线与专业性热线相比受话量过大，难以有效解决群众反映的问题，即难以有效地对信息进行处理。

表4-1　全国统一投诉举报热线

12309	全国统一举报官员犯罪电话（高检）	12315	消费投诉举报热线	12365	防伪查询中心
12388	中纪委举报热线	12369	全国环保举报热线	12318	文化市场举报电话
12380	组织部门专用	12348	法律援助咨询专线	12320	全国公共卫生公益热线
12345	政府求助服务热线	12355	青少年维权与心理咨询公益服务专线	12321	网络不良与垃圾信息举报电话
12336	全国统一土地违法举报热线	12351	职工维权专线	12333	人力资源和社会保障服务电话
12377	举报互联网违法和不良信息	12338	妇女维权公益服务热线	12312	商务举报热线
12390	全国统一的反盗版举报投诉电话	12358	价格举报热线	12331	食品药品监督投诉举报电话

因而，从管理的对策来看，应当：（1）统一热线电话的工作机构，由信访部门管理。目前，北京、杭州、广州、哈尔滨、合肥、乌鲁木齐、南宁等地都由信访部门管理。（2）热线电话一体化。一体化的热线电话能够统一管理，改变政府综合性热线一头独大的局面。可在全国建立一个权威性的和全民皆知的电话服务中心热线，借鉴移动电话服务热线模式，由专业人员作为话务员接听群众上访电话。2004年，北京市朝阳区政府整合了政府各部门热线、值班电话，建立热线呼叫中心（短信号码

96105），接收普通电话、电子邮件（96105@bjchy.gov.cn）、互联网点击通（http：//www.bjchy.gov.cn）、传真（96105）等多种形式的呼叫。2010年南京整合80余个公共服务电话开通政府呼叫热线"（025）12345"。(3) 热线电话的网络化。网络化的热线电话能够把电话分流，形成各网络单位相互配合的局面。如北京市朝阳区热线中心统一号码——12345，允许信息产业部批准使用的热线电话号码在网络中并存。随着北京市便民服务（非紧急）网络的规划建设，便民电话中心将利用PSTN网络和政务专网建设统一号码、统一软件平台、分布式呼叫中心。

二　网络通信接收平台

因特网的出现，使生活在不同地方的人们形成了"共同的现象世界"（shared phenomenal world）；空间上的障碍已经瓦解，世界形成了单一的"场"。[①] 借助于因特网，出现了"时空压缩"的现象。网络通信平台是基于互联网、运用电子邮件系统和视频系统等实现对信访信息的接入和转换的人机互动平台。它利用现代各种网络通信技术和信息系统，实现了信访事项受理的高效自助与人工的有机结合，为公众提供一整套简易、便捷的现代化网络通信信访平台，为政府提供一整套全面、高效的现代化电子办公平台。

（一）网络通信平台的输入设备

"网络空间既改变了人们以往接收、处理和发送信息的方式，也改变了信息本身的产生和存在方式；既拓展了人们交往的空间，也重新调整了人与人、人与社会乃至人与自然的关系。网络空间的出现，使人类的时空概念出现了根本性的改变，对人及

---

① David Harvey, *The Condition of Postmodernity* (Oxford: Blackwell, 1990), p.161.

其所生存的环境都产生了巨大的冲击和影响。"① 网络正在构建一个不同于传统物理空间的"赛博空间",也在构建一个不同于物理路径的信访虚拟路径。网络通信信访路径主要是通过电子邮件、信访系统、网上视频等现代化的信息输入设备,为公众提供一整套方便、全面、高效的现代化信访路径。

(1) 电子邮件。随着网络成为人们日常生活的一部分,各地纷纷开通省长信箱、书记信箱等为群众通过电子邮件上访提供载体,网上受理群众通过电子邮件反映的问题。早在2003年青岛市便开通了"局长信箱"和"民意信箱";云南德宏设立了网上"书记州长信箱";杭州市设立了"12345"市长信箱;2004年,银川市设立了网上"市民信箱"。本着与时俱进的理念,2005年《信访条例》将"电子邮件"明确列为公民信访"各种途径和形式"中的一种。

(2) 网上信访系统。也称网上信访,公民用自己真实的信息注册后,以用户名、密码登录党政机关开通的网上投诉受理系统,表达诉求或查询办理情况。吉林省信访局于2005年3月开通了"在线信访",开通了网上投诉受理业务。2009年起国家信访局内设国家投诉受理办公室受理"电子邮件"渠道的"网上投诉",但专题受理"三农"方面的投诉。2010年1月1日起增加受理社会保障方面的投诉。2012年4月1日起,增加受理城乡建设方面的投诉,同时开通受理以上三方面的建议。2013年7月1日起,国家投诉受理办公室全面放开受理内容。我国各个地方政府的"网上信访"系统不断发展起来。

(3) 网上视频。视频信访系统兼容IP或专线方式网络部署,采用高效的视音频编解码处理技术,实现远程网络视音频图像传

---

① 刘文富:《网络政治——网络社会与国家治理》,商务印书馆,2002,第4页。

输应用功能，跨越空间距离实现"面对面"即时互动交流。上访群众只需到当地基层单位就能通过视音频与上级单位领导实现交流，反映诉求。政府配备摄像头、麦克风、音箱等硬件设施，连接互联网，与信访者进行即时通信。2004年4月起，杭州市每月推出一次"网上接待室"活动，围绕市民关注的问题邀请有关部门"一把手"与网友、嘉宾直接进行网上沟通并现场直播，得到网民的积极响应。2007年西安市临潼区建立全国首家视频信访信息平台。2011年江西省开通"信访视频系统"，致力于创建省、市、县、乡四级同步视频会商接访新模式，信访群众与省直厅局领导和市、县领导通过视频面对面地交流，上下联动，将大量矛盾化解在基层。2011年，武汉市江汉区检察院采用"QQ在线"远程视频接访，群众只要进入该院门户网站后，点击"QQ在线"，便能与接访人员发起视频对话。2011年广东省的网上信访大厅的视频信访是国内首个基于互联网的视频信访系统。对信访者不限信访地点，只要有宽带上网及麦克风、摄像头等，即可进行视频信访。

（4）BBS。BBS是英文Bulletin Board System或Bulletin Board Service的简称，意为电子公告板或公告板服务。它是借助Internet而实现的一种即时且内容丰富的电子信息服务系统。用户不仅可以在BBS站点提供的公共电子白板上书写信息，发表看法或发布信息，获取各种信息服务，而且可以进行讨论、聊天，实现即时交互。2004年北京市信访网站便有《人民建议征集》《信访动态》《信访回音》《领导信访接待日》《便民电话反馈》等重点栏目。2005年1月，上海市松江区政府在网上设立了《公共论坛》《区长信箱》《政风行风评议》《民意调查》《在线咨询》等众多栏目，方便市民提出问题。2006年，海南省澄迈县在政府网站上设立了一个"县长信访"栏目，有关信访的事项即可往这个栏目发帖。

网络信访为群众上访提供了新的渠道，为政府的信访工作机构提供了便利的工作方式。然而，网络通信接收平台作用的发挥，受三个社会条件的限制。

一是对网络的使用程度，这是网络信访的硬件。网络信访的前提条件是网络进入千家万户并会使用网络。"十一五"期间，我国的互联网用户和宽带接入用户已跃居世界第一。据工信部统计，2013年1~7月，基础电信企业互联网宽带接入用户达到1.83亿户，农村宽带接入用户达到4576.6万户，光纤入户工作稳步推进，FTTH/0用户达到3159.5万户。[①] 互联网的快速发展，使信息化的高速公路早已接通了千家万户。但网络的运用与人民群众的生活条件、文化素质、个人偏好有着很大的关系。生活条件较好、文化素质较高的人民群众，网络信访的可能性较大；生活条件较为落后、文化素质较低的人民群众，网络信访的现实条件则不存在。在广大的农村地区，不少村民的文化素质不高，很难享受到互联网所带来的便利，就算能接触到，大部分也不会使用。此外，从2009年1月《人民日报》与人民网联合推出的网络调查（见图4-2），也可以看出公民对网络的偏好及使用程度。

二是对网络信访的信任程度，这是网络信访的软件。网络信访，信访者见不到领导本人，与他们面对面的只是虚拟的计算机屏幕，如果信访者对网络的信任度与满意度不高，则可能对网络信访产生疑虑。《中国青年报》社会调查中心2009年10月进行的一项调查发现，40%的网民从未访问过政府网站，42%的人

---

① 工信部：《我国互联网宽带接入用户达1.83亿户》，http://news.ccidnet.com/art/1032/20130821/5135709_1.html，最后访问日期：2014年9月5日。

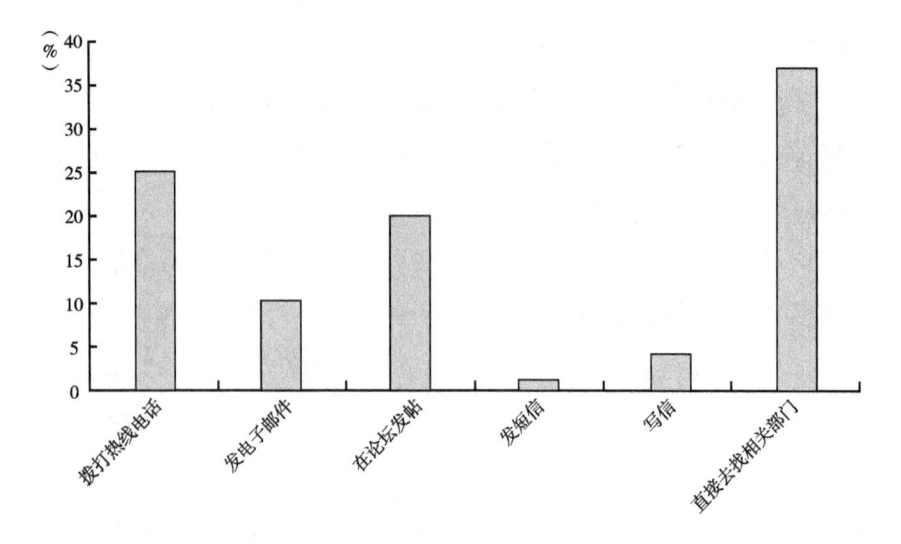

图 4-2　您更喜欢哪种社情民意沟通方式

资料来源：《社情民意通道"通不通"？68.7%网友表示"不知道"》http：//politics.people.com.cn/GB/1026/8620639.html，最后访问日期：2014 年 9 月 5 日。

"偶尔访问"，两项合计为 82%。而民众对本地政府网站的印象如何呢？调查结果是：47.9% 的人表示"没什么印象"。另据中国社会科学院信息化研究中心汪向东研究员的调查，64% 的受访者对政府的电子政务不满。显然，"人气"不足的政府网站难以承担、更难以推进"网络信访"。[①] 在 2009 年 1 月《人民日报》与人民网联合推出的网络调查中，"超过一半的网友表示政府民情通道的电话很难打通，邮件发出也石沉大海"[②]，这样怎能不叫人去怀疑网络信访的可靠性呢？

三是信访观念的变化，这会影响网络信访作用的发挥。当群众认可了网络信访后，由于网络信访本身的成本优势和信访人喜

---

① 《七成上访者向政府网站投诉过》，http：//news.xinhuanet.com/newmedia/2012-01/11/c_122570681.htm，最后访问日期：2014 年 9 月 5 日。
② 《社情民意通道"通不通"？68.7% 网友表示"不知道"》http：//politics.people.com.cn/GB/1026/8620639.html，最后访问日期：2014 年 9 月 5 日。

欢找级别高的部门和级别高的领导反映问题的思维惯性，网络信访可能带来信访向高层级信访部门拥挤的现象。这样势必导致高层级政府信访的拥挤。高层级政府缺少解决问题的人力与财力，信访事项很可能还会转向地方，使信访问题再回到原点，加大高层级政府的工作量。此外，由于网络的虚拟性和隐蔽性，为在网络上进行造谣、诽谤提供了空间，这不仅会干扰正常信访工作的开展，同时也会蒙蔽不明真相的网友和群众，对社会的稳定产生一定的威胁。

（二）网络通信平台的系统流程

为方便信访人在网上提出信访事项，政府应当预设好承载电子邮件的电子信箱、网络信访的信访门户网。为方便信访人，电子信箱、网上信访等常常内设于信访门户网中。在我国的政府管理实践中，信访门户网，也称为信访外网，主要包括各级信访局网站。主要功能有三：一是信访工作的宣传窗口，包括发布信访新闻和法律法规等；二是信访工作的服务窗口，包括接收信访事项（提出意见、建议）、告知与答复信访事项、提供信访互动服务、查询信访处理结果等；三是收集民情的信息窗口，这是采集信访信息的数据平台，为政府决策提供数据库。通过电子邮件、网上信访系统、BBS、网络传真等途径的信访信息输入都要借助信访门户网实现。网络通信平台通过身份验证、信息接收与处理、信息查询与反馈、信息安全等流程，使信访工作全部流程实现信息化、网络化、标准化管理，提高政府部门处理效率，提升政府部门及机构的社会形象。

（1）身份验证。如同现实生活中，我们需要公民身份证来证明自身的身份一样，面对虚拟的网络，我们更需要保证个人信息的真实性。因而，如果通过网络信息系统、BBS、网络视频、网络传真等方式进行信访时，信访者首先需要在网络平台上根据网络协议要求注册自己的真实身份信息，通过用户名、密码验证正确后才能成功登录网络平台。这种简单的身份认证是网络化信访最基本的信息安全。

（2）信息接收与处理。通过网络平台进行上访后，电子邮件、BBS、网络传真的信访信息通过网络自动存储功能保存下来，提供电子化信访信息文件。进行网上信息系统信访时，上访者登录成功后随即跳转进入信访界面，上访者根据系统要求填写信访标题、内容、时间、电话、邮箱等信息，提交后，系统可自动生成一个受理号，该号供上访者查询信访处理进展及结果。而基于网络视频平台的信访，上访人与受理人可以直接进行视频交流，平台自动保存全部视频录像资料，任何人都无法更改。同时上访人也可上传视频、音像等信访证据。

（3）信息查询与反馈。网络信访平台支持各种信访信息的查询，可通过电子邮件、网络传真、BBS发帖查询信访信息、信访事项处理情况等，也可以通过登录网络信息系统查询信访情况，上访者可通过信访提交后系统自动生成的受理号查询到相应信访单的受理情况，如信访处理完成，上访者即可对该单的处理结果进行评价和反馈。网络信访平台的系统管理员会审核并将保密内容屏蔽处理后的信访记录发布在网络平台首页，选择不同条目即可看到该信访单的信访情况、受理机构、处理情况及信访人是否满意的反馈情况。

然而，网络通信平台的功能流程是需要不断升级与更新的。其一，系统前台界面的升级。复杂的网络环境，对于网络信访跨网络、跨机构、跨系统的网络信访有着更高的技术要求，国家、省、市、县四级机构不同的业务流程，需要不断完善信访业务编码标准、信访信息数据标准、信息交换标准，并与中国电信等运营公司进行技术整合，完善网络通信平台的语音查询、短信查询、视频等的功能发挥，使信访信息更好地流通，扩大网络信访信息系统的使用边界，未来才能实现全国统一的信访信息系统。其二，系统后台数据库的更新。信访工作中，信访信息的保存与管理是至关重要的。建立一个统一的信访信息数据库，实现各种数据类型的信访信息的统一集中管理，需要将所有的信访材料转换为统一的数据存储格式保存在数据库中，任何人都无法更改，实现信息资源共享，以便有关部门随时下载查看。将文本、图像、音频、视频等各种类型信访信息数据进行分类、组织、编码、输入、存储，同时提供一个服务集合来对信息进行整合、检索、维护、查询等是目前信访信息系统后台数据库的愿景。

广州市海珠区于2012年9月开通"信访易"拓展网上信访新渠道。"信访易"集信件传输、视频接访、信访件查询、信访指南和案例选登等功能为一体，通过普通话、粤语的双语音提示，导航进入服务功能区。群众通过轻点按钮选择，就可直接与接访人员视频通话，直接将信访材料传输到受理终端，查询办理情况并打印答复意见，操作简便、智能高效。"信访易"的开通，使一些不具备上网条件的外来务工人员和不懂得上网操作的老年人也能轻松实现网上信访，进一步拓展了网上信访的使用群体和应用空间，打造了网上信访的"无障碍"通道。"信访易"通过网络的"键对键"，减少走访的"面对面"，自系统开通以来，全区来访量同比下降了43%。[①]

（三）网络通信平台的管理体制

信访的网络通信平台要发挥作用，对社会公布承载电子邮件的电子信箱、网上信访的系统、网络接访的软件等是其基本条件。

（1）电子信箱的管理。现在许多省市都公布了电子信箱，

---

① 《真情构建便民网，满意当做丈尺量》，《人民信访》2013年第9期。

但这些电子信箱分散，也不便于查找。此外，国家信访局没有公布电子信箱。无论是进入国家信访局网站，或注册后登录该局内设的国家投诉受理办公室的网页界面，或用百度、谷歌等引擎搜索，均未查到国家信访局的电子信箱。电子信箱具有容量较大、操作方便、自动存档等优点，即使"网上投诉"能受理投诉，也不能取消用电子信箱进行投诉的渠道。这并不是"鱼与熊掌不可兼得"的逻辑。此外，面对大量的电子信箱，为保证信访信息的管理，一方面需要对电子信箱实行一体化与网络化的管理，另一方面要采用专业的电子邮件管理程序进行管理，如ezMAIL（专业电子邮局系统）。

（2）国家投诉受理办公室的"网上投诉"管理。国家投诉受理中心网站（http：//ts.gjxfj.gov.cn/login-pre.pfv?jgsd=）内设于国家信访局网站，是受理公民诉求的重要渠道。从2013年7月1日起，国家投诉受理办公室全面放开受理内容。定制全国各级投诉受理中心网站的统一投诉网页，使用投诉受理中心网站的统一标识，树立了各级投诉受理中心的统一形象，强化了各级投诉受理中心的责任。投诉受理中心主要是在国家和省级两级运行。国家投诉受理中心及各省级投诉受理中心的信息数据全部提交到全国信访数据中心外网数据库进行统一处理，然后从国家逐级向下级转移。从网络投诉的角度而言，基层信访局主要是受理上级转下来的"网络信访"。在信息化潮流下，上级向下转送的过程对信息的分流与辨认显得更为重要。

（3）政府网站的管理。信访系统网站平台作为前台接件系统部署在外网上。我国政府网站的建设启动于1996年，首家政府网站是海南省政府网站。《中国电子政务蓝皮书（2010）》统计，到2010年年底，全国已开通的政府门户网站已达4.5万多个，中央部委网站普及率达到97.4%，全国省级政府网站拥有率达到了100%,地市级网站普及率达到99.1%。但96.8%网友认为政府社情民意通道不畅通。[①] 这说明,以政府网站为主的网络社情民意渠道不畅或在一定程度上形同虚设。我国政府网站大部分处于技术导向型,而没有步入内容导向型和服务导向型。因而,一方面,应采用先进的管理技术程序加强对政府网站的管理,如ezSITE(大型站点管理系统);另一方面应当大力精简政府网站,进行资源整合。省级以下地方政府只设一个官方网站,部门不另设,乡镇、街道或社区的官方网站全部关闭,把人力、技术、财力以及领导的重视度统筹起来,集中精力办好一个网站。

总之,电子通信平台和网络通信平台建设的完善,大大降低了公众的信访成本,使政府能及时准确地与群众进行信息的异步传输与交互沟通,为民情的畅通提供了一条便捷的渠道。但如何将电子通信平台和网络通信平台整合起来,提供统一的信访信息接收平台和反馈平台,还有很长的路要走。2011年9月,广东开通网上信访大厅(www.gdwsxf.gov.cn),集网上信访、手机信访、电话信访于一体,设有网上信访投诉室、领导网上接访室、手机信访服务室、电话信访服务室、政策法规咨询室和公众服务室。上访群众不仅可以提交文字材料,还可以与省领导网络视频连线,面对面直接反映问题。

第二节　信访信息处理平台

如同迈克尔·尼尔森所言,"我们可以预见计算机技术和信息交流技术的发展将极大地影响政府的结构和职能。信息技术和

[①]《调查:96.8%网友认为政府社情民意通道"不畅通"》,http://www.chinanews.com/gn/news/2009/01-05/1513627.shtml,最后访问日期:2014年9月5日。

网络经济的发展将深刻地改变公众的期望和政府的工作方式"①。当信访拜上科技之良赐,政府可以运用技术手段收集、存储、处理和使用各类资料,实现信访的"虚拟处理"。信息处理技术的优化和升级将是信访信息化的必经之路。信访信息化的建设,要求建立计算机网络和信息高速公路,使电视、电话、计算机连为一体。信访信息技术的运用,要求政府在信访信息的处理中,依赖电子政务内网、专网和计算机技术等,综合运用信访呼叫系统、信访视频系统、网上信访系统,实现信访信息个案处理与综合处理的虚拟办公,使信息流日趋稳定,不断丰富信息内容。

一 信访信息个案处理平台

信访信息系统集多种信访投诉、咨询渠道于一体,形成政府统一的对外窗口;同时通过提供标准、规范的数据交换接口,支持外网、内网、专网之间数据进行数据交换,实现系统间信息的互通、共享。信访事项的有效处理要求搭建信访业务处理平台,将信访业务整合在一个数据平台上。通过电话、电子邮件、视频信访、网络信访等各种路径的信访事项在信访信息接收平台接收后,便进入信访业务处理平台。信访个案处理平台主要包括信访事项的查办、督办等业务,它侧重于微观问题的个案处理,主要是为了维护信访人的利益。在信访信息个案处理平台中,利用现代通信技术对业务处理中的流程控制来保障信访工作的效率,利用信访信息系统对业务处理中的关键点控制来强化信访业务的处理质量,实现信访事项的"事事有回音、件件有着落"。

---

① 参见〔美〕唐·泰普斯克特等《数字经济的蓝图——电子商务的勃兴》,陈劲、何丹译,东北财经大学出版社,McGraw-Hil 出版公司,1999,第 56~136 页,转引自徐晓林《"数字城市":城市政府管理的革命》,《中国行政管理》2001 年第 1 期。

（一）信访信息个案处理平台的系统流程

按照信访的处理流程，信访处理平台分信访受理子平台和信访办理与督办子平台。两个平台的规范使用，保障了群众的合理利益和社会的公平正义，实现了政府"立党为公、执政为民"的服务理念。

受理子平台就是将通过电子通信平台和网络通信平台登记的信访信息通过信访部门的受理审查转换为政府的内部操作。信息化时代的信访处理，基本通过计算机实现网上办理。因而，信访事项的受理，需要将信访事项输入信访信息系统中，实现网上转办或交办。对于通过"网上信访"自动接收的信访事项，全国信访信息系统会在自动接收后将信访事项分拣到各级信访工作机构，自动地实现网上受理与办理。对于通过信访视频系统和信访呼叫系统接收的信访信息，应借助人工转换为文字性的信访信息，并输入计算机的信访信息系统中，实现网上受理与办理。受理平台需要实现现实与虚拟的良性互动，法治与公平的合理结合。

统一登记录入信访信息系统后，及时地对信访事项做出受理结果。全国信访信息系统通过组合条件的判重，强化对信访人的判重，保证信访人在全国范围内的唯一性；强化对信访事项的判重，快速区分同一信访人在本机构登记的信访事项处理情况和外部机构转送交办的同一信访人的办理情况。如情况属实且唯一，则受理此信访事项，并转职能部门或专项调研，网站信访事项受理状态更改为已受理；如情况不属实或不唯一，则信访事项受理状态更改为不予受理。如果信访部门没有及时地调研对信访事项做出受理结果时，信访信息材料（包括视频材料）应自动上呈至更高一级机构。实现信访行业上下间的信息传输，有赖于全国网络信访信息系统制定的术语规范、业务信息编码规范、信息交换规范。数据交换平台将信访信息根据系统规范自动分拣给各级信访工作机构,很大程度上提高了分拣效率和质量,减少了人工工作量,消除了网上海量信访事项处理的瓶颈。同时,也为各级行政机关与信访信息系统的信息交流提供了技术支持。

当信访部门受理之后,信访信息的处理,进入网络信访办理与督办平台中。高效的信访信息系统,使事项的受理和办理过程实现了全程网上流转,信访事项的"有权办理"与"督查督办"实现了有效协同。全国信访信息系统通过对信访业务处理中的一些关键点(如信访事项的受理条件与时间、办理规则与时间等)的强制约束来强化和规范业务流程,缩短信访业务的处理时间,加快信访业务的结果反馈;通过对不同结构、不同文种配置不同的流程,设计国家、省、市、县四级机构不同的业务流程,提高流程的灵活性。信访信息交换、信息整合、信息督办的相互作用推动了信访办理流程的实现。信访业务平台的流程控制是按一定的信访办理规则,对不同的信访工作者之间的信息传递和任务执行的控制,主要采用的技术是工作流技术。XML 在工作流中得到越来越广泛的应用,目前有很多工作流语言都是以 XML 作为基础。此外,通过把工作流发布成 Web 服务,流程之间可以在后台通过交换 XML 消息,实现流程之间的互联和互操作,工作流或信访系统还可以 Web 服务调用的方式使用该服务,实现工作流程的递归组合。信访业务平台使信访办理过程中的各种核心业务环环相扣,提高了系统各功能的流转完整性,实现了信访业务办理流程的自动化流转。

(1)办理主体权限

信访信息系统要求基于相同的应用服务器和工作流管理系统,对不同的处理主体(信访部门和有权办理部门)进行集中的用户认证和授权，并使有关处理部门查阅其所拥有的统一的、待办工作列表。网上信访系统各办理单位以正确的用户名和密码合法登录系统后，看到的界面就是系统办理后台的主页。主页显示的是公众信访人提交的新信访件，这些信访件还未进行正确分类，办理人员必须点击"问题分类"进入分类页面，进行正确分类后，该信访件才能转到待办信件界面。

（2）信息即时交互

建立的信访信息系统需要支持在不同政府部门之间协同进行公文的传递和办理。因而，信访事项的办理与督办，采用宽带（ADSL）+虚拟专网（VPN）模式，综合利用"内网"与"专网"实现信访部门与其他有权处理机关的信息即时交互。随着信访信息化的不断发展，视频办公技术在信访工作中不断凸显其优势。信访视频会议系统的建设依托传输线路及多媒体设备，将声音、影像、文件资料等内容互传，使处于两个或者两个地方以上的个人或群体能够实时进行互动和沟通。视频会议系统，是对全国信访信息系统网络应用的拓展，除了组织召开视频会议、举办视频培训外，还可以进行视频接访，这是对信访渠道的拓宽。信访事项进入办理流程后，信访局可随时召开远程视频会议，实时沟通信访事项，不仅节省了部门间来回奔波的时间和费用，降低了行政成本，而且加快了信访信息的交流传输速度，切实提高了工作效率。青岛市、区两级信访局早在2003年便实现了视频办公，随时召开声像同步互动的远程网络视频会议。2009年山东省聊城市东昌府信访局引入了XView迅流视频会议系统，使主管单位能够随时了解所辖各信访办公室的情况，随时和上级单位形成直接且及时的沟通、信息反馈、意见处理机制，提高信访机构的办事效率和工作质量。2010年，安徽省依托省党政电子政务专网，组网模式以省信访局为中心，通过各市配置的微控制单元（MCU）以及各市、县（区、市）视频会议终端构建了信访视频会议系统。

（3）信息整合

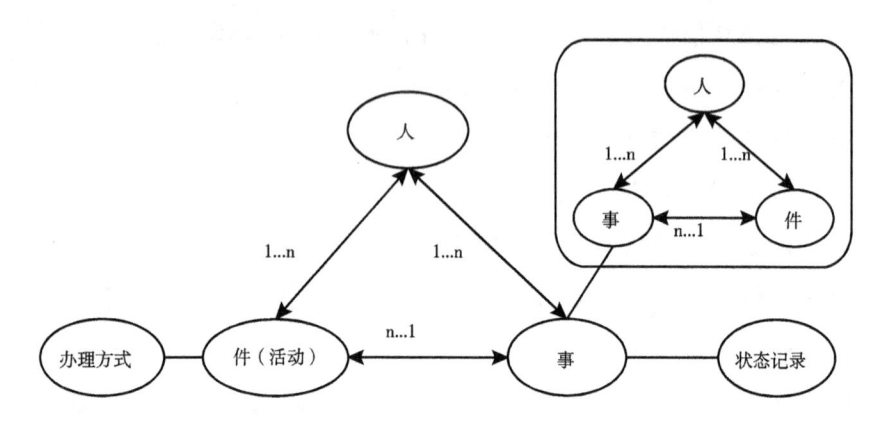

图 4-3　信访事项信息整合查处示意图

信息整合，即使信访"人、事、活动"的信访事项批量办理，且在办理时一并调查、解决。全国信访信息系统通过系统自动检索、模糊查询信访事项关键字信息对信访人、信访事项进行分类处理，形成了特有的"人、事、活动"的平衡业务核心。"人"主要针对"信访人"，同时又将其划分为"非正常上访人员、特殊人员、涉案人员（被排查化解对象）"，做到了对信访人的精细化管理；通过全国判重的机制，逐步整合全国各地同一信访人的所有信息，使各级信访机构快速地了解到信访人的历次信访活动、办理情况、满意程度。"事"是指信访人反映的问题，细分为"相同信访事项""相关信访事项""重大紧急事项"，做到了对信访事项的精细化管理。通过对同一人或同类人反映信访事项的判重，减少信访工作者由于记录观点不同，造成的同一问题多观点受理、重复办理的现象；通过对多人反映同一或同类信访事项的判重，为不同信访人反映类似信访事项的办理提供了多角度参考，提高了办理质量和效率。"活动"是指信访人所有的信访活动，细分为"正常访""非正常访""特殊人员活动"，通过多种办理方式从多方面解决信访人的信访活动。

(4) 信息督办

按照《信访条例》对于信访办理流程的时间限制，信访信息系统根据强约束规则设置了自动提醒、限期提示等功能，提高了信访事项超期办理报警的准确性。信访办理流程中，对于已经受理登记的各种信访路径的信访事项，如果超过15日仍未处理，系统会自动提示相关信访办理人员，对于正在办理且办理期限即将结束的信访事项，系统同样会做出提示。另外，增加了信访事项接收人自动提醒的功能，接收人收到文件后，会在工作界面弹出小窗口提示。对于信访事项移交的情况，信访督查室在接收到自动通知信息后，会自动提醒信访事项办理业务人员。针对网络信访事项，比如，网站BBS信访，对于信访人提出的问题，网站发言人需在规定的时间内给出回复。快则几小时内就能给出回复，最慢也不会超过10日。对于超过三四天仍无回复的，督察员会给发言人"敲警钟"，提醒网站发言人尽快给出回复。

(5) 信息督查

信访信息化手段，有利于实现资源共享。信访工作从受理信访事项到登记、办理、初审、处理等系列工作越来越规范。信访办理流程中，信访局领导、信访业务人员，可以通过内部查询子系统，在其权限范围内设置按照信访事项的分类、信访问题类别、上访地点、主管单位等各种方式来查询，了解信访事项的处理进展、处理状态、处理结果等情况，掌握信访事项处理动态，有利于信访统一管理。全国信访信息系统对信访事项设置了10种状态，提供快速区分同一信访人在本机构登记的信访事项处理情况和外部机构转送交办同一信访人的办理情况。在判重后，可以在第一时间直接看出信访事项的办理状态，能了解到相同信访事项办理的阶段，便于工作人员快速做出处理意见，从而进一步提高工作效率。"信访事项办理状态"的细分，能更快地帮助业务人员定位跟踪到信访事项办理的阶段。信访事项处理完毕后，后台管理员会将该单处理状态改为处理完毕，下次信访人重新查询该受理号，会出现相应处理信息。

信访信息系统的应用有着重要的意义。其一，技术规范业务将提高系统的易理解性，有力促进"解决问题高效化"，将事件处理全过程动态记录，为最终处理提供客观依据。其二，业务协作流程将覆盖到各级行政机构，扩展了系统的使用边界，有力促进"运作流程规范化"，将矛盾纠纷和问题隐患处置流稈固化到信息系统，形成统一规范的电子档案。其三，信息即时交互有力地促进"三级联动信息化"，打破了信访工作各自为政的局面，消除地域限制、层级鸿沟和部门壁垒，改变了传统的、迟缓的、低效的信息传递方式，实现信息实时传输和顺畅流转。然而，信访信息系统还需要技术升级。

首先，全国信访信息系统目前主要是信访信息管理系统，与电子通信平台、网络通信平台的对接技术还没有完全实现。2011年年初，国家信访局在全国范围内确定山东省滨州市、惠民县、乐陵市，四川省成都市和成都市武侯区五个网上信访应用软件试点单位，优化完善"网上信访"软件功能，实现"网上信访"与全国信访信息系统的顺畅对接。目前全国信访信息系统只是在"网上信访"系统中的一种延续，需要整合现代的信访呼叫系统、信访视频系统，将原有的多种投诉、咨询渠道，整合形成政府统一的对外窗口；同时需要考虑信访信息系统建设网络环境的复杂性，提高业务信息跨网络、跨系统交换后的完整性。

其次，如何适应政府云时代的发展。进入21世纪后，信息化发展的一个最重要趋势就是"云计算"的理念加快运用在社会建设的各个领域。云时代风起云涌，云计算带来第三次IT变革，电子政务似乎也在不知不觉中步入了政府的云时代。政府云是否能给政府信息化带来变革？能否破解政府信息化"割据"之谜？为应对政府云的挑战，深圳市应用"云计算"的理念和技术为信访工作铺设畅通高铁。云计算技术的应用，可以将现有信访信息化中海量信息数据存储，以及多用户并发处理，巨量业务处理，业务按需取用，应用业务可扩展等，拓宽了网络、电子邮件、电话、短信等信息化渠道。

（二）信访信息个案处理平台的管理体制

电子通信平台和网络通信平台收到信访事项后，需要运用信访信息系统等信访专用办公软件对信访事项进行及时处理，也需要通过信访专网、政府内网的联网运行对信访事项的处理情况进行及时交流与监督。因而，信访事项的个案处理平台，需要对电子政务网和信访信息系统做出更好的管理。只有管理紧跟，现代化的技术才能实现更好地为人类服务的目的。

1. 电子政务网的管理体制

信访信息系统的平台以及各部门的后台办理系统部署在电子政务网上。20世纪90年代以来，电子政务在我国信息化过程中独领风骚。21世纪初，我国构建了"三网一库"的电子政务总体架构。"三网"即内网、专网和外网。内网是各级政府的内部办公网，专网即全国互联的信息资源专网，外网即在Internet上建立的各级政府的政府网站，"一库"即信息支持数据库。电子政务在构建社会主义和谐社会中的任务在党的十六届六中全会通过的《中共中央关于构建社会主义和谐社会若干重大问题的决定》中又加以明确。

（1）需要政府"内网"的联结与横向协调。"内网"的联结与协调，能够方便信息传递，提高工作效率。标志我国电子政务开始步入综合门户网站阶段的事件是2006年1月1日中国政府网（www.gov.cn）的正式开通。然而，就我国电子政务的总体发展来看，政府网络在纵向上的"断裂"状态与横向上的"割据"状态并存。业务部门之间很难进行资源共享，更不用说将具体"政务"汇聚到接口平台上，向公众提供"一站式"服务了。因而，信访信息网络化的过程中，需要加强政府内部网络的横向协调和纵向管理，注重顶层设计。在电子政务系统内统一规划、应用、管理有关的政府门户网站系统。但网站的业务协调和工程建设，需要领导机构的支持或作为协调的部门。这个职能由谁来承担？在2008年之前，国务院信息化工作办公室在顺利推进门户网站技术规范，规范政务信息发布和办事服务流程，协调和整合跨部门政府服务方面发挥着重要的作用。但2008年3月国信办归并工信部后，工信部作为职能部门能否扮演好电子政务的协调的角色却有待现实的考验。

（2）需要构建信访"专网"。依托政府内网，构建从中央到省级、市、县级信访工作机构之间的信息化网络。实现网络的互联互通、信息共享、安全可靠。"信访专网"既是提高机构内部业务协作的平台，也是信访机构内部信息交流的平台。信访联网运行，信访工作人员通过计算机网络查询到的信息既包括信访部门的受理信息，也包括其他部门的受理信息。如果该信访事项已被其他部门受理，信访信息网络则可以提示工作人员该信访事项上次被受理的时间以及目前的进展情况。如果该信访事项未被其他部门受理且属于下级机关职责，信访事项首次受理的信息及传送下级机关受理的信息可以自动发送到下级机关的信息网络并做出提示。如果该信访事项未被受理且属于本级政府受理，则受理信息需要在信访部门与有权处理机关之间的网络沟通。如果各部门的系统或网站没有互相连接，信访受理便可能出现多头接访、重复接访的现象，信访处理结果便可能无法通过网络反馈。当前各省市的信访信息化建设进程并不统一，进展快的信访部门和行政主管部门已经实现网络连接，建立了信访信息系统，实现了网上信访；进展慢的可能还通过传真、电话、人工等进行业务传送与办理。2006年青岛市信访局借助金宏网的软硬件资源，在市计算机中心设置了信访专用网站服务器，在网上给全市信访局及设信访处的市直单位设立专门站点，将全市的信访系统进行网络连接，对群众来信来访登记信息进行联网统一管理。就目前来看，各级政府信访网站的技术实现形式不统一，如数据格式、应用软件的设计及网站建设缺乏统一的形式。在未来的管理体制中，网络通信平台应当有固定权威性的网站和域名，全国设置一个统一的网络信访总站，分级划分国家、省、市、县四个等级的网络信访分站。

2. 信访信息系统的管理体制

信访信息系统不仅技术实现没有统一的标准，而且管理形式也缺乏统一的规范。技术实现和管理形式的不统一都对信息资源的共享产生了障碍。在信访事项的处理中，不同层级的信访信息系统彼此分割，形成了信息孤岛，致使信访信息共享和利用程度极低，特别是大量第一手信访资料的共享与利用程度低。

（1）信访信息系统的统一管理与使用。目前，全国很多信访部门都运用了信访信息系统，有的信访部门却还只是使用内部信息系统，只是将每日的信访事项及处理情况人工录入电脑，等待各职能部门处理进展情况，在信访事项办理完成后再把办理结果录入电脑。可见，信访信息系统在各地应用的参差不齐影响了信访信息的共享与应用。2007年年初，国家信访局开通了全国信访信息系统，2008年年初，又将全国信访信息系统优化版软件在全国部署使用。但全国信访信息系统在全国的全面运用还需要一段时间。全国信访信息系统刚刚起步,全国还没有普遍建立信访信息系统。2007年只是在国家局和具备网络环境的17个省开通运行,2008年才着手将各级的"行政区划""组织机构"等信息初始化(包括信息的采集、校核和编码等工作)到软件系统中去。为实现系统间信息的共享,提供标准、规范的数据交换接口、统一部署信访业务处理系统的数据并实现全国信访数据的即时交换都需要从管理层面进一步推进。

(2)借助信访信息系统的效能考核制度。国务院《信访条例》规定,"各级人民政府应当将信访工作绩效纳入公务员考核体系","对在信访工作中做出优异成绩的单位或个人,由有关行政机关给予奖励"。信访信息工作应当与现代管理理念相结合,通过信访部门对有权处理部门的"效能考核"来"倒逼"信访信息的有效处理与流通。借助全国信访信息系统,上级部门或领导可以实现对基层信访工作的监督检查与考核管理同步进行,有机统一日常考核与阶段考核的形式,为政府组织和个人的绩效评估提供参考。其一,空间监督。通过信访信息系统,信访局可以实时对有权处理部门、下级信访部门对信访事项的处理进行全程监督,将基层和干部的行为管控在一定的空间内,便于监督与考核的连接。其二,痕迹监督。通过信访信息系统处理过的信访事项,都会在各个环节留下永久的且不可更改的访问记录和清晰完整的文字与影像资料。这些痕迹不仅方便了信访事项的查询、复核,而且提供了以后检查考评和责任追究的有力证据。其三,流程监督。信访信息系统所具有的程式性和操作规范,可以促使整个信访工作与信访信息系统同步达到规范化的要求。如果在使用中不按规定严格操作,可能阻止信访信息系统的使用。总之,通过流程监督可以对信访干部实行更好的绩效考核。

二 信访信息综合分析平台

信访事项的"源头治理"离不开信访信息的"溯源",而信息的"溯源"离不开信息的综合。"研究、分析信访情况,开展调查研究,及时向本级人民政府提出完善政策和改进工作的建议"是信访部门的法定职责之一。而面对错综复杂的信访事项,信访信息综合分析平台加强了信访部门的信息挖掘的能力和信息分析的主动性。信访信息综合分析平台主要进行的是决策辅助和信息发布工作,侧重于社会管理和公共服务的共案。

(一)信访综合分析平台的系统流程

信访信息综合平台主要是各级信访机构对其处理的信访事项进行综合和加工而形成各个层级的信访数据库,然后全国信访信息系统综合平台将各个层级信访数据库中的数据进行加工、统计、分析从而形成可供信访工作人员灵活查询和检索的综合信息和分析预测信息。这些信息不仅可经内网入口环境发布,以便各级信访机构和部门对各类信息进行综合查询、分析,为领导了解信访信息情况、出台政策规定提供服务;也可以依托互联网向外网发布信访政策规定、信访事项情况等内容,为群众提供信访查询服务。

1. 信息采集

信访信息综合平台对数据库数据的加工、汇总、分析、预测,建立在信息采集与信息存储的基础上。信息采集,可以分为现实信息采集和网络信息采集。现实信息采集,即通过主动的信访排查调解或现实处理,将信访信息收集起来;网络信息采集即采用信息搜集技术系统将因特网上的网站信息采集到本地数据库。通过这一系统或技术,信访部门工作者可以根据不同的需要,定点、定时地监视和采集所需的专业信息,收集网络中各种信息，包括常用的办公文件格式，如 Office 文件、文本书件、RTF 或 PDF 文件，以及数据库、网页资料等。信息采集技术，离不开信息检索系统。运用检索系统，可以通过简易的查询操作，方便快捷地收集到所需信息，也可以实现对网上专业信息的有效监测。全国信访信息系统具有灵活的内容管理功能，开发了信息采集的功能。

2. 信息存储

信息存储是指将收到的信息以适当的方式存储起来形成数据库，以备使用时检索或对数据的统计分析。信访部门获取的信访信息都是由一个个信访人提供的信息，这些信息内容庞杂、不够规范，且基本上是文字性的信息。因而，需要信访机构加工整理为数据信息，形成信访业务资源数据库，实现信访数据集中处理与交互。使用高效的分类分组方法，将文字信息转化为数据信息是建设信访业务资源数据库的基本前提。分类分组是指根据信息资料的性质、内容和特征，将相同或相近的资料归类、将不同的资料分组的方法。分类分组越细，信息开发率越高。全国信访信息系统不仅将信访信息按照数量、地域、时间来分类，而且细分了信访业务的业务对象，形成了特有的"人、事、活动"的平衡业务核心。信息表示是信息存储的关键技术，是电子政务标准技术参考模型中的应用支撑层，为电子政务应用及其他支撑服务提供信息表示服务。信息表示是按照一定的规范对数据进行描述和组织，并通过这些规范，让上层应用及其他支撑服务能够对这些数据进行正确的解析或提取所要的信息。随着各种计算机技术的发展，借助信访数据库高效运行的软、硬件设备，构建数据库系统集群，保证信访数据库系统的安全性、高效性、稳定性和可扩展性。

3. 信息分析

在大多数情况下，信息都不能直接使用，需要信访机构进行信息分析，转化为可利用的管理信息。正如詹姆斯·威尔逊所言，大量的信息不一定能构成"一个有关重要事件的全面、准确、精确的信息体系"，相反却可能成为"一堆关于过往事件不完整的情况记录、评论、想法和自我声明"。① 信息分析是通过对信息进行统计，业务数据的发掘钻取，揭示信息之间的数量关系，使隐藏在事物后面的东西一目了然，为社会管理提供强大的分析预测功能。

（1）信息统计分析。信息统计分析离不开信息的检索。随着计算机网络的普及，如何更便捷、更智能地查找、利用信息成为关键技术难点。文字、网页、图表、视音频等各种看似关联性较弱的非结构化信息，无法用关系数据库等结构化的方式获取和处理，全国信访信息系统运用 TRS 内容检索服务器（TRS：文本检索系统）实现了非结构化信息的全文检索。整合 TRS 的全文检索，不仅可提升数据查询的效率，而且还增加对非结构化信息统计分析、预测报警功能。利用全文检索自动监控信访事项登记"概况"中的文字信息，将反映频繁的词汇抓取，并按系统设置的出现次数峰值，自动报警，提高了信访工作者对近期问题发展趋势的判断能力，做到未雨绸缪。全国信访信息系统分析预测平台灵活的自定义报表统计和查询功能，增强了数据信息的可分析利用性；汇总统计，图表分析、与 Word、Excel 数据交换，轻松实现对数据的透视和管理。

（2）信息预测分析。信访信息的预测功能的实现，一方面可以根据大数定律、概率推断、类推原理等推断性统计的方法，按照信访量大、反映问题新、处理难度大、覆盖面广的标准，框

---

① 〔美〕多丽斯·格拉伯：《沟通的力量》，张熹珂译，复旦大学出版社，2007，第54页。

定出信访事项所反映的热点、难点，透过个别看一般，透过偶然看必然，预测信访苗头性和倾向性信息，对信访管理进行预警，重点分析可能引发群体性事件及其他社会不稳定因素的信访问题。另一方面可以利用定性的比较方法，比较普遍性的问题和苗头性的问题。常用的比较有两种：一种是横向比较，即根据同一标准对同一时间的不同对象进行比较。如特定时段信访反映的突出问题、重点问题及不同区域信访事项的分布特点。另一种是纵向比较，对同一认识对象在不同时期的具体情况进行比较。通过纵向比较，一方面，可以通过政策实施前后的结果对比分析，透过结果看原因，找出政策性信息，根据不可量化的政策、法规颁布等原因从源头上治理信访事项；另一方面，可以根据历史数据进行信访发展趋势的预测，透过现象看本质，找出信访事项的发展规律，提前预防、排查调处信访事项。

4. 信息共享

信息分析的目的在于信息利用。在互联网时代，信息利用越来越体现为信息共享，且信息共享的重要性越趋明显。信息共享是指不同层次、不同部门信息系统间，通过网络（包括局域网、Internet）共同分享服务器（数据库）的数据信息。信息和信息产品的交流与共用，提高了信息资源的有效配置，节约了社会成本；将信息共享给需要该信息的人，才能够实现其社会价值。

（1）信息发布

信访专网与外网、内网实现了物理隔离，但离不开信息交换。全国信访信息系统具有支持信息发布的功能。信访信息的发布主要面向两类人群或组织，一是群众，二是政府各部门及其工作者。首先，信访信息系统可以向信访人（群众）发布信息。信访信息系统依托互联网建设信访外网，各级信访工作机构和工作部门通过网上办公统一入口环境，面向全国群众向信访外网门户发布信访相关政策法规、信访事项处理结果、信访工作简报、工作章程制度、调研及参考资料等，为信访人提供网上信访查询的平台，为信访人提供信访服务。其次，信访信息系统可以向政府各部门及其工作者发布信息。信访信息系统还需依托全国信访专网网站，实现面向全国政府系统办公业务资源网所有用户的信息发布的功能。通过对信访有权处理部门发布信息，实现各级信访工作机构和各级政府及其工作部门之间的信息互联互通，协同处理信访业务。

（2）信息上呈

全国信访信息系统的分析预测平台，方便中央和省部级领导直接得到相关信访情况。信息量大，关联性强，在一个浏览页面上就可以看到所有与这个信访件关联的信息。比如在登记界面就可以看到信访人、初次信访事项、重复信访事项、批示、汇报、处理意见、复查意见、复核意见、排查化解、非正常上访之间的关联。

全国信访信息系统成为业务人员、研究人员、各级政府领导同志的知识助手，保证了新时期信访业务的高起点。但信息化条件下的功能还远远没有得到发挥，它的推广普及有待进一步推行。首先，信访信息系统需要建成一个可以不断优化升级和充实完善的开放式系统。它既要充分满足信访工作的当前需要，又要适应信访工作的未来发展方向，适应科学技术的不断升级兼容。不断优化软件系统和升级硬件环境，增强信息采集、信息存储、信息检索、信息分析等功能。特别是在当前信息过多的情况下，还需设计高级的软件，辨别信息的存或弃，以及储存的时间，即帮助管理者自动决定哪些信息需要存储在组织资料库中，而哪些信息在使用完毕之后即可丢弃。其次，进一步推广以实现信息共享。信息共享为组织与个人提供了丰富的信息来源，使政府部门之间、政府与个人（或企业）之间的信息沟通变得更加快捷、准确、直接，从而提高决策的科学性和透明度、强化政府部门之间的沟通与合作，有效发挥集体的智慧，提高办事效率，节省政府的办公费用。信息共享有力促进"资源整合最优化"，将各级各部门信息资源整合到同一数据库，避免重复录入和"信息孤岛"。然而，当前我国并没有实现省级信访资源的共享，全国范围内的共享更是没有实现。信息共享的缺少对各部门、各行业间无论是工作方面的合作还是科研方面的数据需求都有极大的阻碍作用。因而，如何尽早地解决信息共享标准将是一个非常具有里程碑意义的事件。只有实现信访信息资源的共享与整合，信访信息化才能从真正意义上提高工作效率。

（二）信息综合分析平台的管理体制

信访信息管理系统需要综合运用信访专网与信访数据库对信访信息进行分析，为决策的制定提供现实论证；借助于信访门户网（外网）向公众发布信访信息和提供信访查询，为问题的解决宣传作政策引导。然而，信息综合分析平台作用的发挥，需要信访部门加强对信息的获取。从信息管理的角度而言，信息获取的过程（见图4-4）主要有信息需求、信息动机、信息采集、信息选择、信息鉴别、信息存储等环节。信息动机的形成有两个原因：一是内在条件即信息需要；二是外在条件，以信息环境和信息意识最为显著。现实情况中却是信访部门的信息需求和动机不够，信息获取过程不佳。因而，在短期内需要用制度加以约

信息需求 — 信息动机 — 信息采集 — 信息选择 — 信息鉴别 — 信息存储

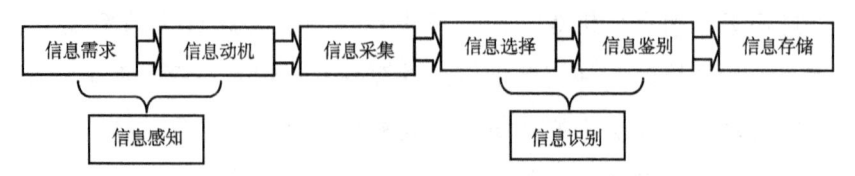

信息感知　　　　　　　　　　信息识别

图4-4　信息获取过程

束，用管理来强化。

1. **舆情收集制度**

从表象上看，信访信息是群众送上门的"调研"，是信访部门被动地对社情民意的收集。然而，"服务型政府"要求信访部门发挥主动性。因而，信访部门应开展有计划、有目的、有范围、有组织的反映人民群众心声的舆情信息工作。从实践来看，信访部门的舆情信息工作主要有人民建议征集和社情民意调查两种。人民建议征集与社情民意调查的重要区别在于前者一般是设定题目不作选项的建议征集，而后者是设定问卷和选项的行为判断。人民建议征集机构最早是在1988年2月山西省设立了"山西省人民政府群众意见征集处"。之后，北京、河北、安徽等地相继设立了人民建议征集机构。人民建议征集制度主要包括奖励制度、办理程序制度、特邀建议人制度、畅通建议人制度等。社情民意调查在1979年的《政府工作报告》中进入政治领域，但直到2001年重庆市信访办率先采用盖洛普统计调查[①]的方法进行社情民意综合调查和定量分析，才使社情民意调查成了信访工作的新领域。信访部门的社情民意调查比其他部门更具优势。2004年年底，湖南省统计局设立的旨在"倾听民声，了解民意，做政府与群众的沟通桥梁"的民意调查中心在设立之初的拒访率高达16.67%。近年来，随着计算机技术和通信技术的发展，人民建议征集和社情民意调查的形式发生了变化。随着网络的普

---

① 盖洛普民意测验是一种观点的民意测验，它常常被各大媒体用于代表民意的一种表现方式。这种民意测验是根据它的发明者，美国的统计学家乔治·盖洛普（George Gallup）命名的。这种民意测试的特点是用简单的随机取样法并且试图把偏差度保持在最低。盖洛普民意测验从1930年就开始存在，并且常常被新闻记者用于获得社会统计数字的方法。早期的盖洛普民意测验通常包含一些问题。几年后出现的方法论对此有了很多的改进。http://zh.wikipedia.org/wiki/%E7%9B%96%E6%B4%9B%E6%99%AE%E6%B0%91%E6%84%8F%E8%B0%83%E6%9F%A5，最后访问日期：2014年9月5日。

及以及电子政务建设的完善，公民能够更加从容、方便地选择和接收信息，进而公民越来越愿意参与到政府的决策过程中来。在这样的环境下，信访部门更应该做好舆情信息工作，保证公共政策决策科学化、民主化。

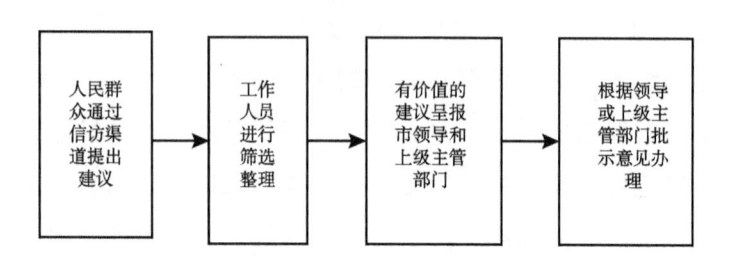

```
人民群众通过     工作人员      有价值的建议     根据领导或上
信访渠道提出  →  进行筛选  →   呈报市领导和  →  级主管部门批
建议             整理          上级主管部门     示意见办理
```

图 4-5　人民群众建议征集流程图

2. 舆情分析制度

在某种意义上，舆情信息主要是表象信息。而舆情分析，则要求分析反映社会现实的本质信息和共性信息。它要求信访部门从事带有普遍性、苗头性、倾向性、典型性的社会舆情信息的研究开发工作。这种信息的研发工作，应加强主动性，而不能等信、等访、等电，被动应付，消极应对；应与中心工作、社会管理和公共服务有效结合，发现规律性和趋势性问题。《信访条例》第6条第5款和第39条规定，国家还以法律的形式要求各信访机构必须建立信访情况分析报告制度，进行调查研究，并及时向政府提交和报告相关情况。舆情分析工作应为领导机关及其领导者当好参谋助手。(1) 信访部门应依托现有信访信息网络资源，建设信访内网，定期或不定期就群众反映较为突出的问题进行分析和排查，分析信访状况。"判断信访状况优劣有三个基本衡量指标，即信访数量、内容和表现形式。信访数量一般并不具有决定性意义；信访内容可以显示当时社会的热点难点问题以及是政治清明，公民安居乐业，还是政治衰退，积弊丛生；信访形式能够表现社会矛盾的尖锐程度和公民表达意愿的理性有序程度。"① 之后，通过政务内网、《信访摘报》《信访简报》、表格形式汇总等形式报信访有关部门领导和有关部门，为领导及时了解信访办理情况、指导信访工作，提供便捷的服务。比如，基层信访部门排查的信访问题，通过网络及时向市信访局报送，市信访局通过信息网络及时交办、调度、指挥，并通过网络对处置情况实时监控，及时制订、调整方案，可避免矛盾升级、激化。（2）信访事项办理后的信息利用，要体现在"源头控制"上。从源头上预防化解信访隐患，要将矛盾纠纷调处关口全面前移，实现信访工作由"事后处置"向"事前预防"的转变。如河南省渑池县在全国率先于2005年年初推行信访风险评估。之后，信访风险评估在许多省份逐步实行，如河南省政府2007年下发《关于对涉及群众利益的重大决策事项进行信访评估的意见》，辽宁省政府2009年下发《中共辽宁省委办公厅辽宁省人民政府办公厅印发关于建立信访风险评估制度的指导意见（试行）的通知》。从源头上预防导致信访事项的矛盾和纠纷，还应重视利用政策调整从根本上化解社会矛盾，为政府解决涉及群体利益的突出问题、制定出台相关政策法规提供决策参考。

3. 政府信息公开制度

2007年1月17日通过的、2008年5月1日起施行的《中华人民共和国政府信息公开条例》对政府信息公开工作做出了具体规定。在现代的信息社会，政府信息占据了信息资源的一大部分，政府信息既是公众了解和监督政府行为的重要途径，也是公众从事社会政治和经济活动的重要依据。政府信息公开，不仅要

---

① 张修成：《1978年以来中国信访工作研究》，博士学位论文，中共中央党校，2007，第172页。

求政府公开政务信息，而且要求政府公开其所掌握的非"例外的公开信息"①。政府信息是无形的，公开要以载体为依托。随着科技的发展，计算机网络形式、电子形式成为获得信息的主要载体。就信息社会的"政府网站"来说，我国的政府网站存在大量的"死网"现象。2009年年底，《法制日报》通过对近百家县级政府网站的调查发现，真正能够及时更新信息的不足三分之一。即便这些能够及时更新信息的网站，其更新的内容也令民众抱怨重重：过多的政府部门活动信息、领导讲话、人事任免或者工作报告……"含金量"较低，而有些政府网站特别是县市级政府部门的网站登录甚难。此外，政府还应加强与新闻媒体的沟通与合作，定期或不定期地公布、披露信访工作情况，对容易产生负面影响的"小道消息"予以澄清，选择久拖不决、有典型教育意义的案件进行公开曝光与宣传。

总之，信访信息技术的运用，实现了信息在政府与社会之间以及政府系统内部的及时流通和信访部门对信访信息的综合分析，在未来的政府管理中，信访信息系统可能包括政府管理所需要的众多信息，可以借助于信访信息系统将信访部门定位在综合性政务信息港，上到影响社会管理和公共服务的抽象信息，下到政策发布、政务公开和社情投诉的具体信息。关于现实中的政府组织，可将原先属于国信办的职能划入信访部门，使其在电子治理的时代发挥更好的信息协调的功能。

---

① 例外的公开信息，即政府所掌握的不可予以公开的、具有"秘密"等级的信息。这是基于国家安全的需要，也是世界各国普遍的做法。当政府信息的内容涉及国家的安全，公开会影响国家的利益时，其公开就会受到严格禁止，并通过《保密法》予以严格规制。

第五章　信访工作机制分析

"实施机制是指有一种社会组织或机构对违反制度（规则）的人作出相应惩罚或奖励，从而使这些约束或激励得以实施的条件和手段的总称。实施机制对于制度功能与绩效的发挥是至关重要的。"① 信访机制，是使信访制度有效运转的一系列具体激励制度和约束制度的安排。完善信访机制，靠机制咬合，才能使信访渠道进一步畅通。

第一节　信访工作权利机制

信访是宪法所保障的公民的一项权利，具有浓厚的中国特色。权利不仅要"注重权利的主体，是以权利者为基点，看他可以要求什么、主张什么，看他应当获得什么、拥有什么"②，还要注重权利的行使方式与行使的边界。就信访权利而言，其权利机制表现在权利接受、行为和限度三个方面。权利接受机制和权利行为机制的划分，源自拉斐尔（D. D. Rrapheal）的权利观，

---

① 柳新元：《制度安排的实施机制与制度安排的绩效》，《经济评论》2002年第4期。
② 陈弘毅：《法治、启蒙与现代法精神》，中国政法大学出版社，1998，第10页。

即权利可归纳为接受权（Right of Recipience）和行为权（Right of Action）；权利限度机制源自权利本身的相对性。

一　权利接受机制

接受权是指有资格接受某物或以某种方式受到对待的权利，即"我主张且你必须"或"我可以免除而你不能"的权利。接受权主要是针对权利行使的对象而言，对方有责任（liability）"提供"某种服务或行为，使权利主体能够以某种方式受到对待。信访接受权是指信访者有资格接受信访受理机构某种对待的权利，信访接受机制是指信访受理机构有义务接受其表达意愿或诉求的安排。在信访过程中，信访者的接受权利表现为信访受理机构需要积极地畅通信息"上传"渠道，拓展诉求表达方式，增强政府与社会信息沟通的"对话"机制。

（一）领导接访机制

领导接访与下访机制的目的是要把群众"上访"与领导"下访"结合起来，实现信访信息的向上流通与向下流通并行。

（1）各级领导接访机制。近年来，许多地方和部门的领导干部坚持接待群众来访，探索了一些经验，也形成了相应的制度。2008年，按照中央部署，全国各地集中开展了"全国县（市、区）委书记大接访活动"，解决了大量信访问题；2009年中央信访联席会议发布《关于领导干部定期接待群众来访的意见》，对领导干部定期接访做出了具体规定，2011年《关于深入推进领导干部接待群众来访的意见》使这一机制更加健全。市级党委、政府领导，一般每季度安排一天时间接访；县级党委政府主要领导一般每月安排一天时间接访；县委政府班子成员、部门领导都要定期接访；乡镇（街道）领导应随时接访。如有的县有这样的安排：县委书记、县长每月安排一天在县信访接待办理中心接访,其他工作日每天安排一名县委或政府县级领导值班接访;乡镇在逢场日、县直单位在每周一均安排一名主要领导接访,其他工作日每天安排一名班子成员接访;接访者的姓名、职务、工作分工和接访时间、地点、方式向社会公示。①

除了领导在岗接访外,对重大、群体性疑难案件,常常会变"上访"为"下访"。2009年中央信访联席会议发布了《关于中央和国家机关定期组织干部下访的意见》。领导下访机制的特点②:一是领导下访的规模一般都比较大,往往是多名领导或多个层次的领导同时下访;二是下访的目的性和针对性更强,通常都是下访到信访问题比较突出的地方或单位;三是领导下访的亲和力更强,领导到信访人的居住地下访,不仅方便了群众反映问题,而且更容易获得群众的信任。此外,湖南省津市创新了领导接访机制,采取了坐班接访、重点约访、带案下访、包案息访四种形式。③

(2) 各部门各级领导"结对"机制。即各职能部门与各行政区或乡村"包片、挂钩、结对子",实行对口联系的办法,积极推行干部走访、民情恳谈、倾听群众呼声,了解群众疾苦,为解决好信访群众反映的合理合法问题和实际困难收集第一手资料。山西省太原市杏花岭区探索开展包括"领访""陪访""代访"多种形式的干部"带访"活动,由基层领导干部带着上访人员到有关部门,帮助协调解决超出区管辖权限、长期困扰基层的疑难信访问题。④

---

① 《创新信访工作机制的探索与思考》,人民网:http://news.163.com/10/0402/10/638R52L9000146BC.html,最后访问日期:2014年9月5日。
② 法律出版社法规中心编《信访条例注释本》,法律出版社,2010,第11页。
③ 津市信访局:《与时俱进的津市领导接访》,《人民信访》2012年第12期。
④ 《山西省太原市杏花岭区探索干部"带访"化解信访积案成效明显》,载中央联席会议办公室、国家信访局编印《处理信访突出问题的探索与实践》,第152~155页。

到2011年，全国县级以下领导干部接待群众来访达337.2万人次①，把大量问题解决在基层。但思考领导接访机制，也可以发现其中存在一些问题，主要表现为：领导接访越接越多；领导接访"案结事了"率低；领导同志替责任单位尽责等。②产生这些问题的原因很多，但关键是认识错误，把解决信访问题当成信访渠道的任务。相关责任单位责任缺失，把"小事"拖成大事，以至于要找"大领导"解决。

（二）一站式联合接访机制③

联合接访，主要是将涉及信访问题较多的有关部门集中起来，联合接待群众来访，直接处理信访事项，方便信访群众，提高信访工作效能。这一机制的核心是以"一站式接待，一条龙办理，一揽子解决"的方式，整合资源，强化责任，及时就地解决信访问题。一站式联合接访机制，需要建立一个专门接待场所——人民来访接待中心，实行纵向与横向结合的联合接待。目前，联合接访的主要方式有：（1）信访人到联合接访中心投诉时，由信访部门登记接待；（2）对属于驻联合接访中心之外的行政部门管辖的信访事项，可以由信访部门代表联合接访中心，或者直接以联合接访中心的名义，进行转送或交办；（3）对于疑难、复杂或跨部门的信访事项，可以由联合接访中心根据问题的性质和所涉及的部门，及时召集有关部门开展联合接访；（4）对于少数重大疑难信访事项，由联合接访中心提交同级信访联席会议或同级党委政府。

开展联合接访较早的是辽宁省沈阳市。2009年中央开始探

---

① 《切实维护人民群众的合法权益——十六大以来信访工作成就综述》，《人民信访》2012年第10期。
② 杨长泉：《对领导接访工作面临问题的思考》，《人民信访》2012年第12期。
③ 王学军：《中国当代信访工作制度》，人民出版社，2012，第169~173页。

索推行联合接访机制。当年，中央信访联席会议办公室、国家信访局对"沈阳模式"进行了全面总结并在全国迅速推广，全国普遍建立了"联合接访中心"。此外，各地相继健全了联合接访的制度规范，如陕西省印发了《关于"一站式"联合接访大厅示范点建设的实施意见》，海南省出台了《海南省市县信访大厅建设指导意见》，河南省下发《关于加强市县职能部门联合接访工作的意见》，吉林省下发《关于开展联合接访工作的意见》等。联合接访机制，对群众来访事项做到了"一门受理"。辽宁省沈阳市以"事要解决"为目标，做强做实信访接待大厅，根据信访问题的集中程度，对进入接待大厅的部门进行动态管理，2010年将行政执法局、工商局、环境保护局等部门引入大厅。湖南省津市从2011年4月起，从市人社、民政、房管、工信、司法等5个信访工作任务重的职能部门抽调1名干部进驻市人民来访接待中心开展联合接访。2012年又增添了环保、农业2个部门进驻中心。进驻干部与所在单位工作完全脱钩，实行集中受理。[①] 到2012年为止，已有26个省（区、市）、270多个市（地、州）和2300多个县（市、区）建立了联合接访机制。[②]

（三）社会参与接访机制

社会参与接访主要是聘请和动员有社会责任感、政治素质较高和业务能力较强的社会工作者为上访者提供服务或救助。就目前来看，主要有律师、心理咨询师参与接访。

1. 律师接访。律师身份的公平性、专业性、服务性、亲民性的特点[③]，增加了信访人的信任感，不但可以及时地解决群众

---

① 津市信访局：《与时俱进的津市领导接访》，《人民信访》2012年第12期。
② 《切实维护人民群众的合法权益——十六大以来信访工作成就综述》，《人民信访》2012年第10期。
③ 郑朝权、雷鸣：《建立律师介入依法信访机制，为促进和谐稳定服务》，《辽宁法治研究》2008年第1期。

上访问题，更有利于推进依法治国的进程。具体而言，律师参与接访可以：(1) 为信访人宣传法律常识。法律服务人员可以利用他们的专业知识开展法制宣传，向信访人宣传国家有关法律、法规，使上访群众懂得运用法律手段来维护自己的合法权益。(2) 为上访者提供法律援助服务。律师接到群众信访材料后，应提供免费咨询，并根据所反映问题的性质，为群众代写各类诉讼状或行政复议申请书，指导其按照法律途径解决问题，使问题的处理一步到位。(3) 为上访者提供法律或司法建议。就目前的信访案件来看，依法应当通过司法、诉讼、仲裁、行政复议等法定途径解决的投诉请求占有相当大的比例。对信访人的此类信访案件的处理，可以积极引导信访人依法处理，还可以接受相关部门的委托，提出涉法信访个案的法律意见，参与重大疑难案件的法律论证，提出司法建议。

2. 心理咨询师参与接访。针对信访人特殊心理状态，行政信访机构建立了心理咨询接待来访机制，加强对信访人的思想疏导，在面对面的交谈中抚慰信访人的情绪和心理。同时了解信访人的需求，为解决信访人的合理诉求奠定了心理基础。当前，合理情绪治疗介入了信访工作，其核心是通过理性分析和逻辑辩论转变来访者的非理性理念，进而解决其情绪和行为上的问题。合理情绪治疗的基本理论是 ABC 理论（见图 5-1），A（Activating Events）指诱发事件，B（Beliefs）指个体在遇到诱发事件之后的信念系统，C（Consequences）指特定情境下，个体出现的各种认知、情绪和行为结果。A 不是引起 C 的直接原因，而是在 A 发生后，个体基于某种信念、观念等对 A 产生某种看法，做出某种解释和评价，从而产生了 B，B 才是引起 C 的直接原因。其化解缠访事件的操作步骤为：(1) 对信访人不合理信念的分析，包括绝对化要求、过度概括化、糟糕至极的不合理信念；(2) 找到信访事由，即找到 A；(3) 检查不合理信念，即找到 B；(4) 与其不合理信念进行辩论；(5) 引导理性上访、依法信访。①

诱发事件A只是引起情绪及行为结果C的间接原因，而真正的直接原因是当事者对诱发事件所持的信念、解释和评价B

```
A诱发事件 ——→ B信念系统 ——→ C行为结果
    ↓              ↓              ↓
  诱发事件    指个体在遇到诱发事件   指个体出现的各种
            后所产生的信念，即他   认知情绪和行为结果
            对这件事的看法、解
            释和评价
```

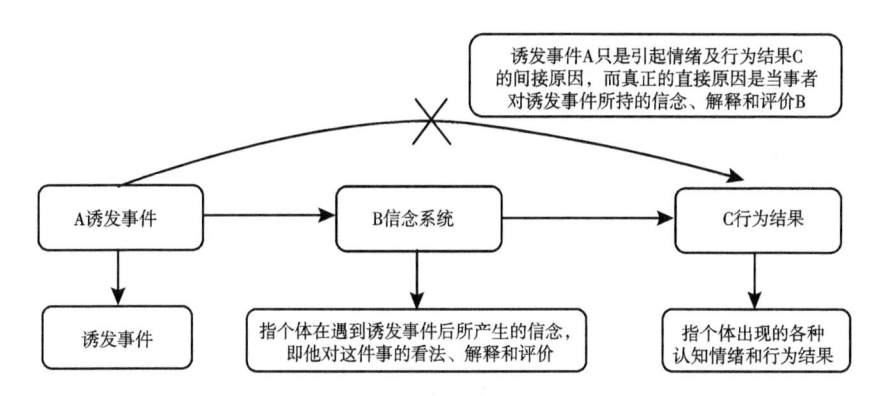

图 5-1 合理情绪治疗的 ABC 理论

总之，行政信访部门与律师事务所、医院等心理咨询服务机构合作，有利于把法律服务、心理咨询服务引入接访。这类机制将矛盾疏导机制下移前置到群众身边，引导信访行为，安抚群众情绪，和谐邻里关系。

（四）信访事项事实认定调查报告

"实际情况——事实，是办理信访事项的主要依据。事实的准确性，是决定信访事项办理结果的关键。……如果将信访机构办理信访事项的方法以批转信件、督察办理为主的程序模式，变革为查清问题、澄明事实的程序模式，办理信访事项就等于找到了一个合理的着力点。"② 因而，创新信访机制，不仅要创新信访权利的接受机制，更要创新信访权利事实机制；而创新信访权利事实的结果，需要信访机构出具"信访事项认定报告"。

"信访事项认定报告"具有重要的意义：（1）可以使信访机

---

① 张海涛、李雅静：《合理情绪治疗介入信访工作案例》，《人民信访》2012 年第 11 期。
② 张铎：《中国信访制度研究》，华夏出版社，2012，第 261 页。

构真正成为信访事项的受理机关。信访事项认定报告，需要在调查研究的基础上澄清事实。信访事项所涉及的事实的准确性或合理性认定，一方面是完成信访事项办理工作的必要条件，使实事求是地办理信访事项成为可能；另一方面，是使信访秩序变得井然有序的重要方式，改变信访机构不管实际情况如何、一味地批来转去的现实境况。（2）可以使信访机构真正成为信访事项的督办机关。信访机关以其清晰和准确的信访事实认定对相关责任者作出"有事实作为"的客观判断，使"监督协调"更有说服力。（3）可以使信访者的权利得到落实。信访者可能只能提供与事实相关的线索或提出诉求，信访机关通过调查研究后出具的"信访事项认定报告"，可能有两种走向：一是进入信访事项办理流程，二是因不具备确定事实而退出信访流程。不管是哪种走向，信访者都很清楚信访事项的进展程度。

二 权利行为机制

行为权是指有资格做某事或用某种方式做某事的权利，即"我可以而你不可以"或"我能够且你必须"的权利。行为权主要是针对权利的行使者的行为而言。信访行为权是指信访者有资格选择信访方式的权利，即信访者有选择信访方式的权利，而信访受理机构有义务（duty）让其拥有这种资格；信访行为机制是指信访者有自由选择其信访方式的权利安排。就信访权利行为而言，信访者有资格"上访或不访"或"公开辩论"，也有资格"委托别人代访"或"帮别人监督"。

（一）代理机制

代理（agent）由来已久，在制度经济学领域广为流传。自新公共管理运动以来，公共部门不断盛行"委托－代理"的行政事务运行体制。随着我国经济社会的不断发展，随着人民群众法制意识的不断深化，随着公共事务变得不断复杂，信访者聘请代理人为自己进行信访，信访者将自己要诉求的信访事项委托给代理人进行代理。信访代理机制的意义主要体现在：（1）社会弱势群体或信访者自我保护意识不强、不熟悉国家有关政策、不善于拿起法律武器维护自身合法权益，因而通过代理人可以切实保护信访者的合法权益。（2）各类信访事项的复杂程度不一样，所需的办案时间有所区别。代理机制可以使信访工作更加主动，提高信访结案率。

"代理人"可以分为以下几类。

政府机构代理。具体情况主要有：（1）信访机构代理。在信访办设立信访代理岗，配备值班负责人。[①] 值班负责人岗位实行轮岗值班制度，一般由拟提拔官员或人大代表值班。值班负责人是信访事项的承办人，也是信访事项的主要责任人，负责信访事项受理的信访者接待和信访事项的承办、调查研究、事实认定、与信访者联系沟通、与相关方面的协调、督办、回复、结案等信访事项办理责任环节的工作。值班负责人只能以信访事件为依据，代理行使信访者委托的权利，承办信访者交付的信访事项。政府机构代理信访事项，可以实现权利与权力的对接，要求完成的不只是已有程序规范的标准化工作，也鼓励创新性的非规范化、非标准化的承办信访事项工作。值班负责人作为信访者的代理人，与信访者接谈，对信访事项进行初步分析，与信访者共同找出信访问题的难点、疑点、分歧点，提出调查信访事项的关键点和办理信访事项的具体方式、方法、步骤和时限，确定结案的时间，代理信访者具体完成信访事项的办理过程。（2）设立信访代理中心。如海南省三亚市在市级政府设立信访代理中心，

[①] 张铎：《中国信访制度研究》，华夏出版社，2012，第257页。

市级政府职能部门和区镇政府设立信访代理室，配备专职信访代理员；北京市原崇文区则将信访代理分为区领导代理、街道及委办代理和社区代理三个层次。

社会组织代理。社会组织具有行业自律、社会自理的作用，在反映诉求、化解矛盾中具有桥梁式的作用。因而，可以鼓励和扶持社会中介组织介入信访代理领域，承担相应的社会责任。社会组织代理信访机制是由上海市长宁区信访办首创，后在上海市推广的基层信访工作方法之一。其主要精神是各群众团体组织、居委会等受当事人委托代表当事人到有关单位联系、落实信访事项。此外，北京原崇文区、山东章丘都积累了"信访代理"把问题解决在基层的经验。

个人代理。社会是由每个个人组成的，人是社会的动物。因而，也可以允许个人代理信访事项。（1）社会工作者代理。张炜提议，"和谐使者"是基层信访中社会稳定的基石。"'和谐使者'是指在农村村组和城市社区中，志愿协助配合区、乡镇（街道）党委、政府和村组、社区自治组织，义务担当政策法规宣传、良好风尚传播、民间道德仲裁、基层矛盾排解、信访工作服务、社情民意反馈、群众疾苦调查及与和谐社会构建相关工作，并经'和谐使者'协会正式聘任的民间有识之士。"[1] 也有学者提议建立"信访代理人资源库"[2]。应在各市各个社区设立信访代理工作室，聘请居委会干部、法律志愿者以及热心并善于做群众工作的社区工作者参与信访代理工作，建立"信访代理人资源库"，将市、区、社区各部门精通法律法规、原则性强的

---

[1] 张炜：《"和谐使者"——基层信访中社会稳定的基石》，《西南政法大学学报》2008年第3期。

[2] 毛淑梅：《新时期信访工作创新机制对策研究》，《辽宁教育行政学院学报》2009年第5期。

工作人员及各社区、村、乡镇、街道威望高、学识广的老党员选入资源库，并为其建立档案，由专人负责管理，全市统一培训。老百姓遇到了问题只需通过自己所在的街道社区就能解决，这样就不会因为无序上访、缠访、重复访甚至进京访而影响机关正常工作秩序，对缓解信访矛盾可以起到积极作用。(2) 代表代理。要完善党代表、人大代表、政协委员联系群众机制。2010年江苏省苏州市推行"两代表一委员"参与信访工作制度，充分发挥党代表、人大代表和政协委员广泛联系群众的优势，每位代表当好"八大员"，即政策宣传员、理论讲解员、工作指导员、心灵寻向员、廉政监督员、社区管理员、支部信息员和群众联络员。同级信访部门对"两代表一委员"接待信访事项的台账、资料以及办理情况进行整理，按重要信访事项予以归档。市综治委把"两代表一委员"参与信访工作列入《苏州市加强和创新社会管理任务责任方案》；市政协制定《关于进一步加强市政协委员履职考核管理的办法》，对委员参与信访工作实行定期考核。

(二) 监督机制

学者格伦·蒂德曾说过，"一切权力在道德上都是可疑的——难以论证其正当性，却容易发生腐蚀作用"[1]。监督机制从实质上看便是"权利倒逼权力"或者"权利制约权力"。

(1) 信访听证机制。2005年的国务院《信访条例》对信访听证制度做出了明确规定，"对重大、复杂、疑难的信访事项，可以举行听证。听证应当公开举行，通过质询、辩论、评议、合议等方式，查明事实，分清责任"。在信访听证过程中，信访人可以充分表达自己的意见和主张，有权为自己辩解，有权与政府工作人员进行辩论。可见，公开监督和公开评议是信访听证机制

---

[1] 〔美〕格伦·蒂德：《政治思维：永恒的困惑》，浙江人民出版社，1988，第103页。

题中之义。早在1999年,河南省计生系统首先对疑难信访案件进行现场听证。2000年后湖北、河北、江苏等省的行政信访系统开始探索运用信访听证制度。江苏宿迁积累了信访听证化解信访积案的经验。此后,信访听证机制在各地的信访工作中逐步形成。近年来,山西省平陆县采取召开"阳光信访听评会"的办法,让反映人、被反映人(单位)、监督单位、纪委四方参加,通过摆事实,讲法律,相互辩论,实现部门和来访群众之间的相互监督,充分听取反映人意见,保障群众的"表达权",积极探索快速高效处理信访问题的新思路、新方法。江西井冈山启动信访件办理公开评议试点工作,重复信访件和实名举报、疑难复杂信访件拟办结前必须召开公开评议会。

(2)信访评估机制。从两方面进行评估,一方面从化解信访案件来看,要从及时、态度、结果等角度,对信访受理、办理、复核的过程进行全方位的公开评估。另一方面从预防信访事项来看,有关群众切身利益的行政行为,都实行评估制度,涉及广大群众利益的重大事项,要定期或不定期举行新闻发布会。在这方面,河南渑池开创了信访评估的先河。河南"渑池模式",是渑池县委、县政府坚持用科学发展观统领经济社会发展的全局,探索把信访评估引入决策机制,在做出重要决策、实施重大项目、进行重要人事任免以及推进其他重要工作之前,充分听取群众意见,对潜在的不稳定因素进行科学评估,从源头上预防和减少信访问题,实现经济发展和社会稳定的工作推进模式。2012年,中办、国办印发的《关于建立健全重大决策社会稳定风险评估机制的指导意见(试行)》标志着社会稳定风险评估制度的形成。

三 权利限度机制

对于每一件信访事项而言,最终都应该有一个结果;对于每一个结果而言，信访者不一定满意。而无休止的上访，只能导致行政信访渠道的拥挤，使其他人信访权利的实现受到限制。因而，信访权利的保护应该是有限度的。

（一）以义务相伴

从某种意义上说，权利是在法律法规的保障与限制下的权利。公民在享受权利的同时，必须履行相应的义务，不允许只享受权利而不履行义务。这种义务集中体现为"自觉维护信访秩序"。信访秩序的混乱最重要的表现便为信访渠道的拥挤。拥挤的原因除了信访事项受理和办理的速度和质量存在问题外，也与信访人没有以"义务"为前提有着重要的关系。信访者的义务表现在：第一，不得损害他人权利。损害他人权利常常表现为重复访。第二，不得滥用权利。信访者滥用权利的表现即为无理访。因而，对那些借上访为名，采取缠访、闹访等手段以达到不正当目的的人员，在依法处理的同时要通过媒体公开曝光，教育大多数群众，在全社会营造依法行政、依法办事、依法信访的良好氛围，切实改变群众"信访不信法"现状。但绝对要避免"非法上访一次拘留二次劳教三次坐牢"的红色横幅。

（二）以法律为限

任何权利都不是无限制的，公民只有在遵守宪法和法律的前提下才能享受权利，必须明确宪法和法律对此项权利的要求。

第一，遵守信访程序。信访改革，方向应在"信访程序法"上，在强调当地信访接待部门的"原始管辖权"的基础上，建立"终结"机制，从制度上杜绝缠访久访。政府应完善信访程序，对受理范围、办理程序、办理注意事项等全面进行公开，让群众自觉遵照信访程序办事。在现阶段，以下几方面是需要着重考虑的：（1）对于受理结果——"信访事项事实认定报告"没有进入信访事项办理流程的；（2）对于办理结果——"信访事项办理结果报告"不服的；（3）对于救济结果——"信访事项结案报告"不服的。对于这些不服的情况，不应直接排除行政救济的范围，而更需要从机制层面考虑如何完善。虽然有种观点认为，经三级连续的、信访部门以听证等正当程序处理过的，除非有新诉求和新证据，不再受理，是为终审。但张铎认为，"信访者的国家主人身份也好，民意似水、宜疏不宜堵也好，信访制度的功能决定也好，社会活力的需要也好，以大道理的意义衡量，不管公民的信访行为是表达满意还是表达不满，都不宜被终结，都不应该被终结。明智的做法就是遵循信访行为和信访活动的规律，坚持公民主权定位的中国信访制度不终结机制原则"[①]。

第二，寻求司法保护。当行政信访终结时，不代表公民的权利诉求方式已经终结，信访者可以通过司法程序维护自身的权益。行政信访分流，应帮助群众树立依法信访的思想观念，引导上访人利用法律手段维护自身合法权益，并通过合理合法的形式表达利益诉求，正确行使信访权利解决自己的利益矛盾，切实改变群众"信访不信法"的观念。

第二节 信访工作权力机制

从政治学的角度看，权力是一种强制力或支配力量，支配主体拥有这一力量去强迫被支配的客体服从；从行为学的角度看，权力是人类行为的一种工具，权力本身不是掌权者所追求的最终目的，而只是为了实现某种价值，取得某种利益的工具和手段。任何权力都需要特定的运行机制，没有特定的运行机制，权力就不能运行，公共权力只有在运行中才能履行其职能、实现其目

---

① 张铎：《中国信访制度研究》，华夏出版社，2012，第268页。

的，只有在运行过程中人们才能感受到其存在。① 可见，权力本身作为一种"工具或力量"，这种工具的运用或力量的发挥总有一些特定的、细化的机制。

一 权力压力机制

权力本身就是一种力，"权大一级压死人"，权力本身意味着可以给下级一种压力。行政任务中权力的正当使用，有着积极的意义。在信访工作中，正如于建嵘等所指出的，"我国现行信访制度的基本特点是权力压力型"②。权力压力机制的核心即"给任务"。在现阶段的中国，许多问题不得不通过自上而下的权力约束和长官意志这种具有中国特色的因素加以解决，"领导出面"是现阶段解决许多社会矛盾和大案要案的重要保障。调查数据表明，高达57%的人认为"可依靠领导迅速解决问题"③。因而，"领导出面"是信访制度运作的一个重要方面，领导出面的具体方式有三种：一是领导下访，二是领导包案，三是领导批示。

（1）领导下访。即领导带案下访，选择具有典型性、代表性的信访事项，或者（没有头绪、线索不明、原因不清的案件）、"钉子案"（穷追不舍、根深蒂固、难以去除的案子）、"骨头案"（执行难度大、拖延时间长、触及利益深的案子）等，深入问题发生地进行现场接访。下访的领导应采取"驻点"的方法，明确责任主体和化解方案，进而给各职能机关"下任务"。此外，领导下访体现了领导的表率作用。《三国志》有句

---

① 麻宝斌：《十大基本政治观念》，社会科学文献出版社，2011，第105页。
② 于建嵘：《中国信访制度的困境和出路》，http://www.cssm.org.cn/view.php?id=32532，最后访问日期：2014年9月5日。
③ 《中国基层信访问题研究》课题组：《中国基层信访问题研究报告——以西安市临潼区信访状况为例》，《云南大学学报》（法学版）2008年第3期。

名言，"先之以身，后之以人，则士无不勇也"，充分说明了领导的表率与带动作用。

（2）领导包案。领导信访包案是指由涉及信访的地方领导干部负责，运用行政资源和管辖权力，对重大疑难和牵制几个部门的信访案件集中进行化解的一项工作。领导信访包案制度是由领导定时信访接待制度发展而来的，中共中央和国务院办公厅在《关于领导干部定期接待群众来访的意见》《关于中央和国家机关定期组织干部下访的意见》《关于把矛盾纠纷排查化解工作制度化的意见》三个文件中对此做了总结，并将领导信访包案工作列入了考核目标。① 如湖南省津市实行市级领导包片联线分工及信访突出问题化解分解制度，全市7个乡镇、4个街道及嘉山工业新区都明确一名市委常委联系，市直单位由主管副市长负责，实行"交给谁、谁负责"的原则，明确市级领导包案。②

（3）领导批示。主要是针对个案而言，具有"特事特办"的性质。"特事特办"是政府基于人本主义立场救济民众的义举，对于一些影响较大、矛盾较突出和历时较长的案件，"特事特办"确实起到了一定的作用，而有针对性、分寸适度的"特事特办"还能树立良好的政府形象。"特事特办"往往会突破政府应有的底线，使一些人提出更多不合理的要求，从而给基层财政增加额外的负担。③

领导出面是由整个政治体制和行政体系的运作方式所决定的，同时也是社会构建纠纷解决多元渠道的需要，并不必然与"人治"相联系。领导利用其职位影响力，通过"目标任务逼压

---

① 陈静溪、王玮华、戴民：《领导信访包案制度的利弊》，《党政论坛》2010年第1期。
② 津市信访局：《与时俱进的津市领导接访》，《人民信访》2012年第12期。
③ 《中国基层信访问题研究》课题组：《中国基层信访问题研究报告——以西安市临潼区信访状况为例》，《云南大学学报》（法学版）2008年第3期。

力",限期化解并上报结果,这对于行政事务的办理有着积极的意义。信访机构并非运用自身的权能调动各职能部门及协调行政资源,而是依靠信访机构"背后的权力"。这些权力主要来自信访案件的主管领导或者分管领导拥有的行政权。信访调动各部门的力量实际来自政府权威,这种权力的下移也使信访机构有效行使监督权成为可能。①

二 权力协同机制

就政府工作而言,由于职能分工的不同,政府权力会分割为不同的部分;而某些工作又需要各个权力部门的协同与联动。《中共中央国务院关于进一步加强新时期信访工作的意见》提出:要充分发挥联席会议和信访部门的综合协调指导作用,形成上下联动、左右协调、运转高效、综合施治的工作机制。信访工作的受理机构、办理机构涉及多层级、多部门的组织,需要建立一种部门间的权力协同机制,实现多方的联动与协调,才能真正实现"让群众得实惠"的工作目标。

(一)上下联动

上下联动,即通过行政机关不同层级之间、行政部门与基层组织之间的联动与互动,形成纵向到底的工作格局。

第一,不同层级信访机构间的联动。处理重大信访问题必须要强化上、下级之间的沟通协调,形成共识,步调一致,要努力争取上级部门和领导对信访问题的重视和支持,对于那些时间跨度长、影响面广、历史原因和现实政策纠缠、解决难度大的信访问题,还必须积极争取到中央和市委、市政府的支持,只有得到

---

① 《中国基层信访问题研究》课题组:《中国基层信访问题研究报告——以西安市临潼区信访状况为例》,《云南大学学报》(法学版) 2008 年第 3 期。

上级的支持,才能寻找到更多的可行的解决问题的方法,才能有利于问题的尽快解决。

第二,信访机构与基层组织的互动。信访工作必须加大基层工作力度,坚持重心下移,创新县、乡、村、组立体互动的办法,构建基层信访工作网络。如沈阳市要求具备一定硬件条件的街道(乡镇)设立信访接待室,社区(村)建立基层矛盾调解组织,负责对本级管辖的信访稳定问题进行调处和化解。河南省在县级设立党委群众工作部,在乡镇设立群众工作站(整合纪检、综治、司法和信访等工作力量),在各行政村(社区、居委会)成立群众工作室,配备群众工作信息员,形成了以群众工作部为龙头、以群众工作站为纽带、以群众工作室为基础、以村组群众工作信息员为前哨的四级群众工作网络。北京市怀柔区在区、镇(乡、街道)设立社会矛盾排查化解中心,设立基层矛盾排查化解工作站,形成纵向到底的社会矛盾大排查、大调处工作格局。

(二) 左右联动

就中央的要求来看,信访工作应形成"党委政府统一领导、部门协调配合,各负其责、统筹兼顾、标本兼治、齐抓共管"的大信访工作格局。然而,齐抓共管,需要各职能部门内部的融合或协同,各方面联手动作,共同努力,整体推进,形成横向到边的工作格局。就目前的常用的机制来看,主要有以下几个。

第一,信访联席会议机制。党的十六届四中全会之后,中央领导同志就信访突出问题和群体性事件的频频发生,提出"人要回去,事要解决"的要求。就此,中央成立了处理信访突出问题及群众性事件联席会议(简称联席会议)。各省(自治区、直辖市)、市(地)、县(市、区)也相继建立了联席会议制度。联席会议针对农村土地征用问题、城镇拆迁安置问题、国有企业改制问题、部分企业军转干部问题、涉法涉诉问题等信访突出问题，成立了专项工作小组。同时，组建了联席会议办公室，负责情况综合、协调联络和督查督办等日常工作。同时，也可以以信访调解委员会的形式进行协调。

第二，信访办公一条龙。即整合各方资源，抽调相关职能部门合署办公，成立信访大厅或服务中心，实现信访的一站式办公。比较典型的有：沈阳市县两级成立信访大厅，制发《信访大厅组织规则》，理顺原信访局内设机构，并吸纳了由司法、行政机关21个部门派出的工作部门，使信访大厅具备了诉讼指导、立案引导、协调调解、行政复议、法律咨询、司法援助等职能，建立了"一站式接待、一条龙办理、一揽子解决、一竿子插到底"的基本模式，强化了接待大厅解决信访问题"终点站"的职能[①]；在基层，在"综治中心"的基础上形成了信访、司法行政、调解等相衔接的基层信访工作网络。北京市怀柔区在区、镇（乡、街道）设立社会矛盾排查化解中心，抽调相关职能部门合署办公，"通过'怀柔模式'，目前全市18个区县都已构建起相应的网络系统，社会矛盾纠纷排查化解工作大格局基本形成。全市信访总量稳步下降，越级上访、集体上访明显减少"[②]。

第三，"大调解"的信访格局。如2011年内蒙古王原县全面推行了"三级联动，六方联调"工作机制，在全县各乡镇实行乡镇、村、组"三级联动"与"一庭两所三办"（法庭、司法所、派出所、维稳办、综治办、信访办）"六方联调"，形成了以人民调解为基础，与行政调解、司法调解相衔接的"大调解"

---

① 中国地方政府改革与创新研究课题组：《从"中转站"到"终点站"的信访实践》，《行政管理改革》2011年第3期。
② 《北京市推广"怀柔模式"，化解信访难题》，《人民日报》2008年7月15日。

工作格局。具体而言,公调对接,即治安调解与人民调解对接;诉调对接,即法庭调解与司法调解对接;公诉对接,即治安调解与法庭调解对接。①

(三) 应急联动机制②

突发信访事件的应急联动机制主要是为了预防群体性事件和其他冲击社会稳定秩序的紧急事件,并在事件发生后启动应急方案,化解较为严重的社会矛盾和冲突。突发信访事件应急联动机制一般适用于信访人到党政机关及重要场所聚集、阻塞交通,甚至非法占据公共场所等突发群体性上访事件的预防处理。目前,我国各地普遍建立了突发信访事件应急管理预案,在工作要求、组织结构、工作内容、工作方法、联动主体等方面都做出了比较详细的规定。在组织机构上,设立行政信访应急管理领导协调小组、协调小组办公室,以及应急处置现场专门工作组。现场专门工作组根据应急管理的主要内容分为现场指挥组、现场处置组、综合服务保障组和机动组等组别。各组人员一般皆由行政信访机构的人员担任。在工作内容上,行政信访应急管理需要在短时间内完成风险识别、风险评估、风险控制、风险监测、风险预警和风险沟通等工作。而在此过程中,行政信访机构需要与公安、维稳部门、联席办、下级政府、相关职能部门及时沟通,联合行动,快速行动,及时稳控上访群众,切实澄清事实真相,以及时化解群体性信访行为造成的集聚性、焦点性的恶劣影响。此外,还探索建立了重大活动期间(重要节点)信访工作运行机制。如北京奥运会、庆祝新中国成立60周年、纪念建党90周年、上海世博会、广州亚运会、深圳大运会、西安世园会等重大活动期

---

① 《五原县:三级联动六方联调》,《人民信访》2012年第10期。
② 王浦劬:《以治理的民主实现社会民生——对于行政信访的再审视》,北京大学出版社,2012,第152页。

间，营造祥和的社会环境。

三　权力约束机制

权力约束机制，即用权力来约束权力，用责任来约束权力，其核心在于"追责任"。不怕权力大，就怕权力"啥都不怕"。信访权力约束机制的形成，需要通过信访督办机制、信访考核机制，形成有效问责机制，追究责任，实现权责一致。

（一）信访督办机制

"信访部门事实上是一个传递纠纷信息的机构，解决纠纷的组织还是信访所涉及问题的机关。"[①] 然而，信访部门可以不办，但需要督办。这种督办不仅体现在信访事项办理过程的督导中，更应体现在信访办理结果的督查中。

（1）时间要求督办机制。限期提出处理意见或解决方案，"时间倒逼进度"要求在一定的时间内办理。具体而言，可能通过落实首问负责制、否决事项报告制和重大项目"绿色通道"制度，推行超时默认制。

（2）过程回访督办机制。对办理过程的全程监控不易做到，但信访机关可以对信访人进行访问调查，进而对信访办理机关进行督办。即信访机关在办理的过程中、办理结束后都可以与当事人见面，听取诉求人的意见，核实办理情况。

（3）结果跟踪督办机制。信访机关对办理结果的跟踪督办，一方面要对督查案件实行台账管理，建立信访档案；另一方面要对收到办结回复以后的信访事项进行有重点的回访。

（4）信访督查专员机制。[②]《中共中央国务院关于进一步加

---

① 周永坤：《信访潮与中国纠纷解决机制的路径选择》，《暨南大学学报》2006年第1期。
② 王学军：《中国当代信访工作制度》，人民出版社，2012，第158页。

强新时期信访工作的意见》明确要求，要建立和完善信访督查专员制度。国家信访局及一些地方探索建立了信访督查专员制度，使信访督查工作更加专业化、规范化。

当前，一些地区在监督上"视线模糊"，对监督的重点搞不清弄不明；一些地区只注意某个环节的监督，却忽视了整体把握。实践证明，在监督上"一线平推"或者只取其一点，都会影响工作成效。督查倒逼落实机制，要加大明察暗访和基层巡察工作力度，对责任心缺失的人和事，坚决予以通报曝光和作风问责。

（二）信访考核机制

信访考核机制，即通过某种形式的评价来约束地方政府更好地解决民生问题。信访评价机制，始于2005年，主要体现为排名与通报的制度安排，初衷是敦促地方政府严肃处理信访反映的问题。然而，在执行的过程中，有一定的偏差。信访考核机制的运用可以分为两个阶段。

第一阶段（2005~2013年）：排名+公开通报，即上级政府对下级政府属地管理范围内的信访事项进行排名和公开通报，排名的结果直接与下级领导的晋升与绩效考核挂钩。2007年，捆绑了"领导一票否决制"后，信访的排名制度衍生出销号、"安元鼎"的怪现状，造成了政府与访民的两种行为。作为下级政府，不惜成本采用各种手段，进行"截访"或"消访"，以求在"排名"中不被或少被负面评价。更为严重的是，有些政府设置"黑监狱"、雇用"黑保安"、公关上级"抹数字"。作为访民，也可能利用"信访排名"，以"威胁上访"作为一项谈判筹码，"俘虏"地方政府"花钱买平安"，或"越访"上级政府造成信访渠道的拥挤。

第二阶段（2013年至今）：排名+点点通报，即上级政府对下级政府属地管理范围内的信访事项依然进行排名，但只是"点对点"的通报与约谈。2013年，国家不再搞全国范围的信访排名，信访的前十名还会通报。地方政府到目前为止，还没有取消信访排名。取消信访通报排名的做法，需要一直推行到基层政府。如同于建嵘所认为的，如果地方仍然采取原有的排名做法，拦访、截访仍然有可能继续发生。

然而，值得思考的是，取消信访排名后，如何保障访民权益和上级政府的监督，如何推进"平时考核逼落实"？建立健全信访目标管理责任制，完善信访工作目标考核机制，健全信访工作量化考评体系也是当前信访工作需要思考的主题。从理论上看，合理的做法应该是，不按照单一的信访量来对各地方的工作情况进行排名，而是将信访量与信访矛盾化解量之间的比率作为重要的绩效考核指标。实践中，各地的做法也有所创新：新时期的"枫桥经验"很好地回答了"取消信访排名"后，如何保障访民权益，解决"信访不信法""信权力不信法""信关系不信法"等突出问题，为各地政府运用法治思维和法治方式解决信访问题提供了新思路。

山西的省、市两级书记面对面点评压实信访工作责任的经验也值得借鉴。以山西省运城市为例，其通过两方面创新了信访考核机制。① 第一，用书记点评机制强力推动。从2012年开始建立书记点评信访工作机制，实行半年一点评。为确保点评效果，注重两个关键环节。一是严格目标责任考核，找准吃透问题，提供点评依据。从2011年开始实行信访工作目标年度考核百分制，把全年信访工作任务分为6大类22个子项，拟定具体目标和评分标准。每年抽调50人以上，用10天时间逐一考核验收各县

---

① 《坚持不懈抓规范，"事要解决"收实效》，《人民信访》2013年第9期。

（市、区），找出主要问题，分析产生原因，认定工作责任，提供点评依据。二是严肃点评、深刻剖析、见人见事、触动思想。按照目标责任制考核结果，对13个县（市、区）进京、赴省、到市上访和综合工作四项指标全面量化排队；对工作中存在的突出问题分清责任，分层次点评，从主要领导到分管领导，从联席会议到信访部门，是谁的问题就点谁。同时，每次点评后都要求各县（市、区）召开专题联席会，剖析问题，限期两个月整改。第二，用约谈机制推动工作落实。运城市规定了四种约谈情形，对发生的四类问题，认定后10日内约谈并通报，对干部起到了很强的警示作用。2011年以来，约谈县（市、区）主要领导6人次，分管领导8批19人次，责任单位领导36批85人次，约谈的各类问题都得到了及时解决。

此外，《信访条例》第7条还规定："各级人民政府应当将信访工作绩效纳入公务员考核体系。"因而，信访工作考核的内容、方式、标准都需要进一步地细化。

（三）信访问责机制

建立信访工作责任追究制度，明确责任追究细则，对因决策失误或工作失职引发群体性越级上访并造成严重政治影响和经济损失的，要依照党纪、政纪和法纪，追究责任。然而，问责无力，信访问责如同不带电的"高压线"，责任追究最大的问题就是追究难以到位。现实中，有的人怕得罪人不愿追究，有的人存在"护犊"心理不想追究，有的人怕"拔出萝卜带出泥"害怕追究。实际工作中出现了失职、渎职问题，需要追责、问责时，仍会遭遇到"追问不下去"的尴尬。信访问责究竟"问谁""谁问""问什么""如何问"等比较模糊，责任追究停留于"光打雷，不下雨"的状态。

（1）制定信访工作责任追究办法。《信访条例》第六章对信访的法定责任进行了规定；2008年的《关于违反信访工作纪律适用〈中国共产党纪律处分条例〉若干问题的解释》和《关于违反信访工作纪律处分暂行规定》成为新中国成立以来第一次就信访工作责任追究做出的专门规定，但这些规定并未规定信访责任追究的具体内容。因此，需要以一定的制度形式或规范文件补充或完善信访责任的追究制度。追究责任办法中应着重考虑：第一，责任追究执行主体。责任追究的落实到位首先要确定处分过程中由谁受理调查、谁执行处分等。在现实的政府管理中主要有两种思考，一是充分发挥纪检监察机关在信访工作中的作用，二是充分发挥信访局的作用。第二，责任追究对象。既要加大对不严格执法、依规办事的部门负责人和相关人员的责任追究力度，又要加大对处理信访问题不作为、乱作为、怕作为的责任追究，使各部门对信访问题不敢懈怠，让信访人信服政府行政行为。同时，要把对引发信访问题的企业纳入责任追究范围。如贵州省2007年楼下镇能通煤矿在采矿中，诱发泥堡村水源枯竭、山体滑坡等问题，根据协调处理意见，煤矿迟迟未给予妥善解决，从而引发群众群体上访。第三，细化责任追究办法。尽量从繁杂的信访工作中找出合适的责任追究临界线，细化信访失职、渎职等责任。

（2）优化信访责任认定方法。一方面可以考虑赋予上级信访事项调研组织对下级行政不作为、行政不当行为的直接调查处理建议权，使上级部门接访后，在深入基层处理信访事项时具有"钦差大臣"的身份，从根本上解决"同级监督太软、下级监督太轻、上级监督太远"的问题。另一方面可以考虑建立信访工作投诉站，明确规定信访人对接访人服务态度恶劣、办理信访事项不作为、慢作为或乱作为的，可以向各级纪检监察机关投诉，纪检监察机关要按自己的职责权限开展调查，并对投诉人给予负责任的答复。

(3) 责任联纵。目前，信访责任追究对领导人责任追究过度强调，但对责任联纵，注意领导人更替或公共政策问题引起的信访案件关注较少。领导人更替导致的信访往往表现为后任领导对前任承诺的否定；由于公共政策问题引起的信访案件主要包括政策本身不周全产生弱势群体照顾的政策性问题、政策前后脱节引发的历史遗留问题、政策执行的偏差或者弹性导致的分配不公和社会矛盾、上级政策落实的偏差等四大类问题。①

总之，责任查究靠制度而不是靠领导，要按照"谁主管、谁负责""谁惹事、追究谁"的要求，对因工作不到位引发有影响的案件的责任单位、责任人和制造矛盾、问题的单位及责任人，坚决实施责任追究。

第三节　信访工作资源机制

任何管理都离不开"资源"，资源是管理的重要内容。吉登斯认为，"资源是权力得以实施的媒介，是社会再生产通过具体行为得以实现的常规要素"②。资源配置机制是指调节资源使用的数量、规模、结构、布局等方面的经济机制。一方面反映在资源投入的相对量上，另一方面体现为资源配置的合理度。管理的资源机制，体现为资源利用的效率性。公共管理的资源主要体现在人、财、物、时间等各个方面。就信访工作资源机制而言，主要体现为人力资源配置和财力资源配置两个方面。没有财力资源的高效配置，人力资源只能是"巧妇难为无米之炊"；没有人力

---

① 秦小建：《压力型体制与基层信访的困境》，《经济社会体制比较》2011年第6期。
② 〔美〕吉登斯：《社会的构成》，李康、李猛译，王铭铭校，三联书店，1998，第77～78页。

资源的高效配置，财力资源也只能是空中楼阁。

一　人力资源配备机制

2012年7月，中共中央办公厅、国务院办公厅出台《关于进一步加强信访干部队伍建设的意见》后，全国各地都按照"充实力量、优化结构、提升素质、发挥作用"的要求加强了信访干部队伍建设。

（一）配强领导班子

在我国，政府的组织能力与领导者能力息息相关。正如吴江教授所说的，因为我国传统的以人为中心的品位分类标准，使人成为决定因素，组织绩效在很大程度上取决于什么人来领导，领导人对组织绩效承担的是无限责任，组织绩效等同于领导个人或领导班子绩效。[①] 就信访工作而言，各级应当重视选拔、配备信访部门领导班子，尤其重视一把手的配备，把一批年富力强、基层工作经历和经验丰富、工作能力强、发展后劲和潜力大的同志选拔到信访部门中来。时任河南省委书记卢展工多次在省委常委会等不同场合明确提出："在干部高配上，可以考虑省辖市、县（市、区）信访部门主要领导逐步担任党委或政府班子副职。"

（二）充实工作人员

（1）增加人员编制。机构是"牌子"，挂牌才有效（身份）；职能是"章子"，有章才有权（权能）；编制是"票子"，有编才有钱（资源）；职数是"帽子"，有职才有官（官位）。[②] 人员编制与领导职数是政府机构进行社会管理和公共服务的基础。

[①] 吴江：《领导干部绩效考评体系的设计思想》，《城市管理》2005年第3期。
[②] 魏礼群：《中国行政体制改革报告（2012）No.2》，北京大学出版社，2012，第72页。

一定编制的人员是人员结构优化的基础，也是把政治强、业务精、作风好的干部选拔到信访工作岗位上来的基础。此外，人员编制的类型也会影响人员的质量。就目前来看，信访工作人员的编制有公务员编和事业编两种。如河南省2013年158个县信访部门工作人员编制3360名，其中公务员编1681名，事业编1679名。①

（2）体验式的挂职锻炼。即相关职能部门负责人到行政信访部门挂职锻炼，直接参与全部行政信访环节。落实中央组织部《关于进一步做好选派干部到信访岗位培养锻炼工作的意见》，加大干部到信访机构挂职锻炼的部门范围和人数，建立信访督导和挂职锻炼的配套实施方案和考核体系，在锻炼干部危机管理和群众工作的能力，促进干部队伍建设的同时，为行政信访机构和其他部门和单位的协调奠定基础。②通过体验式的挂职锻炼，相关职能部门和下级政府领导干部能够深切体验和认识行政信访工作的重要性和难点；同时，借助挂职信访督导人员的身份，行政信访机构在实际工作中也提升了协调联动能力，在挂职人员回到本单位任职后还可以进一步延续这种协调执行力。如北京市海淀区成立了两个信访督导组，相关职能部门新升任的副手先到区委、区政府信访办挂职副主任，体验行政信访的全部环节，督导信访排查调处工作的决策部署情况，了解社情民意，发现问题，督查解决相关问题，并且总结经验教训。③ 2014年湖北潜江市纪委监察局实行纪工委监察分局年轻干部轮流到委局信访室挂职锻炼，切实补齐"为民"三课。

---

① 河南省信访局：《着力加强队伍建设，高配重用信访干部》，《人民信访》2013年第1期。
② 姜洁：《在信访窗口补上群众工作"必修课"》，《人民日报》2012年3月27日。
③ 王浦劬：《以治理的民主实现社会民生——对于行政信访的再审视》，北京大学出版社，2012，第155页。

(三) 整合工作人员

成立"大信访"部门。早在2005年义马市便提出用群众工作统揽信访工作的理念,在信访局基础上建立群众工作机构,省委、省政府要求各地在市、县(市、区)信访局的基础上设立群众工作部,作为同级党委工作部门,同时保留信访局为同级政府工作机构,"一个机构、两块牌子";乡镇(街道、办事处)统一整合纪检、综治、司法和信访等工作力量,成立群众工作站。2009年年底,山西省委常委会研究决定在市县两级成立社会工作部,与信访局合署办公。2010年全国探索用群众工作统揽信访工作机制。

(四) 激励工作人员

就公共管理而言,对人员的激励主要采用"帽子""票子""面子"三种手段。

(1) "帽子"——人事任免。任何社会,政治家或政府官员往往会关心仕途和晋升;而政治生命和职业前途是通过官员任免来实现的。从人事任免来说,地方官员从最低的行政职位一步一步提拔是一个逐级淘汰的竞争晋升。上级政府利用政治锦标赛来实行对官员的激励。干部定期交流制度和国家公务员岗位轮换制度为政治锦标赛的实行提供了制度安排。2012年,全国18个省辖市先后提拔信访部门干部68人、交流17人,158个县先后提拔信访干部476人,交流286人,部门群工部部长被提拔为同级党委或政府副县(市、区)长,还有不少信访干部被提拔或交流到重要岗位上使用。①

(2) "票子"——物质激励。对信访工作的先进集体和个人给予一定的物质或财力奖励。如河南省连续在2011年、2012年

---

① 河南省信访局:《着力加强队伍建设,高配重用信访干部》,《人民信访》2013年第1期。

给评为先进的省辖市奖励30万元，评为先进的县奖励20万元，极大地激发了信访干部的创业热情。

（3）"面子"——精神激励。任何社会中的政府，总是靠官员的指挥运转的；而作为"人"的官员，不可能没有精神需求，或者不可能没有"面子"。人是要面子的，做了事总想得到组织或别人的肯定；组织的业绩是由一群人集体创造的，它同样需要上级组织或其他组织的肯定。因而，对于那些能干事、干成事、不出事的干部，要适时给予精神激励，包括授予荣誉称号、外出学习考察、公开宣传报道等；对于那些能创新、干成事的组织，要适时地给予精神激励，主要是体现为肯定其模式的独特性或推广性。如河南省对表现突出的先进集体和先进个人予以记功、表彰。

二 财力资源配置机制

任何一种制度的运转或行为的行使，必然承担相应的成本，特别是经济成本。财力资源也是一项基本保障。如同"巧妇难为无米之炊"，没有财力的保障，信访工作就难以展开。

（一）信访财力资源的构成

就信访管理工作的财力资源而言，主要包括四个方面：一是在信访上所付出的正常的人员与设备支出，二是政府为降低信访量的支出，三是政府为"信访致贫"的信访者的救助支出，四是与信访工作有关的其他支出。

1. 正常的人员与设备支出

正常的人员与设备代价是常规的行政支出，是保障信访机构运转的必需的资金保障，须由财政统一支付。

2. 为降低信访量的支出

为降低信访量的支出主要体现为两个方面：一是正常的特定信访事项支出，二是非正常的特定信访事项支出。对于正常的信访事项支出而言，主要体现为解决长期积累、久拖未决、责任主体不清的"合法或合理"的信访事项支出。信访工作的实践证明，有些案件的复杂性、特殊性（特别是历史遗留疑难案件）致使责任主体无法明确，赔偿责任无法落实；有些案件虽然明确了责任主体，但债务方没有履行能力，而债权方生活又十分困难；有的案件"于法无据，于情有理"；等等。"正常的信访诉求久拖不结，必然带来经济成本的攀升，而信访人的越级访、重复访等非正常信访，也导致公共财政资源的负效益。"[1] 非正常的特定信访事项支出，主要体现为"截访和销访支出"和"重大活动期间信访事项的支出"。"信访制度同时还消耗大量的公共资源，当正常信访秩序被打破，出现制度失衡状态时，信访制度运行将突破常规的公共财政的预算"，此时"截访和销访支出"产生。具体而言，截访支出是截访者和被截访者的日常支出，包括截访者在"驻京办"或"驻省办"的吃住及通信支出、被截访者被截访后的吃、住及遣返费用；销访支出是下级信访部门到上级部门沟通信息，注销当地上访登记数目的公关支出。于建嵘对"截访"的经济成本进行了分析："以中共十七大期间为例，为了保证所谓'零进京'，此期间整个河北省进京接访人数多达数千人，全国像河北省这样进京上访较多的省近 10 个，加上其他省市，全国在北京接访人员近 10 万人。"[2] 这么多官员到北京接访，对基层政府来说是一笔不小的行政开支。"重大活动期间信访事项的支出"不仅包含支付重大活动期间的"截访成本"，而且还包括重大活动期间特殊信访事项的支出。

---

[1] 刘素华：《信访制度运行中的成本分析》，《中共中央党校学报》2009 年第 1 期。
[2] 于建嵘：《谁在承受截访的成本?》，《凤凰周刊》，2008 年 7 月 28 日，http://news.ifeng.com/opinion/meiti/ph/detail_2008_07/28/1349013_0.shtml，最后访问日期：2014 年 9 月 5 日。

3. 为"信访致贫"的信访者的救助支出

李俊[①]指出我国信访制度的收益非常小，而成本非常高，"信访人走上上访之路后，一般先在地方政府部门转圈，到北京后，又在各个部门之间转圈，然后开始在北京和地方之间转圈，其间上访者的时间成本和财力消耗都很大"[②]。可见，信访者的信访成本包括信访的财力、时间甚至人身安全和精神等诸多方面。信访，不管是合理合法的，还是不合理不合法的，都有可能使信访者的生活陷入困境。因此救助对象的主要特点是自身经济状况不好，比如由于不断上访所带来的家庭支出大幅增加而没有稳定生活来源的信访者；经教育劝解能放弃无理诉求但本身生活确有困难的信访者；生活没有保障且属于民政部门救济范围之外或救济措施难以落实的信访者等。综观全国信访案件，大多数是因为拆迁征地、企业改制、债务欠账等经济问题为主的上访，这些信访者原本的经济条件就很差，再加上自身利益受到侵犯，不免会做出激进、过度的上访行为。基于人权的保障、民生的重视和社会的和谐，政府需要使"因访致贫"的信访者得到应急性、临时性救助，增加资金方面的补偿，最大限度地增加和谐因素，因而产生了救助支出。

4. 与信访工作有关的其他支出

在信访工作的处理过程中，存在一些特殊性支出，它们虽然所占比重较小，但是能够起到一定的辅助性作用。比如，为需要寻求司法途径的信访者聘请法律专家、提供法律援助的费用；为解决疑难上访问题聘请心理专家进行心理疏导、协助配合工作的费用；信访联席会议召开和联合接访时对其他部门的接待费用；

---

① 李俊：《我国信访制度的成本收益分析》，《南京社会科学》2005年第5期。
② 陈丰：《信访制度成本研究》，博士学位论文，华东理工大学，2010，第22页。

开展信访风险评估过程中进行民意调查、听证评议的费用；突发性、聚集性信访事件处理过程中产生的费用；建立信访问题理论研究机构、邀请专家学者参与信访工作的费用；社会关注度大的特殊信访事件中与媒体打交道产生的费用；等等。这些费用看起来可以归纳到一般正常信访工作支出，但又明显与之区别开来，它们为信访案件的有效解决提供了扎实的支撑。

（二）特殊疑难信访问题的化解：设立信访问题专项基金

特殊疑难信访问题的化解是信访工作中的一大难点，这些问题由于时间长、难度大，长期得不到解决，"长期拖累社会、苦着群众"，导致相当一部分形成了重复上访，成为影响社会和谐稳定的重要因素。党中央、国务院明确提出中央和地方都要设立信访专项资金。

1. 设立信访问题专项基金的目的

中央从2009年开始设立解决特殊疑难信访问题专项资金（以下简称"专项资金"）。同时要求各地根据上级有关精神，结合实际，整合财政、民政及相关责任主体单位资源，建立信访问题专项资金，为解决长期积累、久拖未决、责任主体不清的"无头案""钉子案""骨头案"创造条件。信访问题专项基金主要用于支付正常的"降低信访量的支出"和"救助支出"，即案件化解和困难救助。专项基金要使信访群众合理合法但情况又特殊的诉求能得到及时解决，不合理不合法但生活又陷入困顿的能得到及时救助，最大限度地增加和谐因素。如河南省新乡市自2009年起，拿出500万元，各县（市、区）按照人均4元的标准（信访专项资金2元，涉法涉诉困难救助资金2元），建立了近3000万元信访专项基金，一大批"无头案、钉子案、骨头案"得到了妥善化解。[1]

---

[1] 《机制创新是解决信访问题的关键》，《河南法制报》2011年5月11日，第5版。

2. 专项基金的管理原则

财政部制定出台了《解决特殊疑难信访问题专项资金管理暂行办法》，国家信访局下发了《关于进一步管好用好解决特殊疑难信访问题专项资金的通知》等文件，对专项资金管理使用原则、适用范围、经费来源以及监督检查等进行了明确的规定，保证了工作有章可循。各地制定了与中央要求配套的专项资金实施细则或管理办法，进一步促进了工作的制度化和规范化。

（1）资金的筹集原则。专项基金的筹集要坚持多渠道、多形式的配套资金。坚持以地方筹集为主的原则，加大地方配套力度。有些省份将配套资金列入政府财政经常性预算，省市县三级财政定额安排、专款专用；有些省份采取弹性筹措方法，根据使用需要随发生、随追加。

（2）资金的使用原则。第一，专款专用原则。信访专项基金要存入专户，不得占用、挪用和截留。信访专项资金可试行年度预算，结余滚存，不足时，根据调处信访案件的实际需要另行追加。第二，准确把握使用范围原则。各地突出"特殊""疑难"和"紧急"三个要点。"特殊"是指只能用于解决信访个案，而不能解决普遍性问题。"疑难"是指难以划分或落实责任主体、累计时间久远、难以解决和化解的"无头案、钉子案、骨头案"等信访案件。"紧急"是指突发的信访人服毒、自杀、意外伤病等医疗救助。坚持"四个不用"原则（不符合使用原则的不用，案情未彻底搞清的不用，通过其他渠道能够解决的不用，信访人未签字承诺息诉罢访的不用），做到成熟一件、资金使用一件、结案息访一件。第三，科学合理原则。专项资金的使用要恰当把握，不该花的钱绝不花，非花不可的钱要讲究方式，真正解决问题；要求合理使用，科学研究适用范围，不引起连锁反应，不助长不合理诉求。第四，一次性救助原则。实施一案一救助，同一信访事项同一当事人不重复救助。第五，公平公正原则。任何单位和个人不得随意扩大使用范围，注意把握救助标准，防止因救助不当引起攀比或引发新矛盾，特别要防止少数人为谋求信访救助资金而恶意上访。第六，专项资金的审核审批制度。有的地方建立了使用专项资金须经县级初审、市级审核、省级审批的"三级审批"制度，有的建立了信访局牵头、相关部门参与的"据案奖补"会审制等，使专项资金的管理更加规范，既坚持了原则性，又具有了很强的可操作性。

（3）资金的监管原则。国家信访局、财政部要建立健全各项制度，加大对专项资金的监管。紧扣"结案事了"、息诉罢访这一核心，全力抓部署推进、抓有针对性指导、抓督导落实，建立情况通报、协调制度、月报分析等工作制度，多次召开座谈会、工作推进会和调度会，进行协调调度和示范引导，规范各地工作，确保专项资金用之有度、用之有效，保证工作有章必循。同时，针对各地工作中呈现的亮点特色，中央联席会议通过现场会、专题会和工作简报等多种形式及时进行推广总结，交流学习，促进各地专项资金管理使用水平的共同提高。

3. 专项基金使用的效果[①]

近年来，中央专项资金发挥了特殊作用，推动地方化解了一大批特殊疑难信访问题，切实维护了信访群众的合法权益，促进了社会的和谐，取得了良好的社会效果。一是大量特殊疑难信访问题得到化解。全国使用专项资金化解了一大批特殊疑难信访问题，特别是一些难度较大的历史积案、进京上访老案、省级和中直单位之间的"三跨三分离"难案得到化解，维护了信访群众的合法利益，促进了社会和谐稳定。二是促进了工作机制的不断

---

① 《专项基金有效化解信访难题》，《人民信访》2013 年第 1 期。

创新与完善。专项资金工作抓住了信访问题的利益性特点，针对地方财力有限以及缺少顺畅的资金渠道这一实际，大胆创新，探索了一条破解特殊疑难信访问题的有效途径，是群众工作理念的创新、方法的创新；各地在实际中不断创新和完善工作机制，逐步将专项资金纳入财政预算，打通了化解特殊疑难信访问题的资金渠道，中央补助资金的杠杆作用得到充分发挥；形成了省级财政部门和信访部门严格管理使用，纪检、监察、审计等部门监督检查的专项工作制度；研究开发了专项资金数据库，实行"网上交办、网上反馈、网上审核、网上报送"，提高了专项资金工作的信息化水平。三是产生了良好的政治和社会效应。各地普遍反映，中央建立专项资金的决策部署，体现了以人为本、执政为民的理念，反映的是推动解决问题的信心和决心，进一步激发了化解信访积案的积极性和主动性。

4. 信访专项资金运行存在的问题

信访财力机制中，信访救助专项资金是重要的一部分，同时也是近几年开辟出的新领域，运行过程中还有一些问题需要加以重视。

（1）资金来源单一，规模不够。信访专项资金的主要来源是各地的财政资金，但仅靠财政资金是远远不够的，因此建立稳固的资金来源十分重要。信访救助资金是社会救助体系的一部分，除了政府的主体作用，广泛发动社会各界的捐款是扩大资金总量的一个有效途径。这样一来，一方面，财政拨款能够使信访专项资金有一个固定、可靠、稳定的来源；另一方面，社会团体、第三方组织等的捐款能为信访资金提供有效补充，更好地使信访资金流动起来并发挥作用。

（2）资金管理处于初级阶段，管理尚不规范。按照管理原则，专项资金应该实行专款专用、专户管理。但是在实际的运行中，专户管理的成本高、难度大、无经验，很多单位难免会将信访专项资金与日常行政经费核算混在一起，无法独立反映收支、结余的总体情况，并且缺乏完善的程序规范和监管办法，很难保证不被占用、挪用。

（3）救助范围模糊，缺乏明确的救助标准。虽然各地都在强调"特殊""疑难""紧急"这三个要点，但规定还是过于笼统，这主要表现在以下两个方面：一是在目前各地的文件中，都将"生活有困难"作为需要救助的条件，但对什么是生活有实际困难并没有进一步规定，导致在实际办案过程中如何判定信访救助对象存在较大疑惑。二是信访救助与其他社会救助措施没有做出明显的分配。接受信访救助的信访者可能也同时享受了司法救助、最低生活保障救助、城乡医疗救助、自然灾害救助等一些经常性、临时性、专项性救助，这些救助方式的衔接、比例分布没有明确的规定，造成了我国社会救助体系碎片化的困境，容易使信访救助功能偏离，甚至出现信访者为谋取非法利益而不断纠缠、信访案件数量不降反升的负面影响、过分依赖救助等风险。

（4）资金审批程序不够严格和细化。现有的资金审核主要是依靠简单的书面检查和定期、不定期的监督核查。各地区书面审查的形式也不统一，或以台账方式，或以表格方式，或以一纸报告的方式，具体的证据材料不够充分，案件的发生过程、处理方法、信访人的家庭情况等描述没有明确的规定。如此简陋的申请程序会在实际操作中造成漏洞，甚至为虚报和冒领埋下伏笔。

（5）"花钱买平安"，不能从根本上解决问题。信访专项资金一个很大的用途在于截访息访，一定程度上尴尬地适应了"一票否决""减少越级上访"的规定，不是为了诚心解决问题，而是为了暂时稳定、保证政府政绩。因此，信访资金的使用很容易走向另一个极端，特别是在敏感时期，人盯人、陪吃喝、给红包、免费旅游等，这些用在上访户身上的手段五花八门，对信访的人力、物力投入也成为财政的无底洞。这样的截访息访，增加了纳税人的负担，反而激化了矛盾，与建立和谐社会的初衷背道而驰。深究原因，除了一些地方信访机构服务意识不足、自身职责认识不清之外，更多的是没有从根本上做好上访群众的工作。与其在信访案件发生后极力想办法打压，还不如从源头上减少信访事件的发生，处理好各个利益相关者之间的关系，这也是我国深化改革必然要经历的过程。

此外，由于认识上和其他方面的原因，有的地方政府不愿建立信访基金；有的虽然表面上建立了，但没有真正实施。

总之，信访的权利机制、权力机制、资源机制使信访工作运转起来。然而，行政信访的运行机制存在困难和瓶颈，有学者概括如下：①（1）行政信访制度定位不清，运行机制创新方向不明；（2）行政信访运行机制创新缺乏系统化的顶层设计；（3）行政信访在机制运行中职重权轻，协调能力不足；（4）行政信访运行机制在一定程度上与法治精神相悖；（5）刚性维稳压力下行政信访运行机制的功能异化；（6）社会资本尚未充分运用，民主意涵尚未充分彰显；（7）行政信访绩效考核机制的科学合理程度亟待提高；（8）行政信访工作"案结事不了"，终结程序功能不彰。行政信访工作机制的创新，实际上并非简单的进退抑或权力"扩大"与"削弱"问题，而是从国家与社会的辩证关系角度重新定位行政信访制度的政治属性和工作机制承担的功能，在治理民主的框架内，以实现国家权力与公民权利双向代表和双向代理为基本思路，对行政信访运行机制进行"顶层设计"的问题。

---

① 参见王浦劬《以治理的民主实现社会民生——对于行政信访的再审视》，北京大学出版社，2012，第167~176页。

结论　关于信访渠道畅通的展望

信访工作体制、信访业务流程、信访信息技术在保障信访制度运转的同时，也会由于体制的不顺、流程的不合理和技术的不优化而导致信访信息渠道的不畅。信访渠道的畅通，信访制度的有效运转，"既需要细化的工作机制，使制度内部结构井然有序，也需要适当的技术对其外部结构的支撑，更需要人的文化观念的进步与内化。以上三个条件构成了任何制度的有效运转的充要条件"[①]。通过三个条件的配合，一方面要防止信访渠道承载和包揽太多的纠纷解决的负担，另一方面政府机关又能够有效地处理进入信访渠道的社会问题。只有实现了制度的有效运转，才能激励制度的操作者，吸引社会的支持，才能使信访渠道畅通无阻。

1. 理顺体制，细化机制

信访制度没有摆脱"制度葡萄架"的形象比喻，上面看上去严严密密，下面却有许多真空地带。这种真空地带的出现就在于体制不顺，机制不细。顺畅的体制从宏观视角保证了信访渠道的通畅，细化的机制从微观视角保证了信访渠道的畅通。就信访工作的体制而言，一要明确信访事项的处理主体的权责，二要明

---

① 麻宝斌、任晓春：《使基层民主运转起来》，《湖南社会科学》2011年第1期。

确进入信访渠道的信访事项范围。

首先，从信访处理主体的权责来看，应当明确行政信访的受理主体及其关系。为理顺这种关系，笔者认为应当：（1）减少行政信访的受理主体。目前，不仅要撤销工、青、妇、检察院、法院等信访工作机构，撤销行政系统各职能部门的信访工作机构，而且还要理顺党委信访、政府信访和人大信访之间的关系。（2）细化"属地管理、分级负责"的管理体制。这种体制事实上是确定了信访工作的"块块管理"体制。然而，政府管理工作离不开"条块"的结合。因而，需要细化信访工作的纵向权责关系，明晰属地的层级以及分级的范围，防止信息的层层推诿。（3）重审"谁主管、谁负责"的管理体制。不能将"谁主管、谁负责"再狭隘地理解为各职能部门的"谁主管、谁负责"，而更应扩张为各级政府的"谁主管、谁负责"。这样的理解，不仅能够减少信访信息的口口推诿，还能加快信访案件的处理速度。（4）理顺各级政府与其信访部门的关系。在现实中，各地可能将信访部门作为政府的职能部门，加强其处理信访问题的能力；也可以将其作为内设部门，提高领导级别，强化其监督、协调等管制权限，增强其权威性和协调能力；确定信访部门作为信访信息接收和信息反馈的责任主体。

其次，从信访事项的范围来看，明确信访工作的范围。信访渠道并不能解决政治、经济、社会、法律等所有的问题，它需要从制度上明确和细化进入信访渠道的事项，既要将行政信访、行政复议、行政诉讼和行政申诉的范围界定清晰，又要处理好不同救济方式之间的无缝隙衔接。针对群众习惯于找党委和政府，不愿上法院诉讼的现象，应建立和完善信访法律咨询和律师参与的信访接待工作制度，依法分流信访问题。凡属应由司法机关介入加以解决的问题，就说服引导信访人诉诸法律渠道来解决。①

就工作机制来看，一要在程序正义的理念下规范操作程序，二要在实质正义的理念下完善个性化处理。首先，在程序正义的理念下，信访工作应建立起一套合法的信访处理程序，依据法治精神创造性地设计信访接待、案件转办、查办、督办、反馈等各个业务流程。作为程序法的行政法规，主要有这样几个方面的内容：来信来访的分类制度、登记制度、明确管辖范围的制度、审结期限制度、终局裁决制度、交办制度、督办制度，等等。② 此外，可以通过政府内部人力资源的特殊流转机制，如职能部门到信访部门挂职或兼职的方法，完善行政机关内部职能分工与业务流转的流程再造与无缝衔接。其次，在实质正义的理念下，信访工作应建立起一套合理的信访处理方式。在"没有别的东西而只有法律和严格执行正当程序的地方"——这不是天堂而是地狱。③ 信访工作的独特之处在于它是以个案的个性化处理作为政治制度安排中刚性制度缺陷的合理补充。没有个性化的处理，行政管理就会变成冷冰冰的官僚机器；但是个性化管理方法的滥用，也将导致国家行政管理变成乱哄哄讨价还价的集贸市场。④ 因而，信访事项的处理，不仅要细化与咬合权利、权力、资源三种机制，而且要强化"领导批阅重要来信和亲自接待来访""联席会议"等非日常性的工作机制，形成各个部门紧密合作、齐抓共管的局面，对信访问题实施综合治理，引导信访工作走向追

---

① 麻宝斌：《中国社会转型时期的群体性政治参与》，中国社会科学出版社，2009，第165页。
② 麻宝斌：《中国社会转型时期的群体性政治参与》，中国社会科学出版社，2009，第165页。
③ 〔美〕克里福德·吉尔兹：《地方性知识：事实与法律的比较透视》，载梁治平《法律的文化解释》，三联书店，1998，第88页。
④ 金国华、汤啸天：《信访制度改革研究》，法律出版社，2007，第337~338页。

求公共善的方向，使公共权力在不经意间的关注中让卑微者如沐春风。

2. 升级技术，强化管理

正如哈贝马斯所言，技术是改变权力结构的重要杠杆之一，信息化无疑强化了这种杠杆的调节作用。同理，技术也是保障权力制度运转的杠杆，技术的开发升级优化了制度运转的环境，监控着制度运转过程的全景。全国信访信息系统的设计无疑强化了信访的信息化。"全国信访信息系统的构想与边沁设计、福柯深入考察过的环视监督装置颇有类似之外，即借助中心塔楼的可移动性视线不可遮挡和不可预测的扫射，造成对那些处于一览无遗境地的周围各级单位内活动的威慑效果，甚至建构起某种特殊的权力关系，即使在无人操作条件下也能实现自动化控制。"① 然而，技术是需要不断开发升级的，全国信访信息系统只有不断地升级，兼容现代化的信访路径和各种自动化的办公软件，才能促进信访渠道的畅通，保证信访制度的有效运行。就目前来看，全国信访信息系统，不仅要实现与信访呼叫系统、信访视频系统的整合，而且要优化软件功能，不断升级信访信息系统，力争将信访信息系统建成一个综合性政务信息港，更要适应"云"时代的发展，破解政府信息化"割据"之谜。

如同安德鲁·芬伯格所说的，积极的人类干预可以改变技术在实践中的工作方式。我们也可以说，积极的人类干预可以强化技术在实践中的作用。信访信息技术的运用，离不开人类的积极干预——强化管理。目前，信访信息化需要强化管理的方面为：(1) 强化热线电话与呼叫中心管理，包括热线电话的工作机构管理、热线的一体化与网络化管理；(2) 强化电子信箱的管理，

---

① 季卫东：《上访潮与申诉制度的出路》，《经济管理文摘》2005年第15期。

包括电子信箱的公开、专业化管理等；（3）强化信访门户网站和国家投诉受理中心网站的管理，包括网站的更新、网站的一体化与网络化；（4）强化信访信息系统的管理，包括全国信访信息系统的建设、对信访系统实行的空间监督、流程监督、痕迹监督管理等。此外，可将原国务院信息化工作办公室（国信办）的职能划入信访部门，更好地实现信访部门的信息管理职能和信访的信息化建设。

3. 转变观念，内化品质

"那些先进的制度要获得成功，取得预期的效果，必须依赖使用它们的人的现代人格、现代品质。"[①] 对于信访制度而言，它需要转变群众和信访工作者的观念，用现代的品质来内化其行为。

对于信访机构和信访工作者而言，（1）"办信"与"接访"同等对待。目前，多数信访部门注重接访，忽视办信接电。甚至一些地方或部门领导对群众来电来信尤其是初电初信视若无睹，漠视来电来信反映问题，大量的接访挤占了办信接电等信访工作资源，致使群众由温和的写信转为激烈的上访。目前信访部门中从事接访的工作人员约占总数的三分之一，基层达到五分之四，接访成为各级信访部门疲于应付的主要工作任务。（2）"个案"与"共案"同等对待。信访工作者不仅要监督、协调、代办或查办个案信访事项，更要注意社会舆情"共案"的分析，排查调解好信访事项，做到"依法、及时、就地解决问题与疏导教育相结合"。（3）正确认识自身的定位。必须贯彻实行信访"退居二线"的回撤战术，由信访部门作为协助、参与矛盾化解的多方责任主体中的"非第一问责人"身份开展矛盾症结的寻找

---

① 〔美〕英格尔斯：《人的现代化》，殷陆君译，四川人民出版社，1985，第4~5页。

与化解工作。"外弱内强"、于法有据，积极作为而不僭越（法律的位阶与权力的能级）、不逾越（职责层级）、不过度（自由裁量的行政合理限度），才能让信访工作在有进有退之间达成合理回归：位高而不权重、作为而不越位。此外，信访部门应当培养和建设一支高素质的信访工作队伍，以更好地适应新时期信访工作的要求。

对于群众而言，（1）正确认识来信、来访、来电和网络信访等方式的优缺点，而不能只迷恋上访。如2006年1月至9月，辽宁省盘锦市、县区信访工作机构受理群众来信、来访达到31293件次，其中来信仅为1352件次，只占4.3%。[①] 这个数据便说明群众应当正确认识各种信访形式。（2）逐渐改变长期存在的"青天"意识，正确认识信访部门的定位。"客观地说，作为一种制度设计，信访机制的设置和运行的政治意义远远大于其法律意义，换句话说，信访制度更主要的功能应该是进行民意收集、民怨发泄和政治动员，而不是解决具体的法律纠纷。"[②] 或者说，群众将信访看作最后一道救济的权利，要学会合理地政治参与并积极地向信访部门传达社会信息至关重要。

总之，信访渠道的畅通，从根本上需要的是全社会信任氛围的形成，不仅在信访者和信访部门之间形成信任，而且在政府系统内部之间形成信任。只有相互信任，信访信息才能在政府与社会之间以及政府体系内部更加通畅地流动。也只有相互信任，堵塞和压制信息的致命错误才会在信息化时代消失。在目前的形势下，信任的形成，需要信访政治属性的实现。实现信访制度政治属性的现实途径"在于发展完善我国根本和基本政治制度的同

---

① 邹守卫：《信访工作概论》，南方出版社，2007，第248页。
② 李宏勃：《法制现代化进程中的人民信访》，清华大学出版社，2007，第196页。

时，从建构国家与社会、政府与公民的理性与和谐互动关系着眼，从实现政治民主、治理民主与社会民生的有机结合着力，从执政党执政方式转变和国家治理多维价值的包容协调和均衡达成的体制机制改进完善和复合建构着手，不断完善和发展这一制度"①。

---

① 王浦劬：《以治理民主实现社会民生——我国行政信访制度政治属性解读》，《北京大学学报》（哲学社会科学版）2011 年第 6 期，第 81~91 页。

附 录

附录1 《信访条例》(2005)

《信访条例》

第一章 总则

第一条 为了保持各级人民政府同人民群众的密切联系,保护信访人的合法权益,维护信访秩序,制定本条例。

第二条 本条例所称信访,是指公民、法人或者其他组织采用书信、电子邮件、传真、电话、走访等形式,向各级人民政府、县级以上人民政府工作部门反映情况,提出建议、意见或者投诉请求,依法由有关行政机关处理的活动。

采用前款规定的形式,反映情况,提出建议、意见或者投诉请求的公民、法人或者其他组织,称信访人。

第三条 各级人民政府、县级以上人民政府工作部门应当做好信访工作,认真处理来信、接待来访,倾听人民群众的意见、建议和要求,接受人民群众的监督,努力为人民群众服务。

各级人民政府、县级以上人民政府工作部门应当畅通信访渠道,为信访人采用本条例规定的形式反映情况,提出建议、意见或者投诉请求提供便利条件。

任何组织和个人不得打击报复信访人。

第四条 信访工作应当在各级人民政府领导下，坚持属地管理、分级负责，谁主管、谁负责，依法、及时、就地解决问题与疏导教育相结合的原则。

第五条 各级人民政府、县级以上人民政府工作部门应当科学、民主决策，依法履行职责，从源头上预防导致信访事项的矛盾和纠纷。

县级以上人民政府应当建立统一领导、部门协调，统筹兼顾、标本兼治，各负其责、齐抓共管的信访工作格局，通过联席会议、建立排查调处机制、建立信访督查工作制度等方式，及时化解矛盾和纠纷。

各级人民政府、县级以上人民政府各工作部门的负责人应当阅批重要来信、接待重要来访、听取信访工作汇报，研究解决信访工作中的突出问题。

第六条 县级以上人民政府应当设立信访工作机构；县级以上人民政府工作部门及乡、镇人民政府应当按照有利工作、方便信访人的原则，确定负责信访工作的机构（以下简称信访工作机构）或者人员，具体负责信访工作。

县级以上人民政府信访工作机构是本级人民政府负责信访工作的行政机构，履行下列职责：

（一）受理、交办、转送信访人提出的信访事项；

（二）承办上级和本级人民政府交由处理的信访事项；

（三）协调处理重要信访事项；

（四）督促检查信访事项的处理；

（五）研究、分析信访情况，开展调查研究，及时向本级人民政府提出完善政策和改进工作的建议；

（六）对本级人民政府其他工作部门和下级人民政府信访工作机构的信访工作进行指导。

第七条 各级人民政府应当建立健全信访工作责任制，对信访工作中的失职、渎职行为，严格依照有关法律、行政法规和本条例的规定，追究有关责任人员的责任，并在一定范围内予以通报。

各级人民政府应当将信访工作绩效纳入公务员考核体系。

第八条 信访人反映的情况，提出的建议、意见，对国民经济和社会发展或者对改进国家机关工作以及保护社会公共利益有贡献的，由有关行政机关或者单位给予奖励。

对在信访工作中做出优异成绩的单位或者个人，由有关行政机关给予奖励。

第二章 信访渠道

第九条 各级人民政府、县级以上人民政府工作部门应当向社会公布信访工作机构的通信地址、电子信箱、投诉电话、信访接待的时间和地点、查询信访事项处理进展及结果的方式等相关事项。

各级人民政府、县级以上人民政府工作部门应当在其信访接待场所或者网站公布与信访工作有关的法律、法规、规章，信访事项的处理程序，以及其他为信访人提供便利的相关事项。

第十条 设区的市级、县级人民政府及其工作部门，乡、镇人民政府应当建立行政机关负责人信访接待日制度，由行政机关负责人协调处理信访事项。信访人可以在公布的接待日和接待地点向有关行政机关负责人当面反映信访事项。

县级以上人民政府及其工作部门负责人或者其指定的人员，可以就信访人反映突出的问题到信访人居住地与信访人面谈沟通。

第十一条 国家信访工作机构充分利用现有政务信息网络资源,建立全国信访信息系统,为信访人在当地提出信访事项、查询信访事项办理情况提供便利。

县级以上地方人民政府应当充分利用现有政务信息网络资源,建立或者确定本行政区域的信访信息系统,并与上级人民政府、政府有关部门、下级人民政府的信访信息系统实现互联互通。

第十二条 县级以上各级人民政府的信访工作机构或者有关工作部门应当及时将信访人的投诉请求输入信访信息系统,信访人可以持行政机关出具的投诉请求受理凭证到当地人民政府的信访工作机构或者有关工作部门的接待场所查询其所提出的投诉请求的办理情况。具体实施办法和步骤由省、自治区、直辖市人民政府规定。

第十三条 设区的市、县两级人民政府可以根据信访工作的实际需要,建立政府主导、社会参与、有利于迅速解决纠纷的工作机制。

信访工作机构应当组织相关社会团体、法律援助机构、相关专业人员、社会志愿者等共同参与,运用咨询、教育、协商、调解、听证等方法,依法、及时、合理处理信访人的投诉请求。

第三章 信访事项的提出

第十四条 信访人对下列组织、人员的职务行为反映情况,提出建议、意见,或者不服下列组织、人员的职务行为,可以向有关行政机关提出信访事项:

(一) 行政机关及其工作人员;

(二) 法律、法规授权的具有管理公共事务职能的组织及其工作人员;

(三) 提供公共服务的企业、事业单位及其工作人员;

（四）社会团体或者其他企业、事业单位中由国家行政机关任命、派出的人员；

（五）村民委员会、居民委员会及其成员。

对依法应当通过诉讼、仲裁、行政复议等法定途径解决的投诉请求，信访人应当依照有关法律、行政法规规定的程序向有关机关提出。

第十五条　信访人对各级人民代表大会以及县级以上各级人民代表大会常务委员会、人民法院、人民检察院职权范围内的信访事项，应当分别向有关的人民代表大会及其常务委员会、人民法院、人民检察院提出，并遵守本条例第十六条、第十七条、第十八条、第十九条、第二十条的规定。

第十六条　信访人采用走访形式提出信访事项，应当向依法有权处理的本级或者上一级机关提出；信访事项已经受理或者正在办理的，信访人在规定期限内向受理、办理机关的上级机关再提出同一信访事项的，该上级机关不予受理。

第十七条　信访人提出信访事项，一般应当采用书信、电子邮件、传真等书面形式；信访人提出投诉请求的，还应当载明信访人的姓名（名称）、住址和请求、事实、理由。

有关机关对采用口头形式提出的投诉请求，应当记录信访人的姓名（名称）、住址和请求、事实、理由。

第十八条　信访人采用走访形式提出信访事项的，应当到有关机关设立或者指定的接待场所提出。

多人采用走访形式提出共同的信访事项的，应当推选代表，代表人数不得超过5人。

第十九条　信访人提出信访事项，应当客观真实，对其所提供材料内容的真实性负责，不得捏造、歪曲事实，不得诬告、陷害他人。

第二十条 信访人在信访过程中应当遵守法律、法规，不得损害国家、社会、集体的利益和其他公民的合法权利，自觉维护社会公共秩序和信访秩序，不得有下列行为：

（一）在国家机关办公场所周围、公共场所非法聚集，围堵、冲击国家机关，拦截公务车辆，或者堵塞、阻断交通的；

（二）携带危险物品、管制器具的；

（三）侮辱、殴打、威胁国家机关工作人员，或者非法限制他人人身自由的；

（四）在信访接待场所滞留、滋事，或者将生活不能自理的人弃留在信访接待场所的；

（五）煽动、串联、胁迫、以财物诱使、幕后操纵他人信访或者以信访为名借机敛财的；

（六）扰乱公共秩序、妨害国家和公共安全的其他行为。

第四章　信访事项的受理

第二十一条 县级以上人民政府信访工作机构收到信访事项，应当予以登记，并区分情况，在15日内分别按下列方式处理：

（一）对本条例第十五条规定的信访事项，应当告知信访人分别向有关的人民代表大会及其常务委员会、人民法院、人民检察院提出。对已经或者依法应当通过诉讼、仲裁、行政复议等法定途径解决的，不予受理，但应当告知信访人依照有关法律、行政法规规定程序向有关机关提出。

（二）对依照法定职责属于本级人民政府或者其工作部门处理决定的信访事项，应当转送有权处理的行政机关；情况重大、紧急的，应当及时提出建议，报请本级人民政府决定。

（三）信访事项涉及下级行政机关或者其工作人员的，按照"属地管理、分级负责，谁主管、谁负责"的原则，直接转送有权处理的行政机关，并抄送下一级人民政府信访工作机构。

县级以上人民政府信访工作机构要定期向下一级人民政府信访工作机构通报转送情况，下级人民政府信访工作机构要定期向上一级人民政府信访工作机构报告转送信访事项的办理情况。

（四）对转送信访事项中的重要情况需要反馈办理结果的，可以直接交由有权处理的行政机关办理，要求其在指定办理期限内反馈结果，提交办结报告。

按照前款第（二）项至第（四）项规定，有关行政机关应当自收到转送、交办的信访事项之日起15日内决定是否受理并书面告知信访人，并按要求通报信访工作机构。

第二十二条 信访人按照本条例规定直接向各级人民政府信访工作机构以外的行政机关提出的信访事项，有关行政机关应当予以登记；对符合本条例第十四条第一款规定并属于本机关法定职权范围的信访事项，应当受理，不得推诿、敷衍、拖延；对不属于本机关职权范围的信访事项，应当告知信访人向有权的机关提出。

有关行政机关收到信访事项后，能够当场答复是否受理的，应当当场书面答复；不能当场答复的，应当自收到信访事项之日起15日内书面告知信访人。但是，信访人的姓名（名称）、住址不清的除外。

有关行政机关应当相互通报信访事项的受理情况。

第二十三条 行政机关及其工作人员不得将信访人的检举、揭发材料及有关情况透露或者转给被检举、揭发的人员或者单位。

第二十四条 涉及两个或者两个以上行政机关的信访事项，由所涉及的行政机关协商受理；受理有争议的，由其共同的上一级行政机关决定受理机关。

第二十五条 应当对信访事项作出处理的行政机关分立、合并、撤销的,由继续行使其职权的行政机关受理;职责不清的,由本级人民政府或者其指定的机关受理。

第二十六条 公民、法人或者其他组织发现可能造成社会影响的重大、紧急信访事项和信访信息时,可以就近向有关行政机关报告。地方各级人民政府接到报告后,应当立即报告上一级人民政府;必要时,通报有关主管部门。县级以上地方人民政府有关部门接到报告后,应当立即报告本级人民政府和上一级主管部门;必要时,通报有关主管部门。国务院有关部门接到报告后,应当立即报告国务院;必要时,通报有关主管部门。

行政机关对重大、紧急信访事项和信访信息不得隐瞒、谎报、缓报,或者授意他人隐瞒、谎报、缓报。

第二十七条 对于可能造成社会影响的重大、紧急信访事项和信访信息,有关行政机关应当在职责范围内依法及时采取措施,防止不良影响的产生、扩大。

第五章 信访事项的办理和督办

第二十八条 行政机关及其工作人员办理信访事项,应当恪尽职守、秉公办事,查明事实、分清责任,宣传法制、教育疏导,及时妥善处理,不得推诿、敷衍、拖延。

第二十九条 信访人反映的情况,提出的建议、意见,有利于行政机关改进工作、促进国民经济和社会发展的,有关行政机关应当认真研究论证并积极采纳。

第三十条 行政机关工作人员与信访事项或者信访人有直接利害关系的,应当回避。

第三十一条 对信访事项有权处理的行政机关办理信访事项,应当听取信访人陈述事实和理由;必要时可以要求信访人、有关组织和人员说明情况;需要进一步核实有关情况的,可以向其他组织和人员调查。

对重大、复杂、疑难的信访事项，可以举行听证。听证应当公开举行，通过质询、辩论、评议、合议等方式，查明事实，分清责任。听证范围、主持人、参加人、程序等由省、自治区、直辖市人民政府规定。

第三十二条 对信访事项有权处理的行政机关经调查核实，应当依照有关法律、法规、规章及其他有关规定，分别作出以下处理，并书面答复信访人：

（一）请求事实清楚，符合法律、法规、规章或者其他有关规定的，予以支持；

（二）请求事由合理但缺乏法律依据的，应当对信访人做好解释工作；

（三）请求缺乏事实根据或者不符合法律、法规、规章或者其他有关规定的，不予支持。

有权处理的行政机关依照前款第（一）项规定作出支持信访请求意见的，应当督促有关机关或者单位执行。

第三十三条 信访事项应当自受理之日起60日内办结；情况复杂的，经本行政机关负责人批准，可以适当延长办理期限，但延长期限不得超过30日，并告知信访人延期理由。法律、行政法规另有规定的，从其规定。

第三十四条 信访人对行政机关作出的信访事项处理意见不服的，可以自收到书面答复之日起30日内请求原办理行政机关的上一级行政机关复查。收到复查请求的行政机关应当自收到复查请求之日起30日内提出复查意见，并予以书面答复。

第三十五条 信访人对复查意见不服的，可以自收到书面答复之日起30日内向复查机关的上一级行政机关请求复核。收到复核请求的行政机关应当自收到复核请求之日起30日内提出复核意见。

复核机关可以按照本条例第三十一条第二款的规定举行听证，经过听证的复核意见可以依法向社会公示。听证所需时间不计算在前款规定的期限内。

信访人对复核意见不服，仍然以同一事实和理由提出投诉请求的，各级人民政府信访工作机构和其他行政机关不再受理。

第三十六条 县级以上人民政府信访工作机构发现有关行政机关有下列情形之一的，应当及时督办，并提出改进建议：

（一）无正当理由未按规定的办理期限办结信访事项的；

（二）未按规定反馈信访事项办理结果的；

（三）未按规定程序办理信访事项的；

（四）办理信访事项推诿、敷衍、拖延的；

（五）不执行信访处理意见的；

（六）其他需要督办的情形。

收到改进建议的行政机关应当在30日内书面反馈情况；未采纳改进建议的，应当说明理由。

第三十七条 县级以上人民政府信访工作机构对于信访人反映的有关政策性问题，应当及时向本级人民政府报告，并提出完善政策、解决问题的建议。

第三十八条 县级以上人民政府信访工作机构对在信访工作中推诿、敷衍、拖延、弄虚作假造成严重后果的行政机关工作人员，可以向有关行政机关提出给予行政处分的建议。

第三十九条 县级以上人民政府信访工作机构应当就以下事项向本级人民政府定期提交信访情况分析报告：

（一）受理信访事项的数据统计、信访事项涉及领域以及被投诉较多的机关；

（二）转送、督办情况以及各部门采纳改进建议的情况；

（三）提出的政策性建议及其被采纳情况。

第六章　法律责任

第四十条　因下列情形之一导致信访事项发生，造成严重后果的，对直接负责的主管人员和其他直接责任人员，依照有关法律、行政法规的规定给予行政处分；构成犯罪的，依法追究刑事责任：

（一）超越或者滥用职权，侵害信访人合法权益的；

（二）行政机关应当作为而不作为，侵害信访人合法权益的；

（三）适用法律、法规错误或者违反法定程序，侵害信访人合法权益的；

（四）拒不执行有权处理的行政机关作出的支持信访请求意见的。

第四十一条　县级以上人民政府信访工作机构对收到的信访事项应当登记、转送、交办而未按规定登记、转送、交办，或者应当履行督办职责而未履行的，由其上级行政机关责令改正；造成严重后果的，对直接负责的主管人员和其他直接责任人员依法给予行政处分。

第四十二条　负有受理信访事项职责的行政机关在受理信访事项过程中违反本条例的规定，有下列情形之一的，由其上级行政机关责令改正；造成严重后果的，对直接负责的主管人员和其他直接责任人员依法给予行政处分：

（一）对收到的信访事项不按规定登记的；

（二）对属于其法定职权范围的信访事项不予受理的；

（三）行政机关未在规定期限内书面告知信访人是否受理信访事项的。

第四十三条 对信访事项有权处理的行政机关在办理信访事项过程中,有下列行为之一的,由其上级行政机关责令改正;造成严重后果的,对直接负责的主管人员和其他直接责任人员依法给予行政处分:

(一)推诿、敷衍、拖延信访事项办理或者未在法定期限内办结信访事项的;

(二)对事实清楚,符合法律、法规、规章或者其他有关规定的投诉请求未予支持的。

第四十四条 行政机关工作人员违反本条例规定,将信访人的检举、揭发材料或者有关情况透露、转给被检举、揭发的人员或者单位的,依法给予行政处分。

行政机关工作人员在处理信访事项过程中,作风粗暴,激化矛盾并造成严重后果的,依法给予行政处分。

第四十五条 行政机关及其工作人员违反本条例第二十六条规定,对可能造成社会影响的重大、紧急信访事项和信访信息,隐瞒、谎报、缓报,或者授意他人隐瞒、谎报、缓报,造成严重后果的,对直接负责的主管人员和其他直接责任人员依法给予行政处分;构成犯罪的,依法追究刑事责任。

第四十六条 打击报复信访人,构成犯罪的,依法追究刑事责任;尚不构成犯罪的,依法给予行政处分或者纪律处分。

第四十七条 违反本条例第十八条、第二十条规定的,有关国家机关工作人员应当对信访人进行劝阻、批评或者教育。

经劝阻、批评和教育无效的,由公安机关予以警告、训诫或者制止;违反集会游行示威的法律、行政法规,或者构成违反治安管理行为的,由公安机关依法采取必要的现场处置措施、给予治安管理处罚;构成犯罪的,依法追究刑事责任。

第四十八条 信访人捏造歪曲事实、诬告陷害他人,构成犯罪的，依法追究刑事责任；尚不构成犯罪的，由公安机关依法给予治安管理处罚。

第七章　附则

第四十九条　社会团体、企业事业单位的信访工作参照本条例执行。

第五十条　对外国人、无国籍人、外国组织信访事项的处理，参照本条例执行。

第五十一条　本条例自 2005 年 5 月 1 日起施行。1995 年 10 月 28 日国务院发布的《信访条例》同时废止。

附录 2　《关于进一步加强新时期信访工作的意见》（2007）[①]

新华网北京 6 月 24 日电　中共中央、国务院近日颁发《关于进一步加强新时期信访工作的意见》（以下简称《意见》）。《意见》指出，信访工作是党和政府的一项重要工作，是构建社会主义和谐社会的基础性工作。做好新时期的信访工作，对于全面落实科学发展观，发展社会主义民主政治，维护人民群众的合法权益，加强党风建设尤其是干部作风建设，密切党和政府与人民群众的血肉联系，全面建设小康社会、构建社会主义和谐社会，具有十分重要的意义。

《意见》强调，要充分认识信访工作在构建社会主义和谐社会中的重要作用，进一步强化做好新时期信访工作的政治责任。党的十六大以来，以胡锦涛同志为总书记的党中央从全局和战略的高度，对信访工作作出了一系列重要决策部署。各级党委、政

---

① http://news.xinhuanet.com/politics/2007-06/24/content_6284372.htm.

府认真贯彻落实中央精神，积极畅通信访渠道，依法规范信访秩序，切实解决群众合理诉求，全面加强信访工作各项建设，取得了明显成效。当前，信访工作面临的任务十分繁重。各级党委、政府要正确把握我国发展的阶段性特征，科学分析产生信访问题的原因和背景，深刻认识做好新时期信访工作的长期性、艰巨性，进一步加强新时期信访工作，使信访工作更好地适应新形势新任务的要求；要深刻认识做好新时期信访工作的重要性，进一步增强做好信访工作的责任感和使命感，自觉把信访工作放在构建社会主义和谐社会的重要位置，切实抓紧抓好。

《意见》提出，要明确新时期信访工作的指导思想和目标任务，把握信访工作的正确方向。新时期信访工作的指导思想是：以邓小平理论和"三个代表"重要思想为指导，深入贯彻落实科学发展观，认真贯彻党中央、国务院关于加强新时期信访工作的一系列重要决策部署，紧紧围绕全党全国工作大局，牢记为民宗旨，发扬务实作风，坚持依法按政策办事，切实维护社会公平正义，最大限度地增加和谐因素、减少不和谐因素，为全面建设小康社会、构建社会主义和谐社会作出新的更大贡献。新时期信访工作的目标任务是：以切实维护群众合法权益、及时反映社情民意、着力促进社会和谐为目标，构建统一领导、部门协调，统筹兼顾、标本兼治，各负其责、齐抓共管的信访工作新格局，建立畅通、有序、务实、高效的信访工作新秩序，形成与构建社会主义和谐社会目标任务相适应的信访工作新机制，推进信访工作的制度化、规范化和法制化。

《意见》指出，要坚持依法按政策解决问题，切实维护群众合法权益。要在政策制定中统筹兼顾各方面利益，综合考虑改革的力度、发展的速度和社会可承受的程度，充分听取各方面的意见，重视信访部门的意见和建议。要把解决信访突出问题作为工作重点，按照"属地管理、分级负责"，"谁主管、谁负责"，"依法、及时、就地解决问题与疏导教育相结合"的信访工作原则，切实把信访突出问题妥善处理在本地区本部门、解决在基层。要坚持解决实际问题与加强思想政治工作相结合，充分发挥党的思想政治工作优势，在依据法律法规和政策规定解决群众反映问题的同时，加强有针对性的思想教育，切实做好解疑释惑、疏导情绪、化解矛盾的工作，切实把处理群众信访问题的过程作为思想教育和政策法制宣传的过程。

《意见》指出，要进一步畅通信访渠道，依法规范信访秩序。要完善信访诉求表达方式，充分尊重和保护人民群众的信访权利，对群众来访要坚持文明热情接待，对群众来信要认真负责办理，坚决纠正限制和干涉群众正常信访活动的错误做法，确保信访渠道畅通。要通过开通信访绿色邮政、专线电话、网上信访等多种渠道，引导群众更多地以书信、传真、电子邮件等书面形式表达诉求，确保民情、民意、民智顺畅上达。建立全国信访信息系统，设立国家投诉受理中心，为群众反映问题、提出意见建议、查询办理情况提供便利条件，为督查信访工作提供工作平台，确保群众诉求得到及时反映和有效处理。要建立健全人民建议征集制度，切实保障公民的知情权、参与权、表达权、监督权，引导人民群众对党和政府的工作积极献计献策，鼓励和支持人民群众依法参与国家事务管理。要大力推行领导干部接待群众来访制度。认真坚持党政领导干部阅批群众来信、定期接待群众来访、带案下访和包案处理信访问题等制度。完善党政领导干部和党代会代表、人大代表、政协委员联系信访群众制度，拓宽社情民意表达渠道。要认真履行信访工作职责，健全和完善科学规范的受理、交办、督办、回复群众信访事项的工作规则和制度，确保信访事项得到及时妥善处理。有权处理信访问题的责任部门要严格按照《信访条例》的有关规定，认真负责地办理信访事项，不得推诿拖延。要依法规范信访行为，进一步加强法制宣传教育，把握正确的舆论导向，引导群众正确履行公民权利和义务，以理性合法的形式表达利益诉求、解决利益矛盾，自觉维护社会安定团结。对信访活动中少数人违反有关法律法规，损害国家、社会、集体利益和其他公民合法权益的行为，要依法严肃处理。

《意见》指出，要建立健全长效工作机制，努力提高信访工作效率和管理水平。要建立健全信访工作综合协调机制。各级党委、政府要充分发挥主导作用，加强组织协调，整合社会管理资源，形成做好信访工作的强大合力，形成上下联动、左右协调、运转高效、综合施治的工作机制。要建立健全信访问题排查化解机制，把信访工作的重心从事后处理转移到事前排查化解上来，做到发现得早、化解得了、控制得住、处理得好。要建立健全信访信息汇集分析机制，健全和完善多层次、全方位的信息报送网络，综合开发利用信访信息资源，增强工作的预见性和针对性，牢牢把握工作主动权。要建立健全党委和政府统一领导、信访部门组织实施、各职能部门共同参与的信访督查工作机制，配齐配强督查力量，建立和完善信访督查专员制度，不断加大督查工作力度，确保信访工作决策部署得到贯彻落实，推动群众信访问题得到妥善解决。县级以上地方党委、政府要支持和保证信访部门充分履行督查督办尤其是提出改进工作、完善政策、给予处分建议的职责。

《意见》指出，要着力加强基层基础工作，提高基层预防和妥善处理信访问题的能力。要提高基层化解矛盾的能力，着力加强基层党组织和基层政权建设，教育引导基层干部改进思想作风和工作作风，高度重视并认真解决群众初信初访反映的问题，加强基层信访工作机构建设，乡镇（街道）、村（居）委会要有相应的机构或人员负责信访工作，县（市、区）政府及有关部门要向社区派出接访员，形成层层有人抓、有人管的基层信访工作网络。国有大中型企业和事业单位要根据实际情况设立信访工作机构，或配备专（兼）职信访工作人员。要高度重视县级信访工作，切实加强指导，特别是对信访问题较多、群众上访量大、工作比较薄弱的地方，要帮助解决存在的问题，不断提高信访工作整体水平。要建立健全县级党委常委会和政府办公会研究信访工作的制度，及时研究信访工作，提出加强和改进工作的措施。

《意见》最后强调，要进一步加强对信访工作的领导，构建信访工作新格局。要健全信访工作领导体制，各级党委、政府要高度重视信访工作，切实将信访工作列入重要议事日程，定期听取信访工作汇报，认真研究部署信访工作。要明确分管信访工作的负责同志，形成强有力的领导机制。各级信访部门的机构设置、人员配备要与形势任务相适应；中央和国家机关特别是与群众生产生活密切相关的部门、单位，要根据各自工作任务，配齐配强信访工作力量；各级人大、政协、法院、检察院以及工会、共青团、妇联等人民团体要在党委的统一领导下，切实抓好各自职责范围内的信访工作。国家信访局要加强对全国信访工作的协调指导。要认真落实信访工作领导责任制。各地区各部门的主要领导是信访工作的第一责任人，分管信访工作的领导负直接责任，其他领导成员"一岗双责"，形成一级抓一级、层层抓落实的信访工作领导责任体系。要建立科学的信访工作考核评价办法，将信访工作情况作为各级领导班子和领导干部考核的内容。《意见》要求，各级党委、政府要高度重视信访部门领导班子和干部队伍建设，配齐配强领导力量，优化班子结构，加大信访干部的培养、教育、使用和交流力度。对政治素质好、业务能力强、工作业绩突出的,要予以重用;对长期从事信访工作、作出突出贡献的,要给予表彰和奖励;对信访系统先进事迹,要及时总结推广,树立好的典型,倡导好的作风。要进一步探索建立后备干部和新提拔干部到信访部门锻炼的制度,把信访部门作为培养锻炼干部的重要基地。要高度重视信访部门基础建设,进一步加大对信访工作的投入,建设好群众上访接待场所,改善信访部门的办公条件;信访工作办公经费和处理信访事项的业务经费列入财政预算,予以保证。

附录3 关于信访工作责任追究的"两个法规性文件"(2008)

2008年颁布《关于违反信访工作纪律适用〈中国共产党纪律处分条例〉若干问题的解释》和《关于违反信访工作纪律处分暂行规定》是新中国成立以来第一次就信访工作责任追究作出的专门规定。

《关于违反信访工作纪律适用〈中国共产党纪律处分条例〉若干问题的解释》[①]

新华社北京7月24日电 关于违反信访工作纪律适用《中国共产党纪律处分条例》若干问题的解释

为严格执行处理信访突出问题及群体性事件工作责任制,切实落实领导责任,惩处信访工作违纪行为,维护信访工作秩序,保护信访人合法权益,促进社会和谐稳定,现就信访工作违纪行为适用《中国共产党纪律处分条例》若干问题解释如下。

---

① http://news.xinhuanet.com/newscenter/2008-07/24/content_8762985.htm.

一、党和国家机关、人民团体、企业、事业单位中对信访工作违纪行为负有领导责任的人员和其他直接责任人员中的共产党员，依照本解释追究责任。

二、本解释所称违反信访工作纪律，是指违反党和国家有关信访工作的规定的行为。

三、本解释所称领导责任，是指有关领导人员在处理信访突出问题及群体性事件时，承担的与领导工作职责相关的责任，分为主要领导责任和重要领导责任。

四、有下列情形之一的，依照《中国共产党纪律处分条例》第一百二十八条规定处理：

（一）决策违反法律法规和政策，严重损害群众利益，引发信访突出问题或群体性事件的；

（二）主要领导不及时处理重要来信、来访或不及时研究解决信访突出问题，导致矛盾激化，造成严重后果的；

（三）对疑难复杂的信访问题，未按有关规定落实领导专办责任，久拖不决，造成严重后果的。

五、有下列情形之一的，依照《中国共产党纪律处分条例》第一百三十一条规定处理：

（一）拒不办理上级机关和信访工作机构交办、督办的重要信访事项，或者编报虚假材料欺骗上级机关，造成严重后果的；

（二）拒不执行有关职能机关提出的支持信访请求意见，引发信访突出问题或群体性事件的；

（三）本地区、单位或部门发生越级集体上访或群体性事件后，未认真落实上级机关的明确处理意见，导致矛盾激化、事态扩大或引发重复越级集体上访，造成较大社会影响的；

（四）不按有关规定落实信访工作机构提出的改进工作、完善政策、给予处分等建议，造成严重后果的。

六、有下列情形之一的，依照《中国共产党纪律处分条例》第一百三十二条规定处理：

（一）在处理信访事项过程中，工作作风简单粗暴，造成严重后果的；

（二）对信访事项应当受理、登记、转送、交办、答复而未按规定办理或逾期未结，或者应当履行督查督办职责而未履行，造成严重后果的；

（三）在处理信访事项过程中，敷衍塞责、推诿扯皮导致矛盾激化，造成严重后果的；

（四）对重大信访突出问题和群体性事件，应到现场处置而未到现场处置或处置不当，造成严重后果或较大社会影响的。

七、有下列情形之一的，依照《中国共产党纪律处分条例》第一百三十四条规定处理：

（一）超越或者滥用职权，侵害公民、法人或者其他组织合法权益，导致信访事项发生，造成严重后果的；

（二）应当作为而不作为，侵害公民、法人或者其他组织合法权益，导致信访事项发生，造成严重后果的；

（三）因故意或重大过失导致认定事实错误，或者适用法律、法规错误，或者违反法定程序，侵害公民、法人或者其他组织合法权益，导致信访事项发生，造成严重后果的。

八、违反规定使用警力处置群体性事件，或者滥用警械、强制措施，或者违反规定携带、使用武器的，依照《中国共产党纪律处分条例》第一百三十六条规定处理。

九、在信访工作中有其他失职、渎职行为，引发信访突出问题或群体性事件的，依照《中国共产党纪律处分条例》第一百二十七条规定处理。

十、有本解释第四条至第九条规定的行为，可同时建议有关机关给予组织处理。

十一、有本解释第四条至第九条规定的行为,但未造成较大影响或严重后果的,可以责令作出深刻检查或给予通报批评。

《关于违反信访工作纪律处分暂行规定》①

新华社北京7月24日电　关于违反信访工作纪律处分暂行规定

第一条　为严格执行处理信访突出问题及群体性事件工作责任制,切实落实领导责任,惩处信访工作违纪行为,维护信访工作秩序,保护信访人合法权益,促进社会和谐稳定,根据《中华人民共和国行政监察法》、《中华人民共和国公务员法》、《信访条例》、《行政机关公务员处分条例》及其他有关法律法规,制定本规定。

第二条　本规定适用于各级行政机关公务员。

第三条　本规定所称违反信访工作纪律,是指违反党和国家有关信访工作的规定的行为。

第四条　本规定所称领导责任,是指有关领导人员在处理信访突出问题及群体性事件时,承担的与领导工作职责相关的责任,分为主要领导责任和重要领导责任。

主要领导责任,是指在其职责范围内,对直接主管的工作不履行或不正确履行职责,对造成的影响或后果负直接领导责任。

重要领导责任,是指在其职责范围内,对应管的工作或参与决策的工作不履行或不正确履行职责,对造成的影响或后果负次要领导责任。

第五条　有下列情形之一的,对负有直接责任者,给予记大

---

① http://news.xinhuanet.com/newscenter/2008-07/24/content_8762976.htm.

过、降级、撤职或者开除处分；负有主要领导责任者，给予记大过、降级或者撤职处分；负有重要领导责任者，给予记过、记大过或者降级处分：

（一）决策违反法律法规和政策，严重损害群众利益，引发信访突出问题或群体性事件的；

（二）主要领导不及时处理重要来信、来访或不及时研究解决信访突出问题，导致矛盾激化，造成严重后果的；

（三）对疑难复杂的信访问题，未按有关规定落实领导专办责任，久拖不决，造成严重后果的。

第六条 有下列情形之一的，对负有直接责任者，给予记大过、降级、撤职或者开除处分；负有主要领导责任者，给予记过、记大过、降级或者撤职处分；负有重要领导责任者，给予警告、记过、记大过或者降级处分：

（一）拒不办理上级机关和信访工作机构交办、督办的重要信访事项，或者编报虚假材料欺骗上级机关，造成严重后果的；

（二）拒不执行有关职能机关提出的支持信访请求意见，引发信访突出问题或群体性事件的；

（三）本地区、单位或部门发生越级集体上访或群体性事件后，未认真落实上级机关的明确处理意见，导致矛盾激化、事态扩大或引发重复越级集体上访，造成较大社会影响的；

（四）不按有关规定落实信访工作机构提出的改进工作、完善政策、给予处分等建议，造成严重后果的；

（五）对可能造成社会影响的重大、紧急信访事项和信访信息，隐瞒、谎报、缓报，或者授意他人隐瞒、谎报、缓报，造成严重后果的。

第七条 有下列情形之一的，对负有直接责任者，给予记过、记大过、降级或者撤职处分；负有主要领导责任者，给予记过、记大过或者降级处分；负有重要领导责任者，给予警告、记过或者记大过处分：

（一）在处理信访事项过程中，工作作风简单粗暴，造成严重后果的；

（二）对信访事项应当受理、登记、转送、交办、答复而未按规定办理或逾期未结，或者应当履行督查督办职责而未履行，造成严重后果的；

（三）在处理信访事项过程中，敷衍塞责、推诿扯皮导致矛盾激化，造成严重后果的；

（四）对重大信访突出问题和群体性事件，应到现场处置而未到现场处置或处置不当，造成严重后果或较大社会影响的。

第八条 有下列情形之一的，对负有直接责任者，给予记大过、降级、撤职或者开除处分；负有主要领导责任者，给予记过、记大过、降级或者撤职处分；负有重要领导责任者，给予警告、记过、记大过或者降级处分：

（一）超越或者滥用职权，侵害公民、法人或者其他组织合法权益，导致信访事项发生，造成严重后果的；

（二）应当作为而不作为，侵害公民、法人或者其他组织合法权益，导致信访事项发生，造成严重后果的；

（三）因故意或重大过失导致认定事实错误，或者适用法律、法规错误，或者违反法定程序，侵害公民、法人或者其他组织合法权益，导致信访事项发生，造成严重后果的。

第九条 违反规定使用警力处置群体性事件，或者滥用警械、强制措施，或者违反规定携带、使用武器的，对负有直接责任者，给予记过、记大过、降级或者撤职处分。造成严重后果的，对负有直接责任者，给予撤职或者开除处分；负有主要领导责任者，给予记过、记大过、降级或者撤职处分；负有重要领导责任者，给予警告、记过、记大过或者降级处分。

第十条 在信访工作中有其他失职、渎职行为，引发信访突出问题或群体性事件的，对负有直接责任者，给予记大过、降级、撤职或者开除处分；负有主要领导责任者，给予记过、记大过、降级或者撤职处分；负有重要领导责任者，给予警告、记过、记大过或者降级处分。

第十一条 有本规定第五条至第十条规定的行为，除给予政纪处分外，对负有领导责任的人员，可同时建议有关机关给予组织处理。

第十二条 有本规定第五条至第十条规定的行为，但未造成较大影响或严重后果的，可以责令作出深刻检查或给予通报批评。

第十三条 对法律、法规授权的具有公共事务管理职能的事业单位中经批准参照《中华人民共和国公务员法》管理的工作人员和其他事业单位中由国家行政机关任命的人员有本规定第五条至第十条规定的行为的，参照本规定执行。

第十四条 本规定由监察部、人力资源和社会保障部、国家信访局负责解释。

第十五条 本规定自公布之日起施行。

附录4 完善信访体制机制的"三个意见"

2009年4月，中共中央办公厅、国务院办公厅转发《关于领导干部定期接待群众来访的意见》、《关于中央和国家机关定期组织干部下访的意见》、《关于把矛盾纠纷排查化解工作制度化的意见》等三个文件。

《关于领导干部定期接待群众来访的意见》[①]

《关于领导干部定期接待群众来访的意见》（以下简称《意见》）指出，领导干部定期接待群众来访，是坚持党的群众路线、密切联系群众的具体体现，是正确处理人民内部矛盾、提高党的执政能力的重要形式，对于深入贯彻落实科学发展观，坚持立党为公、执政为民，促进社会主义和谐社会建设，具有十分重要的意义。

《意见》要求，领导干部定期接待群众来访要坚持公开透明、规范有序，方便群众、解决问题的原则。市（地、州、盟）党委和政府领导干部，一般每季度安排一天时间接待群众来访。县（市、区、旗）党委书记、县（市、区、旗）长一般每月安排一天时间接待群众来访，县（市、区、旗）党委和政府班子成员、市县两级的部门领导干部都要定期接待群众来访，乡镇（街道）领导干部要随时接待群众来访。信访问题突出的地方要适当增加接访次数。中央和国家机关、省级党委和政府的领导干部定期接待群众来访，可结合工作职责和特点根据具体情况作出安排。领导干部定期接待群众来访的主要方式方法有：（一）公示。各地区各部门要根据实际情况，采取适当方式，在一定范围内对接访领导干部的姓名、职务、分管工作以及接访的时间、地点、形式等情况进行公示，方便信访群众了解和参与。（二）接访。根据情况可以采取定点接访、重点约访和带案下访等多种方式进行。（三）包案。对群众反映强烈的突出问题，要实行领导包案，并落实包掌握情况、包思想教育、包解决化解、包息诉息访的"四包"责任制。包案情况要通过适当方式予以公开，接

[①] http://www.nenjiang.gov.cn/system/201101/104928.html.

受群众监督。(四)落实。要把领导干部接访的重点定位在"事要解决"上,努力在"案结事了"上狠下功夫。要综合运用政策、法律、经济、行政、社会救助以及思想教育等手段,促使问题得到有效解决。

《意见》指出,领导干部定期接待群众来访的基本要求是:(一)热情负责地接待群众。要带着责任和感情耐心听取来访群众的诉求,想方设法解决群众反映的问题,做到"件件有着落、事事有回音",决不能推诿扯皮、敷衍塞责。(二)认真解决突出问题。要抓住重点和关键,着重解决案情复杂、久拖未决的疑难问题,责任主体难落实、工作难度大的复杂问题,涉及政策层面、需要完善相关规定的重大利益矛盾和突出问题。(三)严格依法按政策办事。决不能为求得一时一事的解决而突破法律法规和政策规定,引起新的攀比和问题。(四)及时就地化解矛盾。要按照属地管理、分级负责,谁主管、谁负责,依法、及时、就地解决问题与疏导教育相结合的信访工作原则,强化地方和职能部门的主体责任,落实首办责任制;夯实基层基础,推进信访工作重心下移、关口前移,努力把矛盾化解在基层、把问题解决在当地。(五)强化思想疏导工作。在认真解决群众合理诉求的同时,要积极引导群众正确理解党的方针政策,正确行使公民权利、履行公民义务,理性合法地表达诉求,自觉维护信访秩序。

《意见》最后强调,要切实加强对领导干部定期接待群众来访工作的组织领导。各地区各部门主要负责同志要亲自抓。要定期召开信访工作例会,综合研判形势,及时研究解决信访工作中的新情况新问题。要积极探索建立涉及群众切身利益的重大决策信访评估制度,充分听取群众意见,促进决策的科学化、民主化。各级党委和政府要切实加强对领导干部定期接待群众来访工作的指导。

《关于中央和国家机关定期组织干部下访的意见》[①]

《关于中央和国家机关定期组织干部下访的意见》（以下简称《意见》）指出，中央和国家机关定期组织干部下访，是推动落实中央决策部署、及时了解社情民意、督导解决信访突出问题、促进社会和谐的有效举措，对于转变干部作风、加强干部队伍建设、提高科学决策和依法行政的能力和水平、保持同人民群众的血肉联系具有重要意义。

《意见》指出，干部下访的主要任务是：紧紧围绕党和国家的中心工作，检查地方解决信访突出问题的情况，指导推动地方及时就地化解矛盾；了解地方贯彻中央决策部署的情况，督导地方抓好落实；深入开展调查研究，提出制定和完善相关政策的意见和建议；转变工作作风，提高做好群众工作和处理复杂问题的能力和水平。

《意见》指出，干部下访主要采取统一组织和分散组织两种方式。统一组织是指中央根据形势任务的需要，从中央和国家机关有关部门抽调干部，组成中央信访工作督导组开展下访工作。分散组织是指中央和国家机关各部门结合本部门工作实际，立足解决和减少信访突出问题，适时组成下访工作组，由本部门负责同志带领开展下访工作。中央和国家机关各部门要把干部下访作为一项重要工作，统一组织每年至少一次，分散组织根据本部门实际情况自行安排。

《意见》指出，干部下访的工作方法是：以推动落实信访工作原则为重点，坚持面上推动与重点推动相结合，解决问题与研究政策相结合，总结经验与查找问题相结合，帮助指导与锻炼提

---

① http://www.nenjiang.gov.cn/system/201102/104929.html.

高相结合。可根据实际情况,综合运用以下方法:一是督促检查,全面了解地方贯彻落实中央决策部署的情况,查找存在的突出问题,提出改进工作的意见和建议;二是带案督办,选择一定数量的重点疑难复杂信访案件,协调推动及时解决,以此推动地方的信访工作;三是座谈走访,通过召开不同层面的座谈会、走访基层干部和群众,听取反映,了解情况,宣传政策,指导工作;四是驻点指导,组织下访干部到信访问题突出的地方驻点,推动问题的妥善解决;五是调查研究,带着问题深入基层,查原因、找答案,提出改进工作和完善政策措施的意见和建议,总结推广成功经验。

《意见》最后强调,要切实加强对干部下访工作的领导。中央和国家机关各部门要高度重视干部下访工作,定期研究,制订计划,明确任务,落实责任,坚持不懈地把这项工作抓紧抓实抓好。部门主要负责同志要亲自抓,分管领导要具体抓。干部下访要选派政治素质高、业务能力强、熟悉政策法律、有群众工作经验、作风过硬的干部参加。要把干部下访工作及其成效纳入干部考核的内容,对工作成绩突出的干部给予表彰。下访干部要认真执行中央关于党风廉政建设的规定,自觉遵守各项纪律,轻车简从,廉洁自律,以实际行动展示中央和国家机关干部的良好形象。

《关于把矛盾纠纷排查化解工作制度化的意见》[①]

《关于把矛盾纠纷排查化解工作制度化的意见》(以下简称《意见》)指出,矛盾纠纷排查化解是妥善处理新时期人民内部矛盾的有效方式,是及时解决我国改革发展中群众利益诉求的成

---

① http://www.nenjiang.gov.cn/system/201102/104930.html.

功举措。

《意见》指出,矛盾纠纷排查化解工作的范围是各种可能引发信访问题和影响社会和谐稳定的矛盾纠纷和苗头隐患,重点是容易引发信访突出问题的重大矛盾纠纷。

《意见》指出,要规范矛盾纠纷的排查方法:坚持经常性排查与集中排查相结合;坚持属地为主、条块结合,形成以块为主、条块结合,全覆盖、无疏漏的大排查网络,确保排查不留死角死面;坚持信息汇集与分析研判相结合,及时准确和全面有效地收集信访信息,加强综合分析研判,增强工作的预见性和针对性。

《意见》指出,要强化矛盾纠纷的化解措施:一是区别不同情况,实施分类化解。二是采取多种方式,积极协调化解。要引导群众通过行政复议、司法诉讼、仲裁等渠道化解矛盾纠纷,综合运用人民调解、行政调解和司法调解的方式,及时协调不同群体间的利益关系。三是整合工作资源,及时就地化解。要把信访、维稳、综治、民政、司法和工会、共青团、妇联等工作资源有效整合起来,充分相信群众、依靠群众,最大限度地减少不和谐因素、增加和谐因素。四是确定重点问题,领导包案化解。对涉及面广、时间跨度大、容易升级激化,带有普遍性的疑难复杂问题,要实行领导包案、一包到底。五是下移工作重心,督导督办化解。要建立健全对复杂矛盾纠纷化解的联合督导和挂牌督办制度。联合督导由各地结合实际自行组织,一般每半年开展一次。对本地的复杂矛盾纠纷和上级交办的重要信访事项,要明确责任人和解决时限,实行挂牌督办。六是健全完善政策,注重从源头化解。要防止因政策不连续、不平衡、不完善和落实不到位引发矛盾纠纷。坚持科学、民主、依法决策,统筹兼顾各方利益,对群众反映强烈的问题,要充分听取群众意见,设身处地为群众着想，坚决避免因决策失误损害群众利益。七是加大投入力度，促进矛盾化解。

《意见》最后强调，要切实加强对矛盾纠纷排查化解工作的组织领导。各地区各部门要把这项工作摆上重要议程，主要领导负总责、亲自抓，分管领导具体负责，党委常委会、政府常务会、部门党组（党委）会要定期分析研究，随时掌握社情民意，努力把工作做在事前。要把矛盾纠纷排查化解工作作为领导班子、领导干部政绩考核的重要内容，对工作成绩突出的，要给予表彰奖励；对因决策不当、工作不力、玩忽职守等造成严重后果的，要坚决追究有关责任人的责任。

附录5 《关于创新群众工作方法解决信访突出问题的意见》（2014）[①]

新华社北京2月25日电 近日，中共中央办公厅、国务院办公厅印发了《关于创新群众工作方法解决信访突出问题的意见》，并发出通知，要求各地区各部门结合实际认真贯彻执行。

《关于创新群众工作方法解决信访突出问题的意见》全文如下。

近年来，各地区各部门认真贯彻落实中央决策部署，解决了大量群众生产生活中遇到的困难和问题，赢得了群众拥护，凝聚了党心民心。同时应当看到，一些地方和部门还不同程度地存在损害群众利益、伤害群众感情的现象，引发了大量信访问题，尤其是在征地拆迁、劳动和社会保障、教育医疗、企业改制、环境保护等方面的信访问题比较突出，群众反映强烈。为深入贯彻落

---

① http：//www.gov.cn/jrzg/2014-02/25/content_2621605.htm.

实党的十八大和十八届三中全会精神，推动信访工作制度改革，解决好人民群众最关心最直接最现实的利益问题，进一步密切党同人民群众的血肉联系，巩固和扩大党的群众路线教育实践活动成果，夯实党执政的群众基础，促进社会和谐稳定，现就创新群众工作方法、解决信访突出问题提出如下意见。

一、着力从源头上预防和减少信访问题发生

（一）加大保障和改善民生力度。将保障和改善民生作为预防和化解矛盾纠纷的基础性工作，更加注重落实好各项民生政策，优先保障民生支出。针对土地征用、房屋拆迁、劳动和社会保障等方面的突出问题，加强顶层设计，完善相关政策，全力推动落实。

（二）提高科学民主决策水平。完善决策机制和程序，增强决策透明度和公众参与度。建立健全人民建议征集制度，鼓励和引导人民群众对党和政府工作献计献策。对与人民群众利益密切相关的决策事项，要通过举行座谈会、听证会、论证会等形式广泛听取意见，充分考虑大多数人的利益。健全重大决策社会稳定风险评估机制，把社会稳定风险评估作为重大决策出台的前置程序和刚性门槛，对决策可能引发的各种风险进行科学预测、综合研判，确定风险等级并制定相应的化解处置预案。在评估中要充分听取信访、维稳、综治等部门的意见。健全决策纠错改正机制，实时跟踪决策实施情况，及时了解利益相关方和社会公众对决策实施的意见和建议，全面评估决策执行效果，适时决定是否对决策予以调整或者停止执行。落实决策责任追究制度，对违反决策规定、出现重大决策失误而造成重大损失或者恶劣影响的，按照谁决策、谁负责的原则，严肃追究决策者的党纪政纪责任，触犯法律的依法追究其法律责任。

（三）坚持依法办事。各级国家机关及其工作人员要严格按照法定权限和程序行使权力、履行职责。强化各级干部带头学法尊法守法用法意识,提高依法办事能力。依法保障人民群众参与社会治理和公共事务,坚决纠正限制和干涉群众正常信访活动的错误做法。注重运用法治思维和法治方式化解矛盾纠纷,防止以闹求解决、以防谋私利、无理缠访闹访等现象发生。严格落实行政执法责任制,对于不作为、乱作为的,依法追究责任。深化司法体制改革,确保司法公平公正。建立健全冤假错案责任追究制度,实行法官、检察官、人民警察对办案质量终身负责制,严肃查处刑讯逼供、暴力取证、隐匿伪造证据等违法行为,不断提高司法公信力。

(四)改进工作作风。发扬求真务实、真抓实干、密切联系群众的优良作风,深入基层调查研究,解决突出问题。总结推广干部进村入户、送政策送温暖送服务、记民情日记、建民情档案等做法,坚持与群众共同分析研究解决实际问题。坚决反对形式主义、官僚主义、享乐主义和奢靡之风,做到联系群众而不脱离群众、服务群众而不损害群众、解决问题而不引发问题,进一步密切党群干群关系。

二、进一步畅通和规范群众诉求表达渠道

(五)健全公开透明的诉求表达和办理方式。完善民生热线、视频接访、绿色邮政、信访代理等做法,更加重视群众来信尤其是初次来信办理,引导群众更多以书信、电话、传真、视频、电子邮件等形式表达诉求,树立通过上述形式也能有效解决问题的导向。实行网上受理信访制度,大力推行阳光信访,全面推进信访信息化建设,建立网下办理、网上流转的群众信访事项办理程序,实现办理过程和结果可查询、可跟踪、可督办、可评价,增强透明度和公正性;逐步推行信访事项办理群众满意度评价,把办理工作置于群众监督之下,提高信访公信力。

（六）突出领导干部接访下访重点。把领导干部接访下访作为党员干部直接联系群众的一项重要制度，与下基层调查研究、深入联系点、扶贫帮困等结合起来，提高工作实效性。省级领导干部每半年至少1天、市厅级领导干部每季度至少1天、县（市、区、旗）领导干部每月至少1天、乡镇（街道）领导干部每周至少1天到信访接待场所，按照属地管理、分级负责的原则接待群众来访，省、市及其工作部门领导干部一般不接待越级上访。在坚持定点接访的同时，更多采取重点约访、专题接访、带案下访、下基层接访、领导包案等方式，把行政资源集中用于解决重大疑难复杂问题、检验施政得失、完善政策措施、加强督查问效上。

（七）完善联合接访运行方式。按照一站式接待、一条龙办理、一揽子解决的要求，在市、县两级全部实行联合接访，减少群众信访成本，提高工作效率。加强对进驻联合接访场所责任部门的动态管理，做到信访问题突出的责任部门及时进驻，信访问题明显减少的责任部门有序退出；推行律师参与接访、心理咨询疏导和专业社会工作服务等第三方介入的方法，促进问题解决。

（八）引导群众依法逐级反映诉求。深入学习宣传贯彻《信访条例》，加快推进信访工作法治化建设。严格落实《信访条例》关于"属地管理、分级负责，谁主管、谁负责，依法、及时、就地解决问题与疏导教育相结合"的原则，健全依法及时就地解决群众合理诉求机制，进一步强化属地责任，积极引导群众以理性合法方式逐级表达诉求，不支持、不受理越级上访。中央和国家机关来访接待部门对应到而未到省级职能部门反映诉求的，或者省级职能部门正在处理且未超出法定处理期限的，或者信访事项已经依法终结的，不予受理。各地可结合实际制定具体实施办法。依法维护信访秩序，对信访活动中的违法犯罪行为，由公安机关依法处理。

（九）充分发挥法定诉求表达渠道作用。按照涉法涉诉信访工作机制改革的总体要求，严格实行诉讼与信访分离，把涉法涉诉信访纳入法治轨道解决，建立涉法涉诉信访依法终结制度。各级政府信访部门对涉法涉诉事项不予受理，引导信访人依照规定程序向有关政法机关提出，或者及时转同级政法机关依法办理。完善法院、检察院、公安、司法行政机关信访事项受理办理制度，落实便民利民措施，为群众提供便捷高效热情服务。完善诉讼、仲裁、行政复议等法定诉求表达方式，使合理合法诉求通过法律程序得到解决。加强司法能力建设，不断满足人民群众日益增长的司法需求，让人民群众在每一个司法案件中都感受到公平正义。

三、健全解决信访突出问题工作机制

（十）完善信访联席会议制度。强化各级信访联席会议综合协调、组织推动、督导落实等职能作用，形成整合资源、解决信访突出问题的工作合力。根据实际需要，及时调整成员单位组成和专项工作小组设置，进一步明确各自职责任务，建立健全相关工作制度，特别注重从政策层面研究解决带有倾向性、普遍性和合理性的突出问题。

（十一）健全解决特殊疑难信访问题工作机制。综合运用法律、政策、经济、行政等手段和教育、协商、调解、疏导等办法，认真解决特殊疑难信访问题，做到诉求合理的解决问题到位，诉求无理的思想教育到位，生活困难的帮扶救助到位，行为违法的依法处理。建立信访听证制度，对疑难复杂信访问题进行公开听证，促进息诉息访；规范信访事项复查复核工作，对已审核认定办结的信访事项不再受理；健全信访事项协商会办等制度，明确相关责任，加大化解"三跨三分离"信访事项力度。

（十二）健全统筹督查督办信访事项工作机制。建立健全党委和政府统一领导、信访联席会议组织实施、相关职能部门共同参与的督查督办工作机制，进一步加大解决和化解信访突出问题的力度。对久拖不决、涉及面广、群众反映强烈、社会关注度高的重大疑难信访突出问题，列入党委和政府督查机构督查范围；采取有针对性的方法，加强对重点地区、重点领域、重点问题的跟踪督查和问效。各级党委和政府要支持信访部门开展督查，重视信访部门提出的改进工作、完善政策、给予处分等建议。

（十三）健全科学合理的信访工作考核评价体系。改进和完善考核方式，综合考虑各地区经济社会发展情况、人口数量、地域特点、信访总量、诉求构成、解决问题的质量和效率等因素，合理设置考核项目和指标，不简单以信访数量多少为标准进行考评，推动各地区把工作重点放在预防和解决问题上。坚持量化考核和综合评议、上级评议和群众评议、平时考核和阶段性考核相结合，提高考核的科学性、客观性和可信度。

（十四）健全经常性教育疏导机制。认真研究把握新形势下思想政治工作特点和规律，教育和引导群众正确认识发展中存在的问题，正确处理个人利益和集体利益、局部利益和全局利益、当前利益和长远利益的关系，确立与当前经济社会发展阶段相适应的心理预期，自觉维护改革发展稳定大局。充分运用现代科技手段，通过建立政务微博、民生微信、民情QQ群等方式，搭建联系群众、体察民情、回应民意的新平台，提高互联网时代做好群众思想政治工作的能力和水平。

四、全面夯实基层基础

（十五）健全基层组织网络。进一步强化基层基础工作，把更多人力物力财力投向基层，把问题解决在基层，把矛盾化解在基层。创新党组织设置，推动党的组织和工作全覆盖。加强基层服务型党组织建设，提升基层党组织服务群众、做群众工作的能力和水平。建立健全基层民主管理机制，落实党务公开、政务公开、厂务公开、村务公开制度，充分调动群众民主参与、民主管理、民主监督的积极性。进一步加强乡镇（街道）、村（社区）、机关、企事业单位、社会组织党组织建设，建立健全解决问题、化解矛盾的基层综合服务管理平台。

（十六）组织动员社会力量参与。完善党代表、人大代表、政协委员联系群众制度，组织老干部、老党员、老模范、老教师、老军人等参与解决和化解信访突出问题相关工作。发挥工会、共青团、妇联等人民团体优势，做好组织引导服务群众和维护群众权益工作。制定扶持引导政策，通过政府购买服务、提供办公场所等形式，发挥好社会组织的积极作用。建立健全群众参与机制和激励机制，把群众工作触角延伸到家家户户；引导村（社区）制定符合国家法律的村规民约，运用道德、习俗、伦理的力量调节关系、化解纠纷。

（十七）加大社会矛盾纠纷排查化解工作力度。把矛盾纠纷排查化解工作的重心从事后处理转移到事前预防上来，做到发现得早、化解得了、控制得住、处理得好。健全矛盾纠纷预警机制，加强信息汇集分析研判；推行民情分析会、民情恳谈会等做法，充分发挥村（社区）、企事业单位信息员、调解员的作用。全面推行网格化管理模式，完善信访和人民调解、行政调解、司法调解联动工作体系，实现小事不出村、大事不出乡、矛盾不上交。

五、切实加强组织领导

（十八）严格落实信访工作责任。各级党委和政府要把信访工作作为党的群众工作的重要组成部分和送上门来的群众工作，把创新群众工作方法、解决信访突出问题列入重要议事日程，定期研究部署，认真组织推动。落实主要领导负总责、分管领导具体负责、其他领导一岗双责，一级抓一级、层层抓落实的领导体制，为解决和化解信访突出问题提供组织保障。加大问责力度，对损害群众利益、造成信访突出问题的，对群众反映的问题推诿扯皮、不认真解决造成不良影响的，严肃追究责任。

（十九）强化舆论引导。各级党委宣传部门和新闻媒体要高度重视对创新群众工作方法、解决信访突出问题的正面宣传和舆论引导，大力宣传党委和政府为保障和改善民生所付出的艰苦努力、取得的巨大成绩，大力推广解决群众合理诉求、维护群众合法权益的典型经验和做法，发出主流声音，树立正确导向；选择典型案例，向社会曝光无理缠访闹访、违法聚集滋事而依法受到处理的行为。

（二十）加强信访干部队伍建设。各级党委和政府要重视和加强信访干部队伍建设，根据形势任务需要，不断充实信访工作力量。完善后备干部、新提拔干部和中青年干部到信访部门、信访干部到基层一线挂职锻炼制度；选拔群众工作经验丰富的干部到信访部门工作，重视信访干部的使用，深入开展信访干部交流工作，增强信访干部队伍活力，不断提高做好新形势下群众工作、解决信访突出问题的能力。

各地区各部门要按照中央要求，深入研究和准确把握新形势下群众工作的新特点新规律新要求，进一步转变工作作风，努力提高带着责任和感情做好群众工作的能力、提高解决信访突出问题的能力、提高从源头上预防和化解矛盾纠纷的能力，维护群众合法权益，维护社会公平正义，维护社会和谐稳定。

附录6 《关于进一步规范信访事项受理办理程序引导来访人依法逐级走访的办法》(2014)[①]

人民网北京4月23日电（记者盛卉）记者从国家信访局获悉，《关于进一步规范信访事项受理办理程序引导来访人依法逐级走访的办法》（下称《办法》）将于5月1日起正式施行。《办法》全文如下：

第一条 为进一步强化属地责任、提高信访工作效能，引导来访人依法逐级走访，推动信访事项及时就地解决，根据《信访条例》和《关于创新群众工作方法解决信访突出问题的意见》等法规文件，结合工作实际，制定本办法。

第二条 各级人民政府信访工作机构和其他行政机关要按照《信访条例》"属地管理、分级负责，谁主管、谁负责，依法、及时、就地解决问题与疏导教育相结合"的原则和有关规定，分级受理职责范围内的信访事项，并按规定的程序和期限办理。

第三条 各级人民政府和县级以上人民政府工作部门要高度重视初信初访，及时就地妥善处理信访事项，防止因受理不及时、办理不到位导致信转访或走访上行。

第四条 信访人提出信访事项，一般应当采用书信、电子邮件、网上投诉等书面形式。信访人采用走访形式提出信访事项，应当根据信访事项的性质和管辖层级，到依法有权处理的本级或上一级机关设立或者指定的接待场所提出。首先接谈的机关先行受理，不得推诿。

对跨越本级和上一级机关提出的信访事项，上级机关不予受

---

① http://politics.people.com.cn/n/2014/0423/c99014-24934756.html.

理，并引导来访人以书面或走访形式向依法有权处理的机关提出，同时将相关情况及时通报下级有关机关。

第五条 各级人民政府信访工作机构和其他行政机关对来访人反映的信访事项要逐一登记，在规定期限内决定是否受理，并告知来访人。有权处理机关必须向来访人出具是否受理告知书。不属于本机关受理范围的，要指明受理机关。

"三跨三分离"信访事项，按照《信访条例》第二十四条和《国家信访局协调"三跨三分离"信访事项工作规范》明确的原则和程序划分责任、受理办理。

第六条 对属于各级人民代表大会以及县级以上各级人民代表大会常务委员会、人民法院、人民检察院职权范围内的信访事项，以及已经或者依法应当通过诉讼、仲裁、行政复议等法定途径解决的，各级人民政府信访工作机构及其他行政机关不予受理，但应当告知来访人依照有关法律、行政法规规定的程序向有关机关提出。

第七条 信访事项已经受理或者正在办理，来访人在规定期限内向受理或办理机关的上级机关再提出同一信访事项的，上级机关不予受理。

第八条 来访人对信访事项处理（复查）意见不服，未提出复查（复核）请求而到上级机关再次走访的，各级人民政府信访工作机构和其他行政机关不予受理，并引导来访人走复查（复核）程序。

第九条 对信访事项处理（复查）意见不服，但无正当理由超过规定期限未请求复查（复核）的，不再受理。

已经省（自治区、直辖市）人民政府复查复核机构审核认定办结，或已经复核终结备案并录入全国信访信息系统的信访事项，来访人仍然以同一事实和理由提出投诉请求的，各级人民政府信访工作机构和其他行政机关不再受理。

第十条 中央和国家机关来访接待部门对应到而未到省级人民政府信访工作机构和其他行政机关提出信访事项，或者省级相关部门正在处理且未超出法定处理期限的，不予受理；信访事项已经复核终结的，不再受理。

第十一条 有权处理机关要在规定期限内办理信访事项，向来访人出具处理意见书，并告知请求复查（复核）的期限和机关。如需延期办理，应当出具延期告知书。来访人请求复查（复核）的，复查（复核）机关应当书面告知是否受理，并在规定期限内出具复查（复核）意见书。

处理意见书、延期告知书、复查（复核）意见书应当及时送达来访人，并严格履行签收手续。

第十二条 各级人民政府信访工作机构和其他行政机关要及时将信访事项信息及受理、办理环节各项书面文书统一录入全国信访信息系统，确保程序规范、数据完整、信息共享。

第十三条 县级以上人民政府信访工作机构负责督办本级和下级有关行政机关的信访事项受理、办理情况。对于不按要求登记录入、应受理而未受理、未按规定期限和程序受理办理信访事项、不执行信访事项处理意见，造成群众越级走访的，按照《信访条例》第三十六条的规定予以督办，提出改进建议，并视情通报；情节严重或造成严重后果的，依据《信访条例》和《关于违反信访工作纪律处分暂行规定》等法规文件，向有关地方和部门提出责任追究建议。

第十四条 各级人民政府信访工作机构和其他行政机关要采取多种形式进行法制宣传教育，引导来访人以书面形式提出信访事项、按照《信访条例》规定的程序逐级走访。

第十五条 各省（自治区、直辖市）人民政府信访工作机构、中央和国家机关来访接待部门要依据《信访条例》和本办法，结合本地区本部门实际，制定实施细则。社会团体、企业事业单位参照本办法执行。

第十六条 本办法由国家信访局负责解释。

第十七条 本办法自 2014 年 5 月 1 日起施行。

参考文献

中文文献

〔美〕安德烈·施莱弗、罗伯特·维什尼:《掠夺之手》,赵红军译,中信出版社,2004。

〔英〕安东尼·吉登斯:《民族-国家与暴力》,胡宗泽等译,三联书店,1998。

〔美〕安东尼·吉登斯:《社会的构成》,李康、李猛译,三联书店,1998。

〔美〕布鲁斯·宾伯:《信息与美国民主》,刘钢等译,复旦大学出版社,2011。

〔美〕戴维·罗森布鲁姆、罗伯特·克拉夫丘克:《公共行政学:管理、政治和法律的途径》(第五版),张成福等译,中国人民大学出版社,2002。

〔英〕戴维·毕瑟姆:《官僚制》,韩志明、张毅译,吉林人民出版社,2005。

〔美〕戴维·伊斯顿:《政治生活的系统分析》,王浦劬译,华夏出版社,1999。

〔美〕多丽斯·格拉伯:《沟通的力量》,张熙珂译,复旦大学出版社，2007。

〔日〕高见泽磨：《现代中国的纠纷与法》，何勤华等译，法律出版社，2003。

〔美〕格伦·蒂德：《政治思维：永恒的困惑》，浙江人民出版社，1988。

〔德〕哈贝马斯：《交往与社会进化》，张博树译，重庆出版社，1989。

〔德〕哈贝马斯：《作为意识形态的技术与科学》，李黎、郭官义译，学林出版社，1999。

〔美〕哈罗德·孔茨：《管理学》，黄砥石等译，中国社会科学出版社，1987。

〔美〕吉登斯：《社会的构成》，李康、李猛译，三联书店，1998。

〔美〕罗伯特·达尔：《现代政治分析》，王沪宁、陈峰译，上海译文出版社，1987。

〔美〕诺伯特·维纳：《维纳著作选》，钟韧译，上海译文出版社，1978。

〔日〕青井和夫：《社会学原理》，刘振英译，华夏出版社，2002。

〔美〕唐·泰普斯克特等：《数字经济的蓝图——电子商务的勃兴》，陈劲、何丹译，东北财经大学出版社，McGraw-Hil 出版公司，1999。

〔美〕唐纳德·凯特尔：《权力共享：公共治理与私人市场》，孙迎春译，北京大学出版社，2009。

〔美〕亚历克斯·英克尔斯：《社会学是什么》，陈观胜、李培荣译，中国社会科学出版社，1981。

〔美〕伊恩·罗伯逊：《社会学》，黄育馥译，商务印书馆，

1990。

〔美〕英格尔斯:《人的现代化》,殷陆君译,四川人民出版社,1985。

班文战:《我国信访制度的权利救济功能及其有效性分析》,《政法论坛》2010年第3期。

蔡潇彬:《社会组织建设与政府管理创新——关于如何突破信访困境的新思考》,《中国行政管理学会2010年会暨"政府管理创新"研讨会论文集》,北京,2010。

曹康泰、王学军:《信访条例辅导读本》,中国法制出版社,2005。

柴琳、黄泽勇:《反思信访困境、分解信访功能、建设法治国家》,《理论与改革》2006年第4期。

陈柏峰:《缠讼、信访与新中国法律传统——法律转型时期的缠讼问题》,《中外法学》2004年第2期。

陈柏峰:《无理上访与基层法治》,《中外法学》2011年第2期。

陈丹、唐茂华:《试论我国信访制度的困境与"脱困"——日本苦情制度对我国信访制度的启示》,《国家行政学院学报》2006年第1期。

陈丰:《信访制度成本研究》,博士学位论文,华东理工大学,2010。

陈广胜:《将信访纳入法治的轨道——转型期信访制度改革的路径选择》,《浙江社会科学》2005年第4期。

陈弘毅:《法治、启蒙与现代法精神》,中国政法大学出版社,1998。

陈继清:《我国信访制度存在的问题及其完善措施》,《中国行政管理》2006年第6期。

陈静溪、王玮华、戴民：《领导信访包案制度的利弊》，《党政论坛》2010年第1期。

程洁：《信访投诉纳入行政复议范围的法理论纲》，《江苏大学学报》（社会科学版）2011年第6期。

陈宇：《信访事项复查复核制度研究》，硕士学位论文，上海交通大学，2008。

刁杰成：《人民信访史略》，北京经济学院出版社，1996。

法律出版社法规中心：《信访条例注释本》，法律出版社，2010。

范进学：《"法学"是什么？——比较法视域中的"法学"含义诠释》，《法学论坛》2006年第4期。

高道蕴、高鸿钧、贺卫方：《美国学者论中国法律传统》，中国政法大学出版社，1994。

高武平：《中国农民的政治参与问题研究》，《中国农村研究》2005年第5期。

郭国松：《审视信访》，《南方周末》2003年11月13日。

郝建臻：《我国信访制度的宪法思考》，博士学位论文，中国政法大学，2004。

郝宇青：《当前中国"体制性迟钝"原因剖析》，《探索与争鸣》2008年第3期。

河南省信访局：《着力加强队伍建设，高配重用信访干部》，《人民信访》2013年第1期。

胡海军：《信访工作的五大怪圈》，《党政论坛》2009年第12期。

胡中才：《古代"信访"史话》，湖北人民出版社，2000。

季卫东：《上访潮与申诉制度的出路》，《经济管理文摘》2005年第15期。

江明修:《公共行政学研究方法论》,台湾政大书城,1997。

姜洁:《在信访窗口补上群众工作"必修课"》,《人民日报》2012年3月27日。

金国华、汤啸天:《信访制度改革研究》,法律出版社,2007。

津市信访局:《与时俱进的津市领导接访》,《人民信访》2012年第12期。

李宏勃:《法制现代化进程中的人民信访》,清华大学出版社,2007。

李俊:《我国信访制度的成本收益分析》,《南京社会科学》2005年第5期。

李慕洁:《应用信访学》,华龄出版社,1991。

李秋学:《中国古代信访制度的法律文化分析》,博士学位论文,中国社会科学院,2004。

李蓉蓉:《信访与地方政府治理中的问题》,《中国行政管理》2006年第1期。

李微:《涉诉信访制度研究》,博士学位论文,中南大学,2008。

李伟南:《当代中国县政府行为逻辑研究》,博士学位论文,华中师范大学,2009。

李文玲:《中国古代的"无讼"理念与现代"和谐"社会》,《甘肃社会科学》2006年第5期。

梁治平:《法律的文化解释》,三联书店,1998。

林来梵、余净植:《论信访权利与信访制度——从比较法视角的一种考察》,《浙江大学学报》(人文社会科学版)2008年第3期。

林来梵:《从宪法规范到规范宪法——规范宪法学的一种前

言》，法律出版社，2001。

林莉红：《论信访的制度定位——从纠纷解决机制系统化角度的思考》，《学习与探索》2006年第1期。

林绍光、杨薇：《和谐社会视野下的信访体制改革探析》，《中共四川省委党校学报》2007年第1期。

林喆：《公民基本人权法律制度研究》，北京大学出版社，2006。

林喆：《信访制度的功能、属性及其发展趋势》，《中共中央党校学报》2009年第1期。

刘保泰：《论宪政视野中的上访权——兼析〈信访条例〉第十八条之规定》，《太原师范学院学报》（社会科学版）2006年第6期。

刘东升：《和谐社会视域中的信访制度建设》，《党政干部学刊》2009年第1期。

刘晖：《公共治理模式下我国信访制度完善途径探究》，硕士学位论文，首都经济贸易大学，2008。

刘素华：《信访制度运行中的成本分析》，《中共中央党校学报》2009年第1期。

刘文富：《网络政治——网络社会与国家治理》，商务印书馆，2002。

刘永华：《信访制度的法治思考》，《浙江人大》2004年第2期。

柳新元：《制度安排的实施机制与制度安排的绩效》，《经济评论》2002年第4期。

卢学英：《信访制度之进退——对信访机构功能定位的思考》，《当代法学》2006年第5期。

麻宝斌、季英伟：《政府流程再造的基本策略》，《经济纵横》2009年第12期。

麻宝斌、李广辉：《行政学中层研究：寻找理论与现实的中介》，《北京科技大学学报》（社会科学版）2005年第2期。

麻宝斌、任晓春：《使基层民主运转起来》，《湖南社会科学》2011年第1期。

麻宝斌：《十大基本政治观念》，社会科学文献出版社，2011。

麻宝斌：《中国社会转型时期的群体性政治参与》，中国社会科学出版社，2009。

马斌：《组织创新、权力重组与转型期信访制度改革》，《中国地质大学学报》（社会科学版）2006年第6期。

毛寿龙：《政治社会学》，中国社会科学出版社，2001。

毛淑梅：《新时期信访工作创新机制对策研究》，《辽宁教育行政学院学报》2009年第5期。

莫于川、田文利：《信访制度改革新思路》，《廊坊师范学院学报》2005年第3期。

潘克森：《试论信访协调的特性》，《江西社会科学》2000年第7期。

浦兴祖：《中华人民共和国政治制度》，上海人民出版社，1999。

秦小建：《压力型体制与基层信访的困境》，《经济社会体制比较》2011年第6期。

清华大学课题组：《以利益表达制度化实现长治久安》，《学习月刊》2010年第23期。

任剑涛：《信访制度是否适应时代潮流》，《探索与争鸣》2012年第1期。

任礼光：《行政信访制度研究》，硕士学位论文，苏州大学，2003。

孙宝珩：《先秦时期信访活动初探》，《信访》1990年第1期。

孙立平：《过程—事件分析与当代中国国家农民关系的实践形态》，载《清华社会学评论》，鹭江人民出版社，2000。

孙立平等：《中国社会结构转型的中近期趋势与隐患》，《战略与管理》1998年第5期。

谭波：《论我国中央与地方行政信访分权体制的完善》，《内蒙古社会科学》（汉文版）2010年第1期。

汤啸天：《信访制度的改革与社会稳定》，《探索与争鸣》2005年第2期。

唐皇凤：《回归政治缓冲：当代中国信访制度功能变迁的理性审视》，《武汉大学学报》（哲学社会科学版）2008年第4期。

田文利、李海波：《现代信访制度之双向重构》，《廊坊师范学院学报》2006年第3期。

田文利：《信访制度的性质、功能、结构及原则的承接性研究》，《行政法学研究》2011年第1期。

田先红：《息访之道》，博士学位论文，华中科技大学，2010。

童之伟：《信访体制在中国宪法框架中的合理定位》，《现代法学》2011年第1期。

王金瑛：《人大信访"贵阳模式"及启示》，《人大研究》2004年第11期。

王浦劬：《以治理的民主实现社会民生——对于行政信访的再审视》，北京大学出版社，2012。

王浦劬：《以治理民主实现社会民生——我国行政信访制度政治属性解读》，《北京大学学报》（哲学社会科学版）2011年第6期。

王显堂、陈鸿滨：《信访学概论》，辽宁大学出版社，1987。

王学军：《中国当代信访工作制度》，人民出版社，2012。

王学军：《中国信访体制的功能、问题和改革思路》，《湖北社会科学》2003年第1期。

王亚南：《社会稳定机制中的信息流通——信访制度变迁的管理功能和民主功能分析》，《社会科学论坛》2006年第11期。

魏礼群：《中国行政体制改革报告（2012）No.2》，北京大学出版社，2012。

吴超：《新中国六十年信访制度的历史考察》，《中共党史研究》2009年第11期。

吴江：《领导干部绩效考评体系的设计思想》，《城市管理》2005年第3期。

吴深：《信访权——信访法治化的逻辑起点》，《人民信访》2002年第12期。

吴毅：《"权力-利益的结构之网"与农民群体性利益表达的困境》，《社会学研究》2007年第5期。

肖萍：《信访制度的功能定位研究》，《政法论丛》2006年第6期。

肖唐镖：《二十余年来大陆农村的政治稳定状况（2003）》，《二十一世纪》（香港）2003年第2期。

谢天长：《信访：过滤纠纷过程和压力机制》，《福建论坛》（人文社会科学版）2009年第6期。

徐晓林：《"数字城市"：城市政府管理的革命》，《中国行政管理》2001年第1期。

许志永、郭玉闪、李英强：《宪政视野中的信访治理》，《甘肃理论学刊》2005年第3期。

杨福忠：《论法治视野下信访功能的定位》，《云南行政学院学报》2011年第6期。

杨海坤：《宪法基本权利新论》，北京大学出版社，2004。

杨燕伟：《信访制度的法学透视》，博士学位论文，中国政法大学，2004。

杨长泉：《对领导接访工作面临问题的思考》，《人民信访》2012年第12期。

叶常林：《非政府组织前沿问题研究》，中国科学技术大学出版社，2009。

叶常林：《信息技术在权力监督中的作用》，《中国行政管理》2004年第11期。

叶笑云：《平衡视阈下的当代中国信访制度研究》，博士学位论文，复旦大学，2008。

尹利民、黄成华：《当前我国信访研究的演进与转向》，《南昌大学学报》（人文社会科学版）2008年第1期。

尹利民：《"分类治理"：国家信访治理中的偏好及其限度》，《湖北行政学院学报》2011年第3期。

应星：《大河移民上访的故事》，三联书店，2001。

应星：《新中国信访制度的历史演变》，《山东人大工作》2004年第1期。

应星：《作为特殊行政救济的信访救济》，《法学研究》2004年第3期。

俞可平：《治理与善治》，社会科学文献出版社，2000。

于建嵘、单光鼎：《群体性事件应对与社会和谐》，博客中国，2008年12月27日。

于建嵘：《信访的制度性缺失及其政治后果》，《凤凰周刊》2004年第32期。

于建嵘：《中国信访制度批判》，《中国改革》2005年第2期。

于慎鸿：《影响司法公信力的因素分析》，《河南师范大学学报》2006年第4期。

湛中乐、苏宇：《论我国信访制度的功能定位》，《国家行政学院学报》2009年第3期。

张铎：《中国信访制度研究》，华夏出版社，2012。

张海涛、李雅静：《合理情绪治疗介入信访工作案例》，《人民信访》2012年第11期。

张勤、刘晶：《缺位、越位和本位：多元纠纷解决视野下的行政信访》，《社会学评论》2013年第6期。

张清：《农民阶层的宪政分析》，《中国法学》2005年第2期。

张泰苏：《中国人在行政纠纷中为何偏好信访？》，《社会学研究》2009年第3期。

张炜：《"和谐使者"——基层信访中社会稳定的基石》，《西南政法大学学报》2008年第3期。

张炜：《公民的权利表达及其机制建构——陕西省西安市临潼区信访状况研究报告》，博士学位论文，西南政法大学，2008。

张修成：《1978年以来中国信访工作研究》，博士学位论文，中共中央党校，2007。

张永和、张炜：《临潼信访：中国基层信访问题研究》，人民出版社，2009。

赵慧军：《管理沟通——理论、技能、实务》，首都经济贸易大学出版社，2003。

赵凌：《新信访条例是否带来新一轮信访洪峰》，《南方周末》2005年1月20日。

赵树凯：《从信访制度看农村社会稳定机制》，载《第二届湖湘三农论坛论文集》，常德，2009。

郑朝权、雷鸣：《建立律师介入依法信访机制，为促进和谐稳定服务》，《辽宁法治研究》2008年第1期。

中国地方政府改革与创新研究课题组：《从"中转站"到"终点站"的信访实践》，《行政管理改革》2011年第3期。

《中国基层信访问题研究》课题组：《中国基层信访问题研究报告——以西安市临潼区信访状况为例》，《云南大学学报》（法学版）2008年第3期。

中国行政管理学会课题组：《中国转型期群体性事件对策研究》，学苑出版社，2003。

中国行政管理学会信访分会：《信访学概论》，中国方正出版社，2005。

周定财、白现军：《善治目标下的我国信访制度改革》，《中共南昌市委党校学报》2007年第4期。

周雪光：《国家建设与政府行为》，中国社会科学出版社，2012。

周雪光：《组织社会学十讲》，社会科学文献出版社，2003。

周永坤：《信访潮与中国纠纷解决机制的路径选择》，《暨南大学学报》2006年第1期。

周占顺：《认真贯彻"三个代表"重要思想，努力开创新世纪信访工作新局面》，《人民信访》2001年第10期。

周作翰、张英洪：《当代中国农民的信访权》，《当代世界与社会主义》2006年第1期。

朱镕基：《朱镕基同志在接见第四次全国信访工作会议代表时的讲话》，《中办通报》1995年第22期。

朱应平：《行政信访若干问题研究》，上海人民出版社，2007。

邹守卫：《信访工作概论》，南方出版社，2007。

左卫民、何永军：《政法传统与司法理性》，《四川大学学报》（哲学社会科学版）2005年第1期。

英文文献

Appleby, Paul H. 1949. *Policy and Administration.* Tuscaloosa: University of Alabama Press.

Bentley, Arthur. 1949. *The Process of Government.* Evanston: Principia Press of Illinois.

Bernstein, Thomas P., and Xiaobo Lü. 2003. *Taxation without Representation in Contemporary Rural China.* Cambridge: Cambridge University Press.

Berg, Bruce L. 2001. *Qualitative Research Methods: For the Social Sciences.* Massachusetts: Allyn and Bacon Press.

Cai, Yongshun. 2004. "Managed Participation in China." *Political Science Quarterly* 119: 425–451.

Harvey, David. 1989. *The Condition of Postmodernity.* Oxford: Blackwell.

Hagen, Inguun. 1997. "Communicating to an Ideal Audience: News and the Notion of an 'Informed Citizen'." *Political Communication* 14: 405–419.

Janis, Irving L. 1972. *Victims of Groupthink: A Psychological Study of Foreign-Policy Decisions and Fiascoes.* Boston: Houghton Mifflin Company.

Li Lianjiang, and Kevin O'Brien. 1996. "Villagers and Popular Resistance in Contemporary China." *Modern China* 22: 28–61.

Luehrmann, Laura M. 2003. "Facing Citizen Complaints in

China." *Asian Survey* 43: 845 – 866.

Meyer, John W., and Brian Rowen. 1977. "Institutionalized Organizations: Formal Structure as Myth and Ceremony." *American Journal of Sociology* 83: 340 – 363.

Minzner, Carl F. 2006. "Xinfang: An Alternative to Formal Chinese Legal Institutions." *Stanford Journal of International Law* 42: 103 – 179.

O'Brien, Kevin J., and Lianjiang Li, 2004. "Suing the Local State: Administrative Litigation in Rural China." *The China Journal* 51: 76 – 96.

Palmer, Michael. 2006. "Controlling the State? Mediation in Administrative Litigation in the People's Republic of China." *Transnational Law and Contemporary Problems* 16: 165 – 187.

Report of the House Committee on Science and Technology, 99th Congress 2nd Session. 1986. *Investigation of the Challenger Accident.* Washington: Government Printing Office.

Pils, Eva. 2005. "Land Disputes, Rights Assertion and Social Unrest in China." *Columbia Journal of Asian Law* 19: 235 – 283.

Parsons, Talcott. 1960. *Structure and Process in Modern Societies.* Glencoe Ⅲ.: Free Press.

Scott, James C., 1985. *Weapons of the Weak: Everyday Forms of Peasant Resistance.* London: Yale University Press.

Tilly, Charles. 1978. *From Mobilization to Revolution.* New York: Random House.

Thompson, James D., 1967. *Organization in Action.* New York: Mc Graw-Hill Inc.

Thireau, Isabelle, and Linshan Hua. 2003. "The Moral Universe of Aggrieved Chinese Workers: Workers' Appeals to Arbitration Committees and Letters and Visits Offices." *The China Journal* 50: 83 – 103.

Tilly, Charles. 2008. *Contentious Performance.* Cambridge: Cambridge University Press.

Wilson, Wooddrow. 1941. "The Study of Adminstration." *Political Science Quarterly* 12: 197 – 222.

索 引

关键词

B

办理 4, 41, 42, 43, 59~61, 65~68, 78, 80, 81, 84, 89, 92, 93, 96, 98, 100~103, 105, 107, 108, 110, 111, 117, 119, 121~123, 126~129, 132~139, 141, 155, 161, 165~171, 173, 181, 183, 188, 191~193, 195~197, 201, 203, 205, 209, 233, 234, 236~239, 241, 244, 245, 246, 248, 249, 251, 252, 261~263, 267~269

不确定吸纳 42, 115

C

重复访 61, 195, 197, 215

D

大司法 135

大调解 203

大信访 3, 15, 23, 41, 63, 72, 78~80, 85, 87~90, 121, 201, 202, 213, 224, 246, 249, 252

地方性报复 16

F

分级负责 41, 96, 98, 99, 128, 224, 231, 235, 244, 255, 262, 267

复查 18, 23, 42, 43, 60,

67，68，92，93，110，111，
130，133，137～139，140～
142，179，238，263，268，
269

复核　18，23，42，43，60，
67，68，70，92，93，110，
111，130，133，137～142，
174，179，196，238，239，
263，268，269，274

G

归口办理　41，96，101，102

J

机制　1～3，19～25，28，31～
33，35，36，38～40，43～
45，52，54，57，80，85，
89，92，95，100，102，104，
107，108，110，111，116，
117，122，127，138，144，
167，168，185～199，201～
208，210，211，213，214，
220，222～223，225，228，
229，231，233，243，245，
246，253，260，262～265，
276，277，279，281，282

技术　15，26，32～35，37，
39，40，43～45，110，117，

118，130，143，145～152，
154，155，160，163，164，
166，167，170～173，175～
177，179，181，184，223，
226，272，280

接访　3，43，44，62，70，
101，107，117，148，156，
161，163，167，173，186～
191，199，200，209，215～
216，227，246，254，255，
261，262，275，280

L

流程　7，25，32～35，37～40，
42～45，111，115，120，
123，128，129，131，132，
140，150，151，159，160，
164～167，169，170，172，
174，175，182，192，197，
223，225，227，276

Q

权力　4，8，15，20，23，26～
29，31，33，35，37，38，
43，44，49，55，68，71，
73，77～80，82，85，86，
89，94，95，97，99，100，
115，116，118，127，132，

135~137，193，195，198~201，205，207，210，222，225，226，228，261，272，277，279，280

权利　5，6，16，17，19~22，24，26，28，29，33，35，38，43，44，49，50，55，70，85，94，98，111，127，185，186，191~193，195~198，222，225，228，235，244，245，255，273，275，280，281

群体性思考　61

S

三级审查　42，43，139，141，142

上访村　12，63

社情民意　1，2，5，46，54，56，83，85，158，163，181，194，212，243，244，256，259

受理　19，22，42，49，51，53，58~62，65~68，70，73，74，78，88~90，92~95，98，100，101，106，111，112，114，115，118~129，132~141，144，147，151，152，154，155，160~162，165，166，168~170，172，173，186，189，192，193，196~198，201，209，224，227，228，231，233~240，244，249，252，261~263，267~269

属地管理　41，96，97，99，124，206，207，224，231，235，244，255，262，267

谁主管、谁负责　41，101，102，210，224，231，235，244，262，267

诉讼悖论　94

T

体制　4，21，23，26，27，32，33，35，36，39~45，52，54，56，58，59，64，71，74，85~87，89，95，96，98，99，104，108，110，130，136，142，143，151，152，161，171，173，180，192，200，210，211，223，224，229，246，253，261，266，274，276，277，278，279

拖延性吸纳　42，116

X

信访专项基金 217，218

信息处理 6，41~43，78，90，91，102，103，140，144，150，163，164

信息存储 12，43，119，175，176，179，180

信息分析 5，9，43，139，175~179

信息公开 7，43，183

信息共享 43，172，173，178~180，269

信息交流 10，12，42，87，119~122，125，126，163，166，172

信息接收 43，146，147，150，159，160，163，164，224

行政复议 50，90~94，102，137，138，142，190，203，224，234，235，258，263，268，274

行政诉讼 18，19，82，85，90~94，102，139，224

Y

越级访 61，68，215

Z

资源 6，10，26，27，30，34，37，43，44，52，60，66，69，71，78，83，92，96，99，100，102，103，118，142，153，161，163，169，171~173，176，178~180，182，183，188，194，195，200，201，203，210，211，212，214，215，217，222，225，227，233，245，253，258，262，263

人名

B

毕瑟姆（David Beetham） 86

伯恩斯坦（Thomas Bernstein） 39

伯格（Bruce Berg） 39

D

达尔（Robert Dahl） 57

蒂德（Glenn Tinder） 195

蒂利（Charles Tilly） 16
多伊奇（Karl Deutsch） 11

G

高武平 16，24，274

H

哈贝马斯（Jürgen Habermas）
 145，152，226，272

J

吉登斯（Anthony Giddens）
 119，210，271，272

K

卡恩（Robert Kahn） 11
卡兹（Daniel Katz） 11

L

李连江 31
列维（Pierre Levy） 10
罗茨（Robert Rhoads） 8

M

麻宝斌 7，8，35，38，60，
 77，78，86，199，223，225，
 276，277，287
马奇（James March） 115

麦克亚当（Doug McAdam） 16

N

尼尔森（Michael Nelson） 163

O

欧中坦（Jonathan Ocko） 56

P

帕森斯（Talcott Parsons） 117

R

罗森布鲁姆（David Rosenbloom）
 35~37

S

施莱弗（Andrei Shleifer） 9
孙立平 28，31，83，278

T

塔罗（Sidney Tarrow） 16

W

王浦劬 20，21，26，27，66，
 67，204，212，222，229，
 271，278
王学军 23，57，58，90，107，
 137，188，205，273，279

威尔逊（James Wilson） 177
维纳（Norbert Wiener） 146
维什尼（Robert Vishny） 9
吴超 14，279

X

西蒙（Herbert Simon） 115
肖唐镖 15，279
谢岳 16

Y

伊斯顿（David Easton） 66，67
英格尔斯（Alex Inkeles） 227
应星 14～16，18，28，38，99，116，280
于建嵘 15，18，19，21，22，59，67，88，89，94，102，199，207，215，280

后　　记

本书是在我的博士学位论文基础上形成的，也是在我承担的山西省高等学校哲学社会科学研究一般项目"作为信息流通渠道的信访"（项目号：2013208）的成果上完善的。今年暑期，根据最新科研成果和有关信访的新规定，对学位论文进行了修改和完善。

在吉林大学攻读博士学位期间，我得到了老师们的悉心指导和帮助，在此深表谢意。特别是导师麻宝斌教授的言传身教和启迪开导使我受益匪浅：学会规范地研究学术，初尝专研学问的乐趣；学会严谨地思考问题，感受做人做事的责任；步入恬淡的学术旅程，感受如沐春风的幸福……

博士毕业参加工作后对"信访问题"的关注丝毫不亚于学位论文写作时的投入。现任教的山西大学，学校教务处处长王臻荣教授和学院领导都为科研项目的完成提供了便利的条件，使我能够全身心地投入工作学习之中。特别要感谢王臻荣教授，他既是我的硕士生导师也是我的领导。从我读硕士到参加工作，王老师总在不断地鼓励我、关心我、帮助我。王老师乐观的态度和豁达的品格总是让我钦佩不已。

此外，我要感谢我的同学和朋友，他们让我的生活充满了色彩和乐趣。感谢参考文献的作者们，他们为本书的完成提供了借鉴和启发。感谢社会科学文献出版社编辑的辛勤工作，他们的敬业精神与睿智建议令本书增色不少。

最后，感谢我的家人，他们默默无闻的支持和无微不至的关爱是我心灵的依靠。收入微薄的父母，供我顺利完成从小学到博士的求学历程；通情达理的妻子，陪我经历从学生到教师的转换过程；可爱的女儿，让我沉浸在融融的父女情深之中。

信访工作的研究意义重大。从 2011 年年初选择"信访工作"开题，到 2012 年 6 月博士学位论文完成，再到 2013 年 7 月关于信访问题的科研项目启动，到如今本书文稿的完成，关于信访问题的研究经历了三年多的时间，中间经历了反复加工与精雕细琢，但目前的研究成果只能算作研究的起点。而且，由于文献的稀缺和问题的错综复杂，再加上天资和积累的明显不足，势必难以取得令人满意的研究成果。书中难免会有不足之处，敬请读者批评指正。

任晓春
2014 年 9 月

图书在版编目（CIP）数据

基于信息管理视角的信访工作分析/任晓春著.—北京：社会科学文献出版社，2014.10（2018.8重印）
 ISBN 978 - 7 - 5097 - 6490 - 9

Ⅰ.①基… Ⅱ.①任… Ⅲ.①信访工作 - 研究 - 中国 Ⅳ.①D632.8

中国版本图书馆 CIP 数据核字（2014）第 216935 号

基于信息管理视角的信访工作分析

著　　者 / 任晓春

出 版 人 / 谢寿光
项目统筹 / 袁卫华
责任编辑 / 袁卫华

出　　版 / 社会科学文献出版社·人文分社（010）59367215
　　　　　　地址：北京市北三环中路甲 29 号院华龙大厦　邮编：100029
　　　　　　网址：www.ssap.com.cn
发　　行 / 市场营销中心（010）59367081　59367018
印　　装 / 北京虎彩文化传播有限公司

规　　格 / 开　本：787mm × 1092mm　1/16
　　　　　　印　张：19　字　数：239 千字
版　　次 / 2014 年 10 月第 1 版　2018 年 8 月第 2 次印刷
书　　号 / ISBN 978 - 7 - 5097 - 6490 - 9
定　　价 / 79.00 元

本书如有印装质量问题，请与读者服务中心（010 - 59367028）联系

▲ 版权所有 翻印必究